Die kühne Reisende

Maud Parrish, geboren 1878 in San Francisco, sollte, so der Wunsch der Eltern, eine Pianistin werden, aber das junge Mädchen war zu zierlich, ihre Hände zu klein. Auch die von den Eltern arrangierte Ehe hielt nicht lange. Aufgewachsen auf San Franciscos Russian Hill, von wo aus man einen guten Blick auf den Hafen hatte, erwachten in ihr Fernweh, Reisefieber und Wanderlust. 1895 unternahm sie die erste ihrer großen Reisen, die sie immer wieder rund um die Welt führten. 1939 schrieb sie darüber ihr erstes und einziges Buch. 1976, im Alter von 98 Jahren, starb sie in ihrer Heimatstadt.

Conny Lösch lebt in Berlin und hat unter anderem Bücher von Gail Jones, Don Winslow und Ian Rankin übersetzt.

Susanne Gretter studierte Anglistik, Romanistik und Politische Wissenschaft in Tübingen und Berlin. Sie lebt und arbeitet als Verlagslektorin in Berlin. Sie ist die Herausgeberin der Reihe DIE KÜHNE REISENDE.

Maud Parrish

Mit leichtem Gepäck

Siebzehn Mal um die Welt

Aus dem Amerikanischen Englisch von
Conny Lösch

Mit einem Vorwort von
Susanne Gretter

ERDMANN

INHALT

VORWORT

»Leben, das ist Musik, Tanz und Freiheit.«

»In meiner Familie gibt es seit zwei Generationen Vagabunden und Abenteurer ... sie zogen los, um etwas zu erleben.« Auch Maud Parrish, geboren 1878 in San Francisco und behütet aufgewachsen als Einzelkind – ihr Vater war ein begüterter Holzhändler, die musisch veranlagte Mutter brachte ihr Tanzen, Klavier- und Banjospielen bei –, wollte etwas erleben, denn »zu Hause ging es zu wie im Kloster«. Die Familie bewohnte ein Haus auf dem Russian Hill, von wo aus man einen guten Blick auf den Hafen und die ein- und auslaufenden Schiffe hatte. Da muss ihre »Wanderlust«, ihr unbändiger Drang nach Freiheit entstanden sein. Und Freiheit bedeutete für das junge Mädchen: Reisen. Und nur um reisen zu können, heiratete die erst 16-jährige Maud einen jungen Mann, dessen Vater Teilhaber der Pacific Mail Company war. Sein Sohn sollte das Büro in Panama übernehmen. Aber der blieb lieber in San Francisco, denn Panama war ihm zu gefährlich. Und »da wollte ich nichts mehr mit ihm zu tun haben ... und lief davon, ohne ihm etwas zu sagen«, schreibt sie. Hat sie ihren Eltern etwas gesagt? Vermutlich nicht, sie hätten sie wohl kaum ziehen lassen, als sie 17-jährig mit »ein bisschen Geld und meinem Banjo« San Francisco per Schiff Richtung Seattle verlässt und von Seattle mit einer Schiffspassage nach Alaska weiterreist. Dort, in Klondike, herrscht

Goldgräberstimmung und es gab hier, anders als in San Francisco, Jobs für junge Mädchen. Maud Parrish schlägt sich durch und verdient mit Banjospielen ihr Geld in Varietés und Tanzsälen. Unter all den »Goldgräbern, Abenteurern, Spekulanten und Spielern« hätte ihr der Sinn nach Freiheit und Abenteuer schnell verloren gehen können, aber das Gegenteil tritt ein, die »Wanderlust« lässt sie nicht mehr los, siebzehn Mal wird sie die Welt umrunden. Sie wird alle Kontinente bereisen, sogar die Antarktis, und überall Station machen, mit »Ausnahme von zwei oder drei ›verbotenen Orten‹«. (Es sind zwei, Afghanistan und Turkestan.) Manchmal in Begleitung, meistens aber allein. Am Anfang ihrer Weltenbummelei hat sie in Peking einen Spielsalon eröffnet. Er wird zu ihrer Basis, dorthin kehrt sie regelmäßig zurück, wenn ihr das Geld ausgeht. Maud Parrish, die Geschäftsfrau. Dann reist sie wieder los und setzt sich den Wirren des Weltgeschehens aus. Sie hat den russisch-japanischen Krieg erlebt, um die Jahrhundertwende die Herrschaft der Kaiserinwitwe in China verfolgt und 1911 die Revolution und den Zusammenbruch der mandschurischen Monarchie. Sie hat die Diktatur von Cipriano Castro in Venezuela beschrieben, das von den Briten kontrollierte Kapstadt besucht, 80 ausländische Kriegsschiffe im Hafen von Yokohama am Vorabend des 1. Weltkriegs gesehen, den französischen Kolonialismus in Indochina erfahren; auf Sardinien erlebt sie die Vendetta. Maud Parrish, die Kriegsreporterin. 1936 besucht sie in Berlin die Olympischen Spiele und ist dann froh, »dem ganzen Heil Hitler« und der »schrecklichen, unmenschlichen Regierung« wieder den Rücken kehren zu können. (»An den Feiertagen breiten sich die Hakenkreuze aus wie Hautausschlag.«) Sie erlebt das zaristische Russland und die Sowjetunion unter Stalin – und zieht ihre Vergleiche. Maud Parrish, die politische Beobachterin. Sie versucht, hinter die Schleier der Frauen in der Türkei und im Iran zu blicken und kritisiert die

Prostitution in Japan und den Sklavenhandel in Kuba. Maud Parrish, die Feministin. Sie begegnet den Menschen mit großer Neugier und versucht alles Fremde zu verstehen. Maud Parrish, die Anthropologin. Sie ergötzt sich an der Pflanzen- und Tierwelt, wo immer sie sich aufhält, und beschreibt sie bis ins Einzelne. Maud Parrish, die begeisterte Botanikerin. Sie reist in Länder und Gebiete, die Frauen damals noch verschlossen waren. Maud Parrish, die Pionierin. Sie packt ihr Banjo und ihre Klaviernoten aus, wenn das Geld knapp wird. Wenn sie Spaß haben will. Maud Parrish, die Musikerin. Sie leidet unter Heimweh und besucht ihre Eltern. Maud Parrish, die gute Tochter. Sie verliebt sich, und hat nicht immer Glück. Maud Parrish, die Liebende.

Sie wandert auch dann noch meilenweit, wenn »die Schuhe schon nachgaben und ich meine Füße mit Pappe, Sacktuch und Bindfaden umwickeln musste«. Als »Hobo« entert sie Züge und ist unterwegs durch Amerika. Zu den Galapagos-Inseln reist sie auf einem Schoner, auf dem »den Passagieren von Ratten die Zehen blutig gebissen werden«. Maud Parrish, die Abenteurerin.

Viele Jahre ist Maud Parrish um die Welt gereist. Mit leichtem Gepäck. »Darüber musst du schreiben«, bedrängten sie ihre Freundinnen und Freunde. Schließlich hat sie dem Druck nachgegeben und ein Buch geschrieben, ihr einziges, da ist sie 60 Jahre alt. Diese Information entnehmen wir dem kurzen Nachruf, der am 1. November 1976 im »San Francisco Chronicle« erschien:

Maud Parrishs abenteuerliches Leben ist mit 98 zu Ende gegangen.
Die Aufbahrung der Abenteurerin und Autorin Maud Parrish findet am Montag um 10 Uhr in den Räumen von Hogan & Sullivan Funeral Home, 1266 Ninth avenue statt.
Die in San Francisco geborene Maud Parrish starb am Donnerstag.

Nach einer kurzen Ehe, die sie mit 16 einging, verließ Maud Parrish ihren reichen Ehemann und machte sich zum Yukon auf, wo sie während der späten 1890er Jahre in den Salons von Dawson City vor Goldgräbern auftrat.

50 Jahre lang reiste Maud Parrish immer wieder um die Welt. Zur Zeit der Herrschaft der Kaiserinwitwe Anfang des 20. Jahrhunderts hielt sie sich in China auf. In Peking führte sie einen Spielsalon.

1939 begann sie mit der Niederschrift ihrer Memoiren, die unter dem Titel »Nine Pounds of Luggage« erschienen.

Maud Parrish lebte zum Schluss in einem städtischen Pflegeheim. Sie hinterläßt ihre langjährige Freundin Amalia A. Ferro, wohnhaft in San Francisco.

Alles, was wir sonst über sie wissen, steht in ihrem Buch (und nur da). Es ist das Zeugnis einer »Herumtreiberin, die die Welt sehen wollte« und dabei viel gelernt hat. Die Bildungsreise einer jungen Frau, die zur weisen Weltversteherin wurde.

Wer sie auf ihren Reisen begleitet, wird was erleben und viel lernen.

Susanne Gretter

ICH LEBE, WIE ES MIR GEFÄLLT

*»Durch viele Länder bin ich gewandert,
und habe gestaunt und gehört und gesehen.«*
Saadi

»Hören Sie, junger Mann«, sagte ich zu dem Reporter, »ich lebe, wie es mir gefällt. Bei mir hat es nie eine Ordnung gegeben und mein Leben lässt sich in keine Kolumne packen.«
Das war vor ein paar Jahren. Und ich habe es ernst gemeint. Ich hatte nie vor, ein Buch zu schreiben, und wenn wohlmeinende Bekannte irgendwo auf der Welt dies vorschlugen, weil ich ihnen eine scheinbar interessante Geschichte erzählte, tat ich den Vorschlag stets als Scherz ab.

Ich lachte in mich hinein und dachte: »Wenn ihr nur die Hälfte wüsstet.« Denn im Leben eines Reisenden gibt es mehr als nur Sehenswürdigkeiten. Bücher voller Kummer und Elend, oder zu vieler »Ichs«, mochte ich noch nie und ich glaubte nicht, dass es in meinem Leben vieles gab, das außer mir auch noch andere interessieren würde. Man kann nicht herumfahren, wie es einem passt, ohne für »wunderlich« oder zumindest unkonventionell gehalten zu werden. Und mit Ausnahme von zwei oder drei »verbotenen« Orten, war ich überall.

Dass ich beinahe alles tun würde, um endlich auch dorthin zu gelangen, wird dadurch belegt, dass ich jetzt sogar ein Buch schreibe. Die Möglichkeit das Land zu bereisen, das mir jedes Mal verboten wurde, als ich seine Grenzen erreich-

13

te sowie ein Ticket nach New York, als ich festsaß, sind die Gründe, weshalb ich nun versuche, in dieses Buch zu packen, was sich, wie ich dem jungen Journalisten an den Kopf geworfen hatte, in keiner Kolumne zusammenfassen lässt.

Vielleicht ist es auch die Rache des Schicksals, denn ich habe das Gefühl, dass ich meine Lebensenergie aus mir herausziehe. Dabei mache ich mir keine Sorgen darüber, was die Leute denken; mit denen, die mich missbilligen, will ich nichts zu tun haben. Wenn man herumgekommen ist, gewöhnt man sich solche Bedenken ab, lange bevor man das sechzigste Lebensjahr erreicht hat. Nur mir tut es weh, wenn ich mich an Dinge erinnere, die ich schon vergessen habe. Aber da ich das Ticket in die USA nun genutzt habe, werde ich auch weitermachen mit meiner Aufgabe, hoffentlich zum Gefallen der Leser – und wenn ich fertig bin, will ich in jenes ferne Land reisen.

»Fang einfach vorne an«, wurde mir gesagt. »Und erzähl die Geschichte bis heute weiter.«

I

ZURÜCK ZUM URSPRUNG

Der Goldene Westen

Gibt es nicht immer ein »vorher«? Ich kann mir nicht vorstellen, dass etwas einfach so anfängt – dass ein Kind vom Wesen her schlecht und ein anderes gut ist, einfach nur durch Zufall. Hinter diesem »gut« und »böse« muss noch etwas anderes stecken. Wenn man zwei Hunde hat, von denen der eine immer am Feuer sitzt und der andere draußen in den Hügeln herumschnuppert, schlägt man doch auch nicht den einen, nur weil er nicht so ist wie der andere. Vielleicht ist das Schicksal daran Schuld oder die Vorfahren.

In meiner Familie gibt es seit Generationen Vagabunden und Abenteurer. Ich weiß nicht, wie es dem ein oder anderen am Ende ergangen ist. Sie zogen los, um etwas zu erleben. Einer meiner Großväter starb noch vor meiner Geburt in Indien. Andere kamen nach Amerika, als es noch neu war. Wenn es allmählich friedlicher zuging, zog jede Generation ein Stück weiter nach Westen. Meine Mutter wurde in einem kalifornischen Goldgräberlager geboren. Mein Vater nahm mit sechzehn aus Ohio Reißaus. Nach der Feier zur Fertigstellung der First Transcontinental Railroad in Utah zog er nach Kalifornien. Er arbeitete in Minen und Holzfällerlagern. Später verdiente er in Trinity County, im Norden des Staats viel Geld mit Holz. Als ich 1878 in San

Francisco geboren wurde, war er noch immer im Holzge-
schäft.

Da San Francisco an der Westküste liegt, gab es im Westen kein Land mehr, in das man hätte ziehen können. Aber
wieso hätte durch meine Adern anderes Blut fließen sollen,
nur weil ich zufällig ein Mädchen war? Hätte ich mit gefalte-
ten Händen ruhig zu Hause sitzen sollen?

Manche Menschen lassen sich vor lauter Angst, ihre Eltern
zu enttäuschen, davon abhalten, Sachen zu machen und zu
verreisen, aber ich habe immer gewusst, dass mich meine Eltern verstehen und mir Beifall spenden würden, wenn ich
meinen eigenen Weg ging.

Allerdings versuchten sie, mich »ordentlich« zu erziehen;
ich genoss keinerlei Freiheiten. Nicht mal zur Tanzstunde
durfte ich, wobei mir meine Mutter, die selbst Instrumente
spielte und eine recht gute Musikerin war, Tanzen und Klavier, Banjo und Mandoline beibrachte. Abgesehen davon, ging
es zu Hause zu wie im Kloster. San Francisco war damals ein
ziemlich raues Pflaster und ich vermute, das ist auch der
Grund, weshalb meine Mutter so streng war.

Ich durfte zu Hause Jungs empfangen – mit ordentlicher
Genehmigung – und ich hatte Liebhaber. Den ersten mit
vierzehn, den besten Jungen auf der Welt. Hätte ich ihn geheiratet, wäre es höchstwahrscheinlich gut gegangen, aber
meine Mutter war anderer Ansicht. Sie ließ mich nie machen, was ich wollte. Vermutlich war ich recht wild und eigensinnig. Ich dachte, da sie nur siebzehn Jahre älter war als
ich, wusste sie es nicht besser und hat sich wohl Sorgen gemacht, weil es in der Stadt so derb zuging. Trotzdem wollte
ich weg – wer kann es mir verdenken? Innerlich verkrampf-
te ich ständig, als bekäme ich keine Luft mehr. Als mich
dann der Sohn eines reichen Mannes heiraten wollte, dachte
ich: »Dadurch werde ich Freiheiten bekommen.« Geliebt habe ich ihn nicht – den armen Kerl – aber meine Familie hieß

es gut und sein Vater besaß Anleihen an der Pacific Mail Company und auch in Panama.

Das Haus meines Vaters befand sich auf dem Russian Hill. Von dort konnte man den ganzen Hafen sehen, die Schiffe in der Bucht waren eine Verlockung für mich. Wenn sie auf den Pazifik hinausfuhren, malte ich mir aus, wo sie anlegen würden – die Inseln, die ich mir vorstellte, wie Blütenblätter an einer riesigen Lotuspflanze. Dann musste ich mich wieder dem »Tu dies nicht und das nicht« unterwerfen.

Der junge Mann sollte eine gute Anstellung in der Firma seines Vaters erhalten und nach Panama reisen. Als ich ihm mein Ja-Wort gab, dachte ich an all die fernen Orte. Seit ich denken kann, hatte ich lebendige Geographie im Kopf.

Also wurden wir vermählt. Ich war erst sechzehn. Es war einer der stürmischsten Tage; Wind und Regen hätten den Klang der Orgel beinahe übertönt. Wegen des Donners, der die Kirche beben ließ, konnte ich die Worte des netten kleinen Predigers nicht hören. Aber als er mich fragend ansah, wisperte ich leise: »Ich will.«

Wenn ich im Kino eine Hochzeit sehe, gerät mir bis zum heutigen Tag das Blut in Wallung.

Mein Ehemann hatte Geschichten aus Panama gehört. Wie schlimm es dort sei. Ein Mann sei delirierend zurückgekehrt. Er beschloss, in dem Büro in San Francisco zu bleiben. Als ich feststellte, dass er keinerlei Abenteuergeist besaß, wollte ich nichts mehr mit ihm zu tun haben. Egal, wie ein Mann ist, sagte ich, Mut muss er haben.

Doch dann sollten wir ein Baby bekommen. Erst hatte ich gar nichts zu tun und als das kleine Baby kam, war es besser. Aber nach nur zwei Monaten war es schon wieder nicht mehr da. Ich dachte, ich würde verrückt werden, so gefesselt ans Haus – und dass etwas Schreckliches passieren würde wenn ich nicht herauskäme. Ich weiß nicht, was mit mir los war, nur dass ich unglücklich war.

Dann eines Tages – nie hatte ich etwas zu tun – wurde eine Fuhre Kohle geliefert. Jedes Mal, wenn eine Schaufel die Schütte herunterrutschte, schauderte es mich. Ich stand am Fenster, sah zu und dachte: »Ich muss hier bleiben, bis das alles verbrannt ist!« Ein schrecklicher Gedanke. Und noch viele weitere Fuhren. »So wird es den Rest meines Lebens sein«, und ich wusste, dass ich das nicht ertragen konnte. Wenn ich an die Endlosigkeit all dessen dachte, schmerzte mein Kopf, als würde ein Feuer darin lodern.

Und so lief ich davon. Wären Löwen hinter mir her gewesen, hätte ich es nicht eiliger haben können. Ohne ihm etwas zu sagen. Ohne meiner Mutter oder meinem Vater etwas zu sagen. Freiheiten, die gab es für normale Frauen in San Francisco nicht. Aber ich hatte welche gefunden. Es gab damals keine Bürojobs für junge Frauen. Man heiratete, sonst wurde man zur alten Jungfer oder konnte gleich zur Hölle fahren. Sucht es euch aus.

Das hat es nicht besser gemacht – nur allen Sorge bereitet. Schließlich fanden mich meine Eltern und nahmen mich mit nach Hause. Die Familie meines Ehemanns kam, einige den ganzen weiten Weg aus ihrer schönen Heimat im »alten New England« und flehten mich an zu ihrem einzigen Sohn zurückzukehren. Ich konnte es einfach nicht. Aus der Sicht einer anderen mochte nichts verkehrt an ihm gewesen sein. Für eine andere hätte er vielleicht einen guten Ehemann abgegeben. Also versuchte ich eine Scheidung zu erwirken.

Aber der arme alte Richter sagte, ich sei zu jung. Es müsse eine Versöhnung geben. Und dann erzählte er noch irgendwas vom vornehmen alten Osten und dem frischen jungen Westen, die sich miteinander vertragen sollten. Aber seine schönen Worte waren eine Prophezeiung von kurzer Dauer. Als ich aufstand, um den Gerichtssaal zu verlassen, gab sich die Abordnung aus dem vornehmen alten Osten ein kleines bisschen zu spöttisch für den Geschmack meiner kleinen ein Meter achtundsiebzig großen Mutter, die in Kalifornien geboren und aufgewachsen war. Sie schlug meinem Noch-Ehemann ein paar Zähne in den Rachen, plättete zumindest ein Grinsen aus Maine. Pa warf ihn eine Treppe hinunter. Die gegnerischen Anwälte stellten gelassen ihre Aktentaschen ab und bearbeiteten sich gegenseitig.

Mein Vater nahm mich mit auf sein Land im Trinity County, um dem Skandal zu entkommen. Dort hatte ich Zeit, über alles nachzudenken, ich spazierte oder ritt durch die Wälder. Ich wusste, dass ich zu dem Ehemann, an den mich das Urteil des Richters weiterhin juristisch band, nicht zurückkehren würde. Und das bedeutete, dass ich nicht in San Francisco leben konnte. Manche betrachten das Leben schwarz-weiß; andere – und das sind die glücklichen – in altgoldenen Tönen. Aber mein Leben damals ließ mich rot sehen. Fernweh kann bisweilen das herrlichste überhaupt sein, aber wenn es an einem nagt und einem in die Eingeweide sticht, besonders im Frühjahr, einem aber Hände und Füße gebunden sind, dann ist das schrecklich. Also ging ich. Ohne einer Menschenseele etwas davon zu sagen.

Ab nach Norden

Ich hatte ein bisschen Geld und mein Banjo. Keine Ahnung, was ich machen würde, wenn mir das Geld ausging, aber ich zog trotzdem fort, erst nach Seattle, von wo aus ich blitzschnell eine Schiffspassage nach Alaska bekam. Die Luft war erfüllt von der Goldgräberstimmung am Klondike. Die Verlockungen des Abenteuers zogen mich an Bord und das Gefühl des Gebundenseins blieb an Land.

Hier sah ich Menschen, die ich verstand. Hier waren sie alle aus Fleisch und Blut, die Menschen, die meine Phantasie bevölkerten, die auf meiner geistigen Landkarte der guten alten Mutter Erde gelebt hatten, und gereist waren. Die Phantasie ist herrlich, anregend wie ein Cocktail, aber erst die Realität beschert einem das vollständige Fünf-Gänge-Menü mit Champagner. Die Goldgräber, Unterhändler, Abenteurer, Spekulanten und Spieler; andere rätselhafte Charaktere, deren Geschäfte sich nur schwer beschreiben lassen, passten in meinen Traum. Auf dem Schiff waren auch einige Frauen, die Hotels oder Restaurants eröffnen oder in den Tanzsälen Gold schürfen wollten und auch eine oder zwei, die wie ich, einfach neugierig waren, was der Goldrausch am Klondike ihnen zu bieten hatte. Goldgräberfrauen waren keine da, weil Goldgräber keine Frauen haben. Aber egal, wer sie waren oder woher sie kamen, die alten wie die jungen, sie hatten Mut, und das bewunderte ich.

Von Skagway aus überquerte ich den Pass nach White Horse, teils zu Fuß, teils mit dem Hundegespann. Da fühlte ich mich wirklich frei in dem Land! Mit dem Hundegespann ging es fünfhundert Meilen weiter nach Dawson. Hunde und Menschen konnten es nicht erwarten, in die Hauptstadt des eisigen Nordlands zu gelangen. Mit gerade mal zehn Dollar traf ich ein, aber Mr. Rockefeller selbst hätte sich nicht reicher fühlen können. Die Stimmung war so berauschend, ich hätte gewettet, dass ich die Berge mit einem einzigen Katzensprung überqueren kann. Die Luft war elektrisch geladen und die Menschen waren es auch, zu hundert Prozent lebendig, was auch immer sie sonst geplagt haben mag. Und wenn auch sie vor Ehefrauen oder Männern, Konventionen oder Beschränkungen davongelaufen waren? Der Ruf des Abenteuers, der Ruf der Wildnis, steckte in den meisten, was auch immer sie vorhatten.

Bis heute höre ich die Stimme des Hundeschlittenfahrers in der eisig kalten Luft, wenn er die Tiere antrieb. Ich war froh, den Schlitten genommen zu haben. Viele von denen, die später in jenem Sommer das Schiff bestiegen, gingen in den Stromschnellen unter. Draußen vor White Horse ist ein Friedhof für die Toten, die geborgen wurden.

Dawson ist ein kleiner Ort, der sich am Ufer des Yukon erstreckt, am Fuße eines Hügels. Eine breite Narbe zieht sich quer darüber, höchstwahrscheinlich Reste von Ausgrabungen. Die kanadischen Mounties, die Polizei, und andere hatten alles gut im Griff, jedenfalls im Vergleich zu dem, was ich später auf amerikanischem Gebiet in Nome vorfand. Eine Weile teilte ich mir eine Blockhütte mit einem sehr lieben, schönen und unvoreingenommenen Mädchen – eine visionäre Träumerin, so ehrlich wie man nur sein kann. Über Jahre blieb sie mir als das Mädchen aus Robert W. Services Gedicht »Meine Madonna« in Erinnerung, denn sie hatte genau so einen Ausdruck – Augen sind die Fenster zur Seele, egal wie wir uns nach außen hin geben. »Meine Madonna – ich holte mir eine Frau von der Straße heran – schamlos, aber ach, so schön!« Jahre später erfuhr ich, dass sie im Gefängnis gestorben war, wo sie wegen Diebstahls einiger tausend Dollar gelandet war. Ich bin sicher, dass sie unschuldig war. Sie liebte einen Barmann und viele Barmänner wurden reich, weil sie die Goldgräber beim Abwiegen des Goldstaubs betrogen, mit dem sie ihre Drinks bezahlten, vor allem die Säufer, aber auch andere. Wahrscheinlich hatte man sie als Lockvogel vorgeschickt. Sie war zu gut für Betrügereien. Unabhängig davon, was die Menschen, die sich an anderer Leute Vorschriften halten (Gott hat sie sich nicht ausgedacht) von Abenteurern halten, fühlen sich diese untereinander oft stärker verbunden, als die, die nur so tun als ob und sich benehmen, weil das angeblich korrekt ist. Entlegene Orte haben ihre eigenen Tragödien – ohne auf die Tränendrüse drücken zu wollen.

Zunächst habe ich in einem Varieté Banjo gespielt, aber der Tanzsaal auf der anderen Straßenseite, einer von fünfzig

21

oder mehr, die sich am Flussufer entlangzogen, war aufregender. Also rüber mit mir. Er war sehr beliebt. Alle zog es
dorthin. Ein langer Tresen, Tische und Stühle, eine Tanzflä-
che und ein paar Zimmer für die Verliebten fanden sich dort.
In der Ecke stand ein großer warmer Ofen (wenn draußen
Minusgrade herrschten, glühte er kirschrot). Die großen un-
bekümmerten Männer mit dem Goldstaub zog es hierher
und schöne Mädchen von überallher aus der Welt flatterten
herum wie exotische Schmetterlinge. Selbst jetzt spüre ich
noch das Zisch Bumm Hurra Peng dieses Tanzsaals und die
unbekümmerte Stimmung, die dort herrschte. Kein Wunder, dass Rex Beach diese Mädchen in seinen Romanen ver-
herrlicht. Ich habe keinen Zweifel daran, dass einige seither
ganz oben in der Welt angekommen sind, denn nichts ver-
hilft einem schneller zu einem Platz an der Sonne als Lebens-
freude und Liebenswürdigkeit.

Zum Beispiel waren da die drei fröhlichen Lamar-Schwes-
tern, die alle, eine nach der anderen, den unbeschwerten
Goldgräber Swift Water Bill geheiratet haben. Eine echte Fa-
milienangelegenheit. Sie setzten alle auf den einen Mann
und staubten nacheinander mit der Scheidung einen dicken
Batzen seines Vermögens ab. Eines Tages, als wir gemeinsam
aßen, vertraute mir die geistreichste der Lamars eine Geschichte an, die beleuchtete wie Swift Water innerlich tick-
te. Anscheinend mochte sie Speck und Eier zum Frühstück,
aber in Dawson ging es um die Eier und Bill hatte alle gekauft, den Markt verknappt, so dass seine Angebetete, die
sich in ihrer Zuneigung schwankend gezeigt hatte, ihm die
Eier entweder aus der Hand fressen oder ganz auf Eier ver-
zichten musste. Swift Water Bill hielt nichts von langwieri-
gen Dressurmaßnahmen.

Ein Mädchen, das ich kannte, blieb für zwanzigtausend
Dollar zwei Winter lang bei einem Goldgräber am Klondike. Ein anderes, ein verheiratetes Mädchen, war gekommen,

um Geld zu beschaffen, denn ihr Mann war verletzt und es ging ihnen zu Hause nicht gut. Sie verdiente mehrere tausend, fuhr zurück, kaufte ein Hotel in einer Stadt im mittleren Westen und kümmerte sich um ihren Mann. Seither ging es ihnen gut.

An meinem ersten Abend in dem Tanzsaal forderte mich der österreichische Besitzer eines kleinen Restaurants, das hundert Dollar Umsatz täglich machte (hauptsächlich mit Bohnen), zum Walzer auf.

»Wenn du diesen Männern nicht versprichst, dass du später mit ihnen nach Hause gehst, tanzen sie nicht mit dir«, bläute er mir ein. »Aber du kannst ihnen was vormachen und sie zum Schluss abservieren.«

Ich war so jung, er hielt mich für unerfahren. Ich dankte ihm und sagte, ich wolle seinen Rat beherzigen. Aber er ließ mir nicht die Chance, mit einem anderen zu tanzen. Immer wieder tanzte er mit mir und wurde sehr zutraulich.

Ich erklärte mich mit jedem seiner Vorschläge einverstanden und sagte zum Schluss schlicht: »Gute Nacht.«

Er wirkte verletzt und entgegnete vorwurfsvoll: »Aber du hast es versprochen!«

»Hast du mir das nicht beigebracht?«, fragte ich.

Wie die Geschichte die Runde machte.

Oh, es war großartig, frei zu sein und sich seinen eigenen Weg zu überlegen. Dabei hielt man mich dort oben gar nicht für wild, eigensinnig und ungezogen.

Ein Tanz von einer Minute kostete zwei Dollar, wir tanzten die ganze Nacht und bekamen die Hälfte, außerdem fünfzig Cent für jeden Drink, den wir mit einem Gast tranken – sein Preis wurde in Goldstaub über dem Tresen abgewogen. Was für ein Geldsegen! Aber in Gedanken überlegte ich nur, wie ich möglichst schnell genug zusammenbekam, um die zweitausend Meilen den Yukon abwärts nach St. Michaels und Nome zu gelangen. Mir sind Orte immer schnell über gewesen.

Wenn es auf die frühen Morgenstunden zuging und der Schnaps sich in den Köpfen bemerkbar machte, brach meist eine Schlägerei aus. Streitigkeiten über Schürfrechte und die Umgehung derselben wurden häufig in Bars und Tanzsälen ausgetragen, wo die meisten in Dawson den Großteil ihrer Zeit verbrachten. In meiner ersten Woche dort sah ich, wie zwei Männer bei einem solchen Streit getötet wurden. Einer stand am Tresen und seinem Gesichtsausdruck nach hegte er Mordgedanken. Der andere kam, um ihn zu töten und beide schossen aufeinander. Der eine starb sofort, der andere wenige Stunden später. Kurz davor hatte ich eine ältere Frau auf dem Trail kennengelernt, die ich sehr bewunderte, weil sie sich in ihrem Alter alleine an einen solchen Ort gewagt hatte. Sie war Künstlerin und verdiente sehr gut, malte Schilder für Geschäftsleute. Wir wurden gute Freudinnen und sie wollte sehen, wo ich arbeitete. Also hatte ich sie an diesem Abend mitgebracht. Wahrscheinlich war es das erste Mal in ihrem Leben, dass sie eine Bar betrat und mit ansehen zu müssen wie nur zehn Minuten nach ihrem Eintreten zwei Männer starben, war schon ein Schock.

Kaum taute im Juni das Eis, zog ich weiter.

Damals war der Yukon »neu«. Der Kanal war noch nicht ausgehoben und oft blieben die Schiffe während der Monate, in denen der Fluss befahrbar war, auf Sandbänken liegen, bis sie befreit wurden.

In einer der Kabinen neben meiner befand sich ein sehr behäbiger U.S. Marshal aus Washington, D.C., der einen Gefangenen nach Nome brachte. Die Kabine auf der anderen Seite wurde von einer französischen »Elise« bewohnt, einer Dame aus Lousetown.

Lousetown, von Dawson aus gesehen auf der anderen Seite des Flusses, war inzwischen ein einziges glühend rotes Gebiet und in der Stunde bevor das Schiff seine Fahrt flussabwärts begann, sah ich die ausgelassenen Französinnen an Bord kommen und für Aufruhr sorgen, wie eine Brut gackernder Hühner. Es war das erste Schiff, das in jenem Jahr ablegte.

Ein Passagier hatte vor, eine zollpflichtige Brücke in der Nähe von Nome zu bauen. Ein anderer, ein reicher Mann aus New York, hatte über Geschäftspartner Geld investiert, keinerlei Nachrichten mehr darüber erhalten, und sich daher auf den Weg gemacht, die Miene persönlich in Augenschein zu nehmen. Immer wenn wir auf einer Sandbank festsaßen, bestand er darauf, Gold zu waschen. Eines Tages warf ihm ein Witzbold, als er diesem gerade den Rücken kehrte, ein winziges Nugget ins Sieb. Hätte man ihm nicht erklärt, dass die Sandbank die meiste Zeit unter Wasser lag, wäre er wie Crusoe einfach dort geblieben.

In der Nähe von Circle City (unterhalb des Polarkreises) spielten wir auf einer Sandbank Ball, bis ein anderes Schiff vorbeikam und unser Boot in den Fluss gleiten ließ, indem es stundenlang mit dem Seitenrad Wasser aufwühlte, bis wir frei waren.

In Circle City warf der Koch den Müll ins Wasser. Schlittenhunde schwammen den Brocken hinterher und man konnte sehen, wie die Hunde noch unter Wasser an den Knochen nagten. Sicherheit hat Vorrang. Sie waren wunderschön und ungeheuer intelligent. Viele Geschichten über Schlittenhunde waren in Umlauf, die mitten im Nirgendwo Essen stahlen, das auf Bäumen versteckt lag.

Ein junger Goldgräber namens Thiers erzählte mir, er sei eines Nachts von einem Schlittenhund geweckt worden, der so voll mit gestiebitztem Speck von einem Baum gesprungen war, dass ihm bei der Landung eine Art Bellen entfuhr (normalerweise bellen Schlittenhunde nicht). Später musste er den Hund töten. Nachdem er den ganzen Tag auf der Jagd gewesen war, hatte Thiers gerade mal ein einziges arktisches

Schneehuhn mitgebracht, ein großer genießbarer Vogel. Während er diesen rupfte, kam der Hund angestürmt, riss ihn ihm aus den Händen und rannte fort damit. Der Verlust von Vorräten konnte einen leicht das Leben kosten und so musste der Dieb als Maßnahme der Selbstverteidigung getötet werden.

Jahre später zogen zwei unverheiratete Damen namens Thiers in mein Haus in San Francisco. »Hatten Sie mal einen Bruder in der Arktis?«, fragte ich.

»Ja«, erwiderten sie und wie sich herausstellte, war es tatsächlich mein Goldgräberfreund. Ich erfuhr, dass er mit seiner Halbblut-Eskimofrau und ihren beiden Söhnen in die Staaten gezogen war. Später verbrachte ich eine sehr schöne Woche mit ihnen auf ihrer Rinderfarm in Arizona.

An der Mündung des Koyukuk River, innerhalb des Polarkreises, wurden zwei Goldgräber und eine kleine Bootsladung Vorräte über die Seite heruntergelassen. Sie sollten ein Jahr lang alleine, fernab jeder Siedlung in der Arktis bleiben. Ich hatte einen Kloß in der Kehle, als ich sie so frei von Angst und mit solch großer Hoffnung ins große Unbekannte ziehen sah, und mit all den Menschen verglich, die zu Hause lebten und trotz aller Annehmlichkeiten ständig nörgeln und Aspirin schlucken.

In einer alten russischen Siedlung in der Nähe von St. Michaels kamen vier erschöpfte und erledigte, aber keinesfalls entmutigte Männer an Bord. Da sie das letzte Schiff der vorangegangenen Saison um einen Tag verpasst hatten, waren sie gezwungen gewesen, acht Monate, abgeschnitten von der Außenwelt, in jenem dunklen kleinen Dorf zu verbringen.

Es war herrlich, endlich in Nome anzukommen, aber mit Dawson konnte die Stadt kaum mithalten. Als gelangte man nach einer rasanten Fahrt durch Stromschnellen in stehendes Gewässer. Das Faszinierendste waren natürlich auch hier die Tanzsäle und wie schon in Dawson machte ich die Runde. Eigenartig die Eskimos die ganze Nacht an den Eingängen der Tanzsäle stehen zu sehen – wie die Holzindianer vor den Zigarrengeschäften –, wie sie das Geschehen in sich aufsogen und wunderschöne aus Walrossstoßzähnen geschnitzte Cribbagebretter anboten. Was müssen diese armen Männer, die so etwas noch nie zuvor gesehen hatten, und eigentlich Vorräte an Fisch und Wild für die lange Nacht draußen sammeln wollten, von der Musik, den Menschen und dem Tanz gehalten haben? Zweifelsohne sind in jenem Winter einige von ihnen verhungert.

Nome war eine schlimme Stadt, wild und betrügerisch, voller Diebe, Mörder und wahrer Gesetzlosigkeit; in Dawson konnten dagegen alle ihren Goldstaub in Säcken vor der Tür stehen lassen und sie waren dort sicher. In Nome ging nichts dergleichen. Dawson wurde kanadisch regiert und Nome von den Vereinigten Staaten, aber das war nicht der wahre Grund, weshalb die Zustände in Dawson bessere waren – und auch an den Mounties lag es nicht. Es war so schwierig nach Dawson zu gelangen, dass schon etwas in einem stecken musste, wenn man dorthin wollte, Nome lag dagegen auf direktem Weg von San Francisco und Seattle. Alle, die das Geld für eine Fahrkarte besaßen, ließen sich in Nome nieder, um von den Kühneren zu profitieren. Aber es gab weniger Chancen.

Eines Abends, in einem derben kleinen »Theater« (der Himmel möge mir verzeihen, es überhaupt so zu nennen, aber keine andere Bezeichnung würde besser passen), hatte ich die Nase voll und bekam Heimweh. Mit siebzehn, egal, wie unbedingt man fort möchte, sehnt man sich nach Ma und Pa und vertrauten Dingen. Ich spielte »Swanee River« mit leichten Abwandlungen und »Old Black Joe« und so weiter. Viele wurden schwermütig. Wir sprachen mit vier prima Jungs darüber, Goldgräber auf dem Weg nach Patagonien.

27

Als sie meinten, ich könne doch Halt in San Francisco machen und meiner Mutter und meinem Vater zeigen, dass ich noch lebte und es mir gut ging, erklärte ich mich bereit, sie als ihr Maskottchen zu begleiten. Einfach so, kurzentschlossen, begab ich mich vom einen Ende Amerikas auf den Weg ans andere. Sonst hätte ich keine Schiffsreise bekommen. Ein Kapitän hatte auf Nachfrage gesagt: »Verdammt seien die Passagiere. Lieber nehme ich Fracht auf.« Fracht zahlte sich aus und musste weder essen noch schlafen. Aber die vier Männer hatten bereits Vorkehrungen getroffen.

Ich verabschiede mich nicht gerne, wenn's an die Abreise geht. So ist es immer. Trotzdem muss ich. Diese Freunde! Und das Land! Ich hielt die Arktis für den schönsten Ort auf Erden. Zumindest damals. Doch seither habe ich so viele noch schönere Orte gesehen.

Nach Süden

Es war wunderbar, Ma und Pa wiederzusehen. Natürlich konnte ich sie nicht damit beunruhigen, dass ich mich in Tanzsälen und derartigem herumgetrieben hatte, noch dazu in Alaska. Ich sagte, ich sei als Reisebegleitung einer reichen alten Dame unterwegs gewesen. Häufig ist es besser, zu flunkern. Was bringt es schon, jemandem unnötig weh zu tun, nur um die Wahrheit zu sagen? Verletzt wird man schon genug. Besonders in Familien. Eltern können nie verstehen, warum ihre Kinder Dinge tun, die ihnen nicht richtig erscheinen.

Meinen Mann habe ich nicht besucht. Seit unserer letzten gemeinsamen Fahrt im Streifenwagen, nachdem der Richter »eine Versöhnung« angeordnet hatte, habe ich ihn nicht mehr gesehen. Aber ich fand keine Ruhe. Noch immer sehnte ich mich nach der Ferne. Darüber kam ich nie hinweg, vielleicht weil ich nie lange genug an einem Ort blieb und mich daher niemand je über haben konnte. Hat man etwas über, umgibt einen Leblosigkeit. Romantik, das sind nicht nur zwei Menschen zusammen – so vieles auf der Welt ist so romantisch.

Der alte Dampfer, die *City of Para*, mit der wir nach Süden fuhren, war romantisch. Wie eine Familie. Alle an Bord wollten dasselbe – an neue Orte gelangen. In warmen Nächten spielte ich Banjo im Mondschein und noch bevor wir alle Lieder gesungen und uns alle Geschichten erzählt hatten, graute der Morgen. Die Reise dauerte Monate, aber das kümmerte niemanden. Wir fuhren. Und wir waren glücklich.

Auch die vielen Dutzend Häfen, in denen wir festmachten, waren romantisch. Damals gab es erst wenige Züge, die in die zentralamerikanischen Städte fuhren, aber wenn wir Zeit hatten, reisten wir damit. Tagelang blieben wir in Salvador, Guatemala – fast zu lang, denn manchmal bekam ich Heimweh, wenn ich bei anderen in ein nettes Heim spähte und das Familienleben sah und bei mir dachte: »Eines Tages gewöhne ich mir das ab und werde sesshaft.« Aber ich wusste, dass es dazu nicht kommen würde. Bisweilen musste ich schon lachen, wenn ich es nur laut aussprach und dann war es auch vorbei damit. So ist es seither gewesen. Besonders zu Weihnachten, wenn ich durch die Straßen ging und in die Häuser blickte, in denen Familien feierten, und ich mir dabei vorkam wie ein Wolf, der in die Schaufenster der Hauptstraße stiert und hinein will.

Aber selbst das gehört zum Romantischen daran. Man kann nicht alles gleichzeitig haben und das eine ist mir lieber, als das andere. Meistens, selbst damals schon, habe ich nichts bereut. Das Irrlicht tanzte in der Ferne und es machte Spaß ihm hinterherzulaufen, auch wenn man bald merkt, dass es unerreichbar und immer schon woanders ist.

In Panama City – bevor je jemand an den Kanal dachte – saß ich eines Abends auf der Plaza vor der alten und sehr schönen Kathedrale, wo gerade ein religiöses Fest gefeiert wurde. Ein Umzugswagen kam vorbei und alle Menschen gingen mit flackernden Kerzen hinein. Wegen der Hitze ließen sie die Tür offen. Es war wunderschön unter dem Sternenhimmel zu sitzen.

Wie anders war Punta Arenas weit unten an der Spitze Südamerikas. Dort gab es keine alten Gebäude, es war die damals jüngste Goldgräberstadt der Welt und dort ging es derber und rauer zu, als ich es je erlebt hatte. Am Klondike war man vergleichsweise zivilisiert. Dafür kam hier keine Langeweile auf. Und Frauen waren rar. Die Männer, die in die Stadt kamen – Goldgräber oder Schafzüchter, die seit Monaten unterwegs waren – starrten einen an, nicht unhöflich, aber beim seltenen Anblick einer weißen Frau konnten sie nicht anders. Einige dieser alten Härtefälle bekamen feuchte Augen. Sogar sie hatten manchmal Heimweh! Aber schon bald war es vergessen, wenn sie Gelage feierten und ihren Verdienst verprassten.

Einen Abend in einer Kneipe, die »Bucket of Blood« hieß, und in der es ungezwungen und freizügig zuging, und die die einzige ihrer Art war, weil der Schnaps hier nicht verwässert oder mit anderen Substanzen versetzt wurde, werde ich nie vergessen. Es gab kein Programm, aber trotzdem war immer Theater. Die meisten der zehn oder mehr Barkeeper stammten aus Buenos Aires.

Als zwei meiner Klondikefreunde und ich durch die Tür traten, sahen wir ein argentinisches Mädchen auf einen langen Tisch springen und mit anmutigen Füßchen Gläser heruntertreten, damit sie Platz zum Tanzen hatte. Eine ihrer Freundinnen spielte Mundharmonika – ein größeres Orchester hatte sie nicht. Aber das Feuer und der Schwung, mit denen sie tanzte, ließ alle anderen Tänzerinnen zu Pantomimen verblassen. Noch bevor ihr Tanz zu Ende war, hörte ich die vertrauten Geräusche des Nachtlebens – auf den Boden schlagende Körper und das Klirren von brechendem Glas. Ein hundert Kilo schwerer Schwede namens Ollie im Cordanzug beherrschte jetzt die Bühne und der Klang der Mundharmonika verhallte zum Heulen eines einsamen Wolfs. Ollies blaue Augen waren rot vor Mordlust und er brüllte und schrie wie ein Bulle. Mike, ein kleiner Mann mit Augenklappe, der eine beigefarbene Hose und ein wollenes Unterhemd trug, hatte ihn zu Boden geschickt. Der arme Ollie wurde von Mike und seinen Leuten buchstäblich in die Gosse gefegt – das war der Höhepunkt einer Fehde, die bereits seit Tagen brodelte.

In einer anderen Ecke, wie bei einer Nebenvorstellung im Zirkus, bedrohten sich zwei Argentinier gegenseitig mit Messern, ihre Augen funkelten ebenso wie ihre stählernen Klingen. Sie erinnerten mich an zwei schwarze Katzen auf einem Baum, die miauten und mit den Pfoten ausholten, böse fauchten und noch mehr miauten. Ein Messerkampf, von Experten ausgefochten, ist ebenso kompliziert wie Fechten. Der Unterlegene wurde Zentimeter um Zentimeter zurückgedrängt und schien zum Sterben bereit, aber als er eine schwere Schnittwunde davontrug, riefen die anderen »Bastante!« (genug!). Der Sieger schob sich zum Tresen wie eine große hässliche Krabbe; der Verlierer wurde in ein Hinterzimmer gezerrt, wo er in Frieden bluten konnte. Es ging das Gerücht, er habe einen großen Griechen erstochen und sich dessen Schürfrechte unter den Nagel gerissen.

Oft denke ich an dieses Duell, wenn ich gefragt werde, ob ich zu einem Preiskampf mitkommen will. Kaum auszudenken, dass ich Geld bezahlen soll, um mir anzusehen, wie zwei Männer mit Boxhandschuhen vorsichtig aufeinander losgehen, wo ich mir in meinem Leben doch so viele echte Kämpfe habe ansehen müssen, und das völlig kostenlos.

Aber in Patagonien wurde nicht immer nur gekämpft. Es gab auch viele herrliche Tage im Freien. Mit meinen vier guten Freunden ging ich Gold suchen, fischen und wandern. Draußen in der Natur habe ich immer Freude, und wenn ich sterbe, möchte ich nicht irgend so ein blöder Engel sein. Ich wäre gerne im Wald, vielleicht als schöner Mammutbaum oder als hübsche Pappel. Auch eine Zeder wäre mir recht.

Nach ungefähr einem Monat in Patagonien, konnte ich es kaum erwarten, weiter zu fahren und so stach ich eines Tages in See – als plötzlich ein Schiff da war – mit Ziel Europa. Auch an einem solchen Ort fällt der Abschied schwer und ich ließ viele gute Freunde zurück – um neuen entgegen zu reisen – und neuen Sehenswürdigkeiten.

II

FLÜGGE WERDEN

Nach Osten

Als ich an Bord ging, schwebte mir kein besonderer Ort vor. Patagonien hatte großen Spaß gemacht. Ich war jung, verrückt danach zu reisen und ich hatte etwas Geld. Hätte jemand zu mir gesagt: »Komm, wir fliegen zum Mond, schauen uns all die hübschen Krater dort oben an und gucken mal wie die Leute so sind«, ich wäre einverstanden gewesen. In Punta Arenas hatte ich ziemlich viel getrunken – dort gab es wenig mehr zu tun, als einsamen Männern beim Feiern zu helfen, wenn sie aus der Wildnis zurückkamen. Trotzdem fürchtete ich, nicht weit genug herumzukommen, um alles auf der Welt zu sehen, und so zog ich weiter.

Nachdem ich das wilde Leben in der Arktis und Antarktis kennengelernt hatte, beschloss ich unterwegs auf dem Schiff, dass jetzt Paris dran war. Jeder hat von Paris gehört und weiß, dass es als die zivilisierteste und gebildetste Stadt der Welt gilt. Nach Punta Arenas und dem Yukon, dachte ich, würde ich das sicher zu schätzen wissen.

Ich zog ins Quartier Latin. Dort ging es vergnügt zu. Viele wunderbare und interessante Menschen lebten dort, damals noch wahre Künstler, erst die wachsende Bekanntheit ruinierte alles. Jetzt ist es dort ganz anders. Die wahren Künstler zogen fort, als die Studenten und Touristen kamen.

Aber damals war es wunderbar. Alle waren »echt« – posierten nicht nur oder wollten Künstler sein, weil sie es für schick hielten. Ein Musiker hörte mich spielen und bot mir Unterricht an. Er sagte, ich habe Talent, was damals vielleicht sogar gestimmt haben mag. Meine Mutter hatte Musik immer geliebt und auch Klavier gespielt. Dieser Mann wurde ein guter Freund und es war eine wunderbare Gelegenheit, denn inzwischen wurde er als großartiger Musiker berühmt. Ich hatte die lauten Tanzsäle ein bisschen über, das Klavier ist weicher und passt besser zur Pariser Atmosphäre als das Banjo. Ein paar Monate lang habe ich viel geübt, aber nicht lange genug, um richtig gut zu werden.

Abends konnte ich nicht anders als mich dort herumzutreiben, wo getanzt und geredet wurde, und ich lernte eine Menge nur durchs Zuhören und Spaßhaben. Hätte ich nicht Gus kennengelernt, wäre ich vielleicht länger geblieben.

Gus war ein guter Mann, ein menschlicher Dynamo an Energie. Oft habe ich gedacht, er würde ausbrennen. Er fürchtete sich vor nichts und hatte eine schreckliche Sehnsucht nach dem Ungewöhnlichen und Aufregenden. Als Frankokanadier war er durch ganz Asien gereist, hatte dort viele Abenteuer erlebt und jetzt interessierte er sich für China. Er erzählte mir vom Orient und mein Interesse an der Musik verblasste, jetzt wollte ich den Orient kennenlernen, bevor es zu spät dafür war, und so verließ ich Paris gemeinsam mit Gus, um in einem seiner »Clubs« in Peking zu arbeiten. Wir fuhren mit dem Schiff über das Mittelmeer, den Suezkanal und die Straße von Malakka. Unterwegs gab es zahlreiche Zwischenstationen und ich verliebte mich unsterblich in den Orient. Ich wusste, so wie man manchmal ohne jeden Zweifel weiß – viel mehr als eine Ahnung, und so als wäre es meinem ganzen Wesen unauslöschlich eingeschrieben –, dass Asien meine Heimat war. Das Gefühl hat mich nie verlassen. Jahre später wachte ich in irgendeinem anderen Teil der Welt auf und spürte eine Sehnsucht nach China in mir, so wie andere Menschen Heimweh empfinden.

Kanton, Shanghai, Mukden, Peking, Tientsin. Ach, was waren das früher für herrliche Orte. Besonders Peking. Und die Menschen, denen man damals dort begegnete – von der Gesandtschaft, Abenteurer aus reiner Abenteuerlust und abenteuerlustige Unternehmer, die sich Zugang zu den sehr alten Systemen verschaffen wollten.

China wurde mir in den Jahren vor dem Krieg mehr zur Heimat als irgendein anderer Ort und einige meiner besten Freunde stammen aus jener Zeit im Orient. Ich komme überall mit den Menschen zurecht, aber mit manchen gibt man sich noch lieber ab, als mit anderen.

In Kanton bekam ich den Namen Nan verpasst, weil ich eines der Mädchen an jemanden gleichen Namens erinnerte. Nan blieb hängen und bis heute bekomme ich an »Nan« Parrish adressierte Post und muss jedes Mal, wenn ich meine postlagernden Sendungen abhole, erklären, dass ich sowohl Nan wie auch Maud heiße, in China war es immer Nan. Obwohl ich den Großteil der Vorkriegszeit dort verbrachte, kam ich nicht zur Ruhe. Nicht einmal dort in der bunten Umgebung und dem bezaubernden Leben, das wir alle führten, fand ich meinen Frieden.

Nie verging ein Jahr, in dem ich nicht nach Hause fuhr, um meine Mutter und meinen Vater zu besuchen – und natürlich reiste ich über verschiedene Routen, damit ich unterwegs immer neue Orte zu sehen bekam. Bisweilen war ich gute sechs Monate unterwegs – fuhr mit der Eisenbahn quer durch Sibirien oder machte einen Abstecher auf eine abgelegene Insel. Auf diesen »Heimfahrten« besuchte ich jeden Kontinent. Manchmal alleine. Manchmal, wenn eine Reisegruppe unterwegs zu einem anderen Ort den Club besuchte, verspürte ich den Drang und schloss mich ihnen an – oft reiste ich auf dem Weg nach San Francisco um die ganze Welt.

Das Wasser in China war nicht gut und Champagner war das einzige, was wir für trinkbar hielten (teilweise auch deshalb, fürchte ich, weil damit mehr Profit zu machen war). Vermutlich befand ich mich in China sechs Monate lang ununterbrochen in einem glückseligen Champagnerrausch. Und auch wenn ich reiste, trank ich. Wenn man irgendwo ankam – besonders, wenn man pleite war – konnte man sich nicht einfach hinsetzen und sich zu Tode langweilen, also zog man erstmal los und bestellte was zu trinken. Sonst wäre man alleine geblieben. Niemals wäre mir eingefallen, aufzuschreiben, was ich tat. Darüber habe ich mir nie Gedanken gemacht, nur dass ich fürchtete, es zu vergessen. Und das wäre auch beinahe passiert, bis ich begann, dieses Buch zu schreiben. Nie habe ich mich bemüht, mich an etwas zu erinnern – außer an die Orte, die ich auf meinen Karussellfahrten schon gesehen hatte – sondern eher darum, etwas zu vergessen. Ich wollte einfach losziehen und mich überraschen lassen, was als nächstes kommen würde, egal wie, und das Beschwerliche verdrängen.

Meiner Mutter und meinem Vater erzählte ich, dass ich das erste Kino in Peking eröffnet hätte, als es noch in ganz China keines gab. Erst vor wenigen Monaten, als ich eine Freundin aus jenen Tagen besuchte und wir über Peking sprachen, erzählte mir ihr Sohn (sie lebt jetzt in wohlanständiger Sicherheit, so wie viele meiner Freundinnen – nur ich nicht), wie aufregend er es fände, dass seine Mutter das erste Kino dort eröffnet habe. Ich warf meiner alten Freundin einen Blick zu. Sie wandte sich errötend ab und wir wechselten schnell das Thema. Damals war das die Standarderklärung, die abenteuerlustige Mädchen ihren Angehörigen präsentierten, in einer Zeit, in der ein Mädchen noch als »ungezogen« galt, wenn sie der stumpfsinnigen Rolle nicht gerecht wurde, die einzunehmen von ihr als weiblichem Wesen erwartet wurde.

Und das ist auch einer der Gründe, weshalb dieses Buch keiner Ordnung folgen kann. In meinem Leben gab es schließlich auch keine – ich hatte nicht alles vorher geplant. Ich fuhr hin, wohin ich konnte, und wenn mir das Geld ausging, kehrte ich irgendwie nach Peking zurück – arbeitete im Club bis ich wieder genug Geld hatte, um woanders hinzureisen, wohin auch immer – an einen mir unbekannten Ort.

So lange Gus lebte, war er mein Anker. Ich konnte mich immer auf ihn verlassen, unter allen Umständen. Ein paar Mal brachte er mich nach Hause. Einmal reiste ich mit Gus herum und sah auf dem Heimweg nach San Francisco zum ersten Mal Yokohama. Manchmal fuhren wir über den Fluss nach Tientsin, wobei auf dem Boot überall Vitrinen mit Gewehren standen, für den Ernstfall. Ich erinnere mich an einen Coolie-Aufstand, die Waffen wurden herausgeholt und es gab Tote. Egal wo, mit Gus war es immer aufregend. Er konnte sich einfach nicht von dort fernhalten, wo es »brenzlig« wurde und Weiße in Gefahr gerieten.

Während des russisch-japanischen Kriegs fuhr ich mit ihm nach Mukden in der Mandschurei. Durch Bestechung war er an eine Glücksspiellizenz dort gekommen, mit der direkt hinter der Front viel Geld zu verdienen war. In dieser Schule erwarb ich meine Kenntnisse auf diesem Gebiet. Nach ein paar Wochen wurde Gus verhaftet und als Spion zum Tod durch Erschießen verurteilt. Auch ich rechnete damit, verhaftet zu werden, ebenfalls fälschlicherweise als Spionin. Aber da sich dieser großartige Freund mehr als einmal aus einer Zwangslage zu befreien verstanden hatte, war ich nicht sonderlich erstaunt, als er eines Morgens lässig hereinspazierte und sagte: »Komm schon, Nan, geh packen. Wir fahren nach Tientsin.«

Von dort aus begaben wir uns auf eine Reise um die Welt. Schließlich landete ich in San Francisco und er in Montreal, wo inzwischen eine Straße nach Gus und seinem Bruder be-

nannt ist. Ich war noch nicht lange zuhause, als ich ein Telegramm erhielt, ich möge meinen Besuch abkürzen und nach
Montreal eilen, da wir schleunigst nach Europa und von dort
aus weiter nach China reisen mussten. Als ich aber in Montreal eintraf, holten mich seine Tanten ab und teilten mir mit,
Gus sei tot. Er war in seinem Swimming-Pool an einem
Herzinfarkt gestorben. Die Tanten hatten meine Briefe gelesen und wussten über uns Bescheid, deshalb hatten sie mich
abgepasst und es mir gesagt. Er war erst dreißig Jahre alt gewesen, aber genau das, was ich befürchtet hatte, war geschehen: Er hatte so schnell und gefährlich gelebt, dass die An-
strengung zu viel für ihn geworden war.

Alleine und einsam fuhr ich weiter. Zum ersten Mal über
Sibirien nach Peking. Im Zug lernte ich den russischen Botschafter in China kennen und wir wurden gute Freunde. In
Peking beschloss ich dann, meinen eigenen Spielsalon zu eröffnen. Für zweihundert Dollar im Monat mietete ich das
Haus eines Mandarin in einer von Laternen beleuchteten
Gasse, in der ansonsten die Kamele ausruhten. Wahre Paläste waren das, die wir in Peking und Schanghai hatten. Wäre
der Weltkrieg nicht gewesen, wäre ich vermutlich immer
noch dort. Ich liebte Peking und kam voran. Mein Haus war
wie eine Festung, alles verrammelt. Bevor wir jemanden ein-
ließen, schauten wir durch ein kleines Loch, wer da vor der
Tür stand.

Damals gab es gute Menschen in China. Die meisten Weißen waren von der Gesandtschaft; alle anderen hielten sich
auf eigenes Risiko hier auf. Die meisten von ihnen waren un-
erschrockene Abenteurer, die Ungewöhnliches zu bieten
hatten. Ich erinnere mich, dass einer behauptete, er sei der il-
legitime Sohn von Edward VII. Jedenfalls sah er aus wie der
König und war sehr charmant und kultiviert. Auch hatte er
Geld – trug immer nur zwanzig Dollar Goldstücke mit sich
herum. Ein wunderbarer Mensch, wenn man ihn erst einmal

kannte. Manchmal kamen die Offiziere von den Marine-schiffen – allesamt nette junge Burschen.

Aber die ausländischen Gesandten und unser eigenes dip-lomatisches Corps bildeten den Kern meiner Kundschaft, ur-sprünglich waren sie wegen meiner Freundschaft zum russi-schen Botschafter vorbeigekommen. Die meisten tauchten nach dem Essen in Abendgarderobe auf, tranken Champag-ner und spielten bis zum Morgengrauen. Mit Musik, klassi-scher und überhaupt, trug auch ich zur Unterhaltung bei.

Ich hatte nur einen weiblichen Gast. Oft denke ich an die arme englische Seele. An einem großen englischen College hatte die junge Frau einen genialen Chinesen kennengelernt und ihn geheiratet. Jetzt lebte sie mit seinen elf chinesischen Frauen in der Chinese City, einer für Weiße entsetzlichen Gegend Pekings. Da ihr der Mut fehlte nach Hause zurück-zukehren, hatte sie sich dem Opium und Alkohol verschrie-ben. Wir versuchten sie davon abzubringen, aber vergeblich.

Manchmal hatten wir natürlich auch Probleme mit dem Gesetz. Ein Richter der Vereinigten Staaten in Shanghai schickte einmal den Staatsanwalt nach Peking, um die »wil-den« US-Bürger hinauszuwerfen, die Zocker und die Mäd-chen. Als Betreiberin eines Spielsalons mit drei Roulettetti-schen, die von Chinesen bedient wurden, gehörte ich natür-lich auch dazu. Aber nicht nur das. Weil ich klein und ver-meintlich anständig war (ich wog weniger als 45 Kilo und war nicht einmal einen Meter sechzig groß), entschieden mei-ne Landsleute zu meiner Bestürzung, dass ausgerechnet ich dem Staatsanwalt einen Strich durch die Rechnung machen sollte. Der Plan klang ganz einfach. Ich hatte nicht mehr zu tun, als zu verhindern, dass er ein Exempel an uns statuierte und ihn stattdessen zum Affen zu machen! Ich hasste meine Rolle, aber ich wusste auch, was es bedeutet hätte, wären meine Freunde (und sie waren meine Freunde, diese wunder-baren internationalen Abenteurer) aus der Stadt vertrieben worden, nur damit ein ehrgeiziger Politiker Applaus bekommen und seine eigenen Etablissements eröffnen konnte.

Als ich erfuhr, dass der Staatsanwalt und seine Begleiter erst einmal die Sehenswürdigkeiten der Stadt betrachten wollten, beschloss auch ich, mir diese anzusehen und stieg zu ihm in den Zug. Mit einem hochintellektuellen Buch bewaffnet setzte ich mich in ein leeres Abteil und begann zu lesen. Es dauerte nicht lange, bis der bedeutende Mann sich mir höchstpersönlich vorstellte und später verbrachten wir den Nachmittag zusammen, kletterten auf der großen chinesischen Mauer herum und ritten auf Eseln zu den Ming-Gräbern. Das bereitete mir so viel Freude, dass ich meine Aufgabe beinahe vergessen hätte. Einige seiner Begleiter machten Fotos von uns beiden, so wohlig und freundlich sahen wir darauf aus. Mir rutschte das Herz in die Hose, aber ich spornte mich selbst an, indem ich innerlich das steinalte Lied vom Überleben des Stärkeren anstimmte.

Als es am Abend spät wurde und ich feststellte, dass er moralisch nicht besser war als wir – eher schlimmer, finde ich, denn wir waren wenigstens ehrlich – fasste ich meinen Mut zusammen. Ich nahm seine Einladung an, am nächsten Abend in Peking mit ihm im besten Hotel der Stadt (selbstverständlich) zu speisen. Als er erfuhr, dass er mit einer jener Rebellinnen am Tisch saß, die auszumerzen er gekommen war, staunte er nicht schlecht. Seine gesamte Reisegruppe floh am darauffolgenden Tag mit dem ersten Zug. Wer im Glashaus sitzt sollte nicht mit Steinen werfen!

So lustig war es aber nicht immer – auch nicht so einfach. Häufig gab es Ärger und immer, wenn wir erfuhren, dass die von Weißen geführten Spielsalons geschlossen werden sollten, verschwand ich. Für mich war es ohnehin ein guter Vorwand, mich an einen neuen Ort zu begeben. Zum richtigen Zeitpunkt zu verschwinden kann sehr hilfreich sein. Manchmal erspart man sich dadurch sehr viel Ärger.

Peking

Damals war das Leben in China noch genauso wie vor zwei-
oder vielleicht auch fünftausend Jahren. In mancher Hinsicht wie im Märchen, nur brutaler. Die verbotene Stadt war
damals wirklich verboten (heute kann jeder für dreißig Cent
hinein – vorausgesetzt die Japaner haben sie nicht schon wieder geschlossen).

Es gab keine Wasserleitungen. Coolies verkauften für wenig
Geld Eimer mit heißem Wasser, die sie an Stöcken quer über
den Schultern trugen. Ich hatte eine Badewanne aus Holz.

Und natürlich gab es keine Telefone. Selbst als ich nach
Einführung des Telefons wieder einmal nach Hause kam
und sich alle bereits »pleite telefoniert« hatten, hatte ich noch
nicht viel damit zu tun. Wenn ich zweimal am Tag angeru-
fen wurde, glaubte ich schon krank davon zu werden. Radios
sind heute so verbreitet wie Telefone, und doch habe ich nie
eins gehabt, und würde auch nicht wissen, wie man es bedient. Noch immer bin ich tief beeindruckt, wenn plötzlich
bei einer Freundin zu Hause die Möbel sprechen oder singen.

Wenn ich an Peking zurückdenke, fallen mir Straßenhun-
de ein – große gelbe und gelbbraune Kreaturen, die im Dreck
lagen, die Vorläufer des Ritzy Chow (für den sich das Reisen
definitiv ausgezahlt hat!). Niemals sehe ich einen Chow-
chow mit niedlichem Schleifchen um den Hals, ohne an seine Vorfahren zu denken, die manchmal schwer verletzt von
Kämpfen waren.

Damals gab es keine Kuriositätenhändler, aber die Palast-
eunuchen – große, seltsam aussehende »Männer« mit rasier-
ten Schädeln und gelben Gewändern – stahlen und verkauften herrliche Stoffe. Außerhalb des Palastes durfte man nur
Drachen mit nicht mehr als vier Klauen tragen; innerhalb
des Palastes waren fünf erlaubt und wir kauften den gelben
Satin-Stoff mit den fünf Klauen, wann immer wir konnten.

Ich hatte wunderbare Sammlungen orientalischer Kunst – goldene Buddhas und Dinge, die mir die Leute von der Gesandtschaft abkaufen wollten. Was ich meiner Familie nicht schickte, verkaufte ich, als mir bewusst wurde, dass ich niemals ein Haus haben und seßhaft werden würde. Weltliche Besitztümer haben mir ohnehin nie etwas bedeutet.

Mir gefielen die Trachten der Einheimischen. Die Damen aus Manchu trugen einen eigenartigen Kopfschmuck, wie Kakadus.

Ein breites Brett, das über den Hinterkopf hinausragte, die Haare fest darum gewunden. Je reicher die Dame, umso aufwendiger ihr Kopfschmuck, außerdem verziert mit chinesischen Spangen und Juwelen. Eine arme Frau hatte nur ein Brett und ihre Haare. Auch manche Männer trugen erlesene Gewänder.

Eines Tages sah ich den Dalai Lama (den obersten Gott der buddhistischen Religion). Hunderte von Kamelen und tausende von Menschen in schmutzigen, aber phantastischen Kleidern, waren in seinem Gefolge, mit dem er aus Lhasa in Tibet kam und die kleine marmorne Brücke überquerte, die Marco Polo im dreizehnten Jahrhundert beschrieben hatte. Sie waren bereits seit einem Jahr unterwegs. Ich sah ihnen zu, wie sie ihre Quartiere im heiligen gelben Tempel in Peking bezogen. Der Lama wurde von sechs Coolies in einer großen Sänfte getragen. Selbst ich hielt die Luft an, als der große Gott herausstieg. Aber ich sah nur einen kleinen Mann.

Die Chinesen sind sehr interessant in ihrer Zurückhaltung und ihrer philosophischen Anschauung. Um mehr über sie zu erfahren, veranstaltete ich, als ich mich selbständig gemacht hatte, einmal wöchentlich in meinem Club einen Abend für Orientalen der gehobenen Klasse, obwohl vorgeschrieben war, dass Weiße nur ausschließlich Weißen vorbehaltene Lokale führen durften. Ich liebte diese »orientalischen Abende.« Einer der Chinesen, die regelmäßig dort erschienen, hatte ein abgeschlossenes Studium in Cambridge absolviert und war in diplomatischem Auftrag in Washington, D.C. gewesen. Damals trugen alle Chinesen Zöpfe und natürlich auch er. Lachend erzählte er, dass der amerikanische Steward auf dem Dampfer über den Pazifik zu den Essenszeiten höflich an seine Tür geklopft und gefragt habe: »Wolle futtern?« Nicht alle Chinesen sind Coolies oder arbeiten in einer Wäscherei.

Kurz vor dem Tod der Kaiserin kam ein Prinz des königlichen Mandschupalastes in einer fließenden Robe aus unbezahlbarem Damast vorbei. Nur die Mandelaugen und der Zopf des Prinzen, dessen Haut so weiß war, wie die eines Kaukausiers, ließen erkennen, dass er ein Mandschu war. Er hatte einen britischen Sekretär dabei, ein imposantes Individuum in einem europäischen Anzug, eine Art ausländischer Leibwächter. Gerüchte von einer Revolution lagen in der Luft, aber sie hatte noch nicht begonnen.

Während der Prinz an den Spieltischen saß, hörte man draußen Ponyhufe klappern. Mit viel Getöse und Gepolter hielten Gespanne vor der Tür und mehrere wilde Mongolenprinzen – überheblich, aber dreckig wie Coolies – stürmten herein. Sie mussten den Mandschuprinzen erkannt haben, denn sie zögerten und ich rechnete mit großer Unterwürfigkeit ihrerseits, aber sie zogen lediglich nickend an ihm vorbei. Als wahre Söhne des Dschinghis Khan würden sie vor niemandem katzbuckeln. Tatsächlich wurden sie nie erobert und ein Mandschu war ihnen so einerlei wie ein Pekinese einem Mastiff.

Damals gab es in China vor allem zwei Klassen – Coolies und Adlige, die sich aus verschiedenen Schichten zusammensetzten, die Mandschus gehörten der höchsten an und wurden so genannt, weil sie aus der Mandschurei stammten. Vom Volk wurden sie beinahe als Götter angesehen. Sie wa-

ren die herrschende Klasse und die Kaiserinwitwe Tsz'e Hsi
war natürlich auch eine Mandschu. Immer wenn sie in unruhigen Zeiten vom Thron geflohen war, hatte sie sich in die
Mandschurei begeben. Die armen Coolies waren dagegen in
Wirklichkeit weniger wert als Dreck und wurden genauso
behandelt.

Doch unter den Ausländern gab es kein Kastenwesen, da
wir einander sehr gut kannten. Ich erinnere mich, wie einmal ein russischer Zirkus nach Peking kam. Alle Mandschus
trafen in Kutschen ein, Glocken ertönten, um den Weg frei-
zumachen. Zwei aufgetakelte »Mafoos« oder Kutscher saßen
vorne, steif wie Roboter, abgesehen von ihren Zöpfen.

Im Zirkus hatte der Spanische Botschafter eine Loge mit
seiner Tochter. Daneben eine ehemalige amerikanische Prostituierte, die einen deutschen Grafen geheiratet hatte. Dann
weitere Mitarbeiter der Gesandtschaft, damals internationale Glücksspieler und dahinter ein Mann ganz alleine. Er war
in Peking, um der Kaiserin Kriegsschiffe zu verkaufen. Wenn
ich an ihn zurückdenke, fällt mir eine alte Geschichte ein,
von der ich glaube, dass sie wahr ist. Sie handelt von einem
Marinesoldaten der Vereinigten Staaten, der bei der Kaiserin
Geld für ein Schlachtschiff abholte, dieses aber nie am Be-
stimmungsort abgeliefert hat. Im Zirkus unterhielt man sich
quer über die Logen hinweg.

Ich erinnere mich gerne an diese (für mich) glücklichen
Jahre unter der Herrschaft der Kaiserinwitwe. Als sie starb,
wurde sie vor ihrer Beerdigung sechs Monate lang öffentlich
aufgebahrt. Der Trauerzug war allerdings seltsam: hunderte
fast weiße Opferkamele, Eunuchen (gar nicht so witzig), bezahlte Trauernde, die laut schrien, und ein wunderschöner
Katafalk. Auf einer eigens für diesen Anlass errichteten Tribüne sorgten die ausländischen Diplomaten mit ihren feder-
geschmückten Hüten und den dicken Goldborten für einen
Aufzug innerhalb des Aufzugs. Und es war nicht nur der

Wind, der Bewegung in die Federn brachte. Anspannung lag in der Luft.

Hunderte von Polizisten hatten schweres Material durch die Straßen (hauptsächlich schmale Gassen) gezogen, die auf den Hatamen Way mündeten, die große Paradestraße, als Absperrung, damit die Massen den bunten Trauerzug nicht sahen. Doch natürlich konnte die Polizei nicht verhindern, dass sie trotzdem von allen möglichen Aussichtspunkten aus einen Blick darauf erhaschten.

Schwer zu glauben, dass die winzige Mandschukaiserin, die so lange andere hatte leiden lassen, tot war. Sie hatte während ihrer fürchterlichen Wutausbrüche Entsetzliches verfügt und viele Beobachter ihrer Beerdigung dachten schaudernd an die kleine Folterkammer um die Ecke, die wir »Kammer der 57 Varianten« nannten, denn so zahlreich waren die grausamen Methoden, mit denen sie ihre Opfer quälte.

Kurz bevor sie starb, hielt sich hartnäckig das Gerücht, sie habe das Mädchen, das als die Perlenkonkubine bekannt war, in einen Brunnen werfen lassen und ertränkt. Der Englischlehrer des jungen künftigen Kaisers, der sein Amt nie antreten sollte, hatte mir als erster davon erzählt. Er hatte es von dem jungen Prinzen erfahren, der, obwohl er praktisch als Gefangener in seinem Palast lebte, trotzdem allen Tratsch mitbekam. Mord kommt schließlich ans Tageslicht. Seither habe ich auch in den Geschichtsbüchern einiges über den Mord an der kleinen Pearl gelesen.

Es hieß die Kaiserin habe den Kaiser vergiftet, weil sie fürchtete, zu sterben. Ich kannte einen Engländer, der für alle elektrischen Arbeiten im Palast zuständig war und er erzählte mir einiges von dem Tratsch, der dort die Runde machte.

Nach der Beerdigung kam die Revolution. Tausende von Mandschus, die bis dahin noch nicht enthauptet worden waren, flohen panisch in die Mandschurei. In ganz Peking gab es nicht eine einzige Karre mehr auszuleihen, zweiräderige ungefederte Wagen mit Abdeckung, die einem die Eingeweide so richtig durchschüttelten, wenn sie über die Furchen holperten, die man hier Straßen nannte. Mein mongolisches Pony scheute angesichts der blutigen Köpfe, die angebunden an ihren Zöpfen an den Stadttoren hingen. Gespenstisch kalt lief es mir über den Rücken.

Aber dieses Mal wollte ich nicht fliehen. Ich versuchte es nicht einmal. Mehrere Gesandtschaften luden mich ein, mich dort wohnen zu lassen, aber mein eigenes Haus war mir lieber, wo ich außerdem einige meiner armen chinesischen Nachbarn unterbringen konnte. Man hätte hartherzig sein müssen, um den Lahmen nicht zu helfen. Es kostete mich so wenig, ein kleines bisschen was für diese armen Kreaturen zu tun, vor allem wenn ich daran dachte, wie mühelos mein Geld hereinfloss. Drei oder vier blinde Bettler mit chinesischen einsaitigen Banjos bereiteten sich immer auf eine milde Gabe vor, wenn sie hörten, dass ich mit meiner Rikscha oder meinem Pony vorbeikam. Sie wussten, dass auch ich Banjo spielte.

Während der Revolution lebte ich alleine, aber meine Gesandtschaftsfreunde kamen jeden Abend, manchmal um zu spielen, oft zum Essen oder nur zum Trinken. Der Lärm der Gewehre war furchterregend und draußen wurde geplündert. Die Polizei behandelte Zivilisten äußerst brutal und trotz unserer Heiterkeit wurde uns allen bewusst, dass Krieg und Revolution die Hölle bedeuten.

Natürlich sind Abenteurer, egal ob männlich oder weiblich, nie anders geschützt als durch ihre eigene Klugheit. Aber ich denke, Gott passt auf mich auf. Während meiner ganzen Reisen habe ich nie eine der schrecklichen Krankheiten bekommen. Vielleicht haben meine Mutter und mein Vater all die Jahre über für mich gebetet. Andere hätten mich zur Hölle fahren lassen – hätten sie Bescheid gewusst. Aber es war nicht nur Spaß; all die wunderbaren Männer in Peking kennenzulernen, hat mich gebildet. Kluge, ausgezeichnete Männer, die mir von sich erzählten, von den Büchern, die sie schrieben oder den Berufen, denen sie nachgingen. Möchte man etwas lernen, sollte man sich an einem Ort abseits der gewohnten Pfade bewegen, wo Männer zu häufig allein und Frauen rar sind. Bei Kaffee und Champagner habe ich mehr über die verschiedenen Länder erfahren, als man aus Büchern und in Schulen lernen kann. Vieles von dem, was ich weiß, hätte ich auf andere Weise nie mitbekommen. Meinen ganzen Wissensschatz habe ich von diesen Personen und daher, dass ich mir die Orte angesehen habe, aus denen sie stammten oder die sie bereist hatten. Hätte ich in einem Büro gesessen, wäre ich ihnen nie begegnet.

Von einem alten Pärchen aus dem Osten, das ich kennenlernte und mit dem ich auf einer ganzen Reise von Peking aus zusammenblieb, lernte ich viel über griechische Geschichte. Die beiden hatten Töchter zu Hause und der Mann sagte, er wünschte, eine von ihnen wäre so wie ich! Dabei kam ich aus einer Absteige in China. Er erzählte mir vom Parthenon und der Mythologie – und es gefiel mir, weil er es auf so interessante Weise tat. Also musste ich dorthin und es mir ansehen.

So war das. Sie weckten ein solches Interesse bei mir, dass ich meinen Club vorübergehend schloss oder jemand anderem die Leitung übertrug, und losfuhr, um es mir selbst anzusehen. Wenn mein Geld alle war, fuhr ich nach Peking zurück, um neues zu verdienen. Manchmal ging das Geld schnell weg und dann musste ich an einem Ort bleiben, bis ich wieder genug hatte, um zurückzufahren. Aber irgendwie habe ich es immer wieder geschafft. Ich wusste, wenn ich erst einmal in Peking war, würde ich schnell ein paar Tausend zusammen bekommen, um schon bald in einen anderen entlegenen Winkel der Erde zu reisen.

III

FRÖHLICHE KARUSSELLFAHRT

Wahnsinn in Manila

Und so war's! Selbst jetzt geht es mir nicht aus dem Kopf und ich weiß nicht, auf welches Pferd ich springen soll. Das langsam tänzelnde Ross, den schwarzen Rappen oder den Fuchs? Oder doch auf einen der sicheren Sättel für die Ängstlichen. Wo soll ich anfangen? Einige Orte habe ich so häufig besucht, dass es mir ein Rätsel ist, was wann und wo passierte. Das vermutlich zuverlässigste Symptom, an dem man den Lebenskünstler erkennt, ist sein unzureichendes Erinnerungsvermögen. Gott sei Dank – nur beim Verfassen eines Buchs ist dieser Umstand nicht unbedingt hilfreich. Ich weiß, dass ich einmal – auf der Hin- oder Rückreise – einen Abstecher über die Wolga im alten Russland gemacht habe – sehr lange ist das her. Ich erinnere mich an Lehmhütten und ebensolche Bürgersteige. Russland war damals ein reiches und herrliches Land für Touristen und ich hatte Geld dabei. Das Boot war langsam und unterwegs konnte man mit den Bauern sprechen. Große Frachtkähne wurden geschleppt. Unser Boot hatte ein Schaufelrad.

Ich entspannte und genoss das alles, war zu jung, um mehr zu wollen, als was meine Augen sahen und was ich durch ein paar wenige Fragen erfuhr.

Ebenso auch bei einer Fahrt über den Nil – ich weiß nur noch, dass wir Alexandria, Kairo, und Luxor besuchten. Irgendwo fand ein Kamelrennen statt und wir tranken und wetteten. Wenn man Geld hat, ist das ein Traum. Man braucht es, um an bestimmte Orte zu gelangen; hätte man keines, würde man vielleicht nie wieder von dort wegkommen, sondern einfach festsitzen und sterben.

Einmal war ich pleite in Manila. So weit war ich immerhin auf der Heimreise nach Peking gekommen. Ich fand einen Club, in dem ich spielen und tanzen konnte. Das war am Anfang der amerikanischen Besatzung und weiße Unterhalterinnen waren rar. Ich sang oder tanzte mit offenen Haaren und in hauchdünnen Kleidern. Wahrscheinlich war ich wohl ein bisschen melancholisch, dachte an alles Mögliche und hatte zu viel getrunken. Irgendwas macht der Champagner mit einem, dass egal, wie viel Verstand man noch hat oder schon getrübt wurde, eine Gehirnzelle immer wach bleibt, so dass man, selbst wenn man vollkommen »drüber« zu sein scheint, in gefährlichen Momenten, die durch die benebelte Dummheit des Körpers herbeigeführt werden, trotzdem auf eine gewisse Sicherheit achtet.

Ich saß auf der Kante eines großen Tisches aus Teakholz, ließ die Füße baumeln, war eingehüllt in meine Haare, die mir in Wellen bis über die Knie fielen – der schwarze Pelz eines ebensolchen Schafs – als eine Horde johlender Amerikaner hereinstürmte, allesamt Offiziere und ihre Freunde. Woher sollte ich wissen, mit wem ich tanzen sollte? Vor meinen Blicken verschwammen sie bis endlich einer der großen Helden der Schlacht von Manila Bay den hölzernen Klöppel eines Messinggongs nahm und wie ein Auktionator schrie: »Wer bietet am meisten?«

»Hundert Dollar!«, rief jemand, zunächst eher im Scherz.

»Hundertfünfzig!«, schrie ein anderer.

Jetzt machte sich Zockergeist breit. Es war kein Witz mehr. Das Geschrei und Gelächter verdichtete sich zur Raserei bis endlich der Hammer fiel – zum Ersten, zum Zweiten und zum Dritten mit absoluter Endgültigkeit. Ich kam gerade wieder zu mir, als der Auktionator triumphierend verkündete: »Nancy, verkauft für eintausend Dollar.«

»Jede Frau hat ihren Preis«, dachte ich, als ich in einen Landauer hinter einem ungeduldig mit den Hufen scharrenden Pferdegespann verfrachtet wurde.

Die Philippinen waren damals toll! Nicht nur eine Lehrerin aus Massachusetts reichte ihre Kündigung in Manila ein, um sich anderer menschlicher Schwächen anzunehmen. Der Polizeichef war ein famoser Kerl. Er verstand wie es war und spielte in seinem herrlichen tropischen Junggesellenheim häufig den Gastgeber.

Nicht umsonst sprach man von den »freudvollen Palästen« von Manila, Shanghai und anderen internationalen Städten. Dort gab es keine Verbote. Man konnte soviel Unfug treiben, wie man wollte; der Spaß kannte keinerlei Grenzen. Wenn man auf Farbe stand, gab es das türkische Zimmer für fünfzigtausend Dollar, dort durfte man sich lümmeln, mit Süßigkeiten vollstopfen und sich einbilden, man sei die Lieblingsfrau eines arabischen Ritters. Zwischen beiden Geschlechtern herrschte eine herrliche Kameradschaft. Wollte man Beziehungen knüpfen, dann gab es nichts Besseres, denn, angefangen vom Botschafter bis zum jüngst erst eingetroffenen Bankangestellten, kamen alle vorbei. Vergangenen Winter las ich in Hamburg ein Buch mit dem Titel *Von Peking nach Lhasa* von Sir Francis Young – auf Grundlage von George Edward Pereiras Tagebuchaufzeichnungen verfasst. Pereira hatte ich in Peking kennengelernt und häufig mit ihm gemeinsam über Landkarten gebrütet. Damals war er noch nicht Brigadier General der britischen Armee, sondern ein rastloser junger Mann, der von Abenteuerreisen träumte. Auf jener Reise nach Lhasa starb er. Seine Liebe zum Reisen hatte ihn erschöpft.

Es war unglaublich, was für Frauen man manchmal begegnete. Ein deutsches Mädchen, deren Individualität noch

51

nicht vollkommen zerstört worden war, schaute mich eines
Abends an, als wäre ich vom Mond gefallen. Ich trug eine
Kette mit Nuggets, die mir ein Goldgräber am Klondike geschenkt hatte. Die größeren hatte ich in Monte Carlo versetzt, aber die anderen trug ich in mein Haar gebunden.

»Schaut«, schrie sie einen ihrer Begleiter an, »sie ist allein
und trägt ihr Geld im Haar!« Dass ich ohne Begleitung verschiedene Länder bereist hatte, beeindruckte sie zutiefst und
mein Einfluss trug wenig dazu bei, dass ihr Lebenswandel
beständiger wurde.

»Das Leben ist zum Musizieren, Tanzen und Frei sein gemacht«, erklärte ich ihr und vertraute ihr an, dass ich immer
stärker das Bedürfnis verspürte, abgelegene, schwer zu errei-
chende Länder zu besuchen. »Wenn ich das nächste Mal los-
fahre – und das wird schon bald sein«, sagte ich, »besuche ich
alle südamerikanischen Hauptstädte.« Und tatsächlich schaffte ich auch alle Hauptstädte, ging im Anschluss an meine
nächste Reise nach Kalifornien zu meinen Eltern systematisch vor. Die Fahrt kostete mich Tausende. Sie war sehr teuer! Jetzt würde ich sagen, es war töricht, so zu reisen.

Lateinamerikaner sind unglaublich

Fünf Mal war ich in Südamerika. Zunächst in allen Häfen;
dann, als diese größere Sehnsucht weckten, auch in den Städten im Landesinneren, von denen einige tausende von Metern weit oben in den Bergen lagen und andere, wie Guayaquil in Ecuador, tief im Tal oder in Äquatornähe. Um nach
La Paz zu gelangen, ging ich in einem Hafen in Peru von
Bord und fuhr mit einem kleinen Zug von Arequipa zum
Titicacasee hinauf, dem höchstgelegenen See der Welt. Dann
setzte ich in Booten aus Schilf über das wunderschöne Gewässer, vorbei an der Isla del Sol und der Isla de la Luna mit

ihren jahrtausendealten Inkaruinen, die kaum von den Felsen dort zu unterscheiden sind. Dann wieder mit dem Zug über ein Gebirge und dahinter, wie in einem Krater, hinunter nach La Paz (der Frieden).

In La Paz sah ich eine andere Art von »Lama« als in China. Vierbeinige mit Holz beladene Tiere paradierten dort durch die steilen Straßen. Sie sind die ersten Gewerkschafter. Belädt man sie mit ein paar Gramm mehr als die üblichen fünfzig Pfund, so begeben sie sich in den Liegestreik und werfen Tränengasbomben, denn wenn sich ein Lama ärgert, spuckt es direkt und präzise und die Kleider, die es trifft, muss man verbrennen. Ich sah, wie eines einen Treiber bespuckte, der es auf Spanisch beschimpft hatte. Es wurde direkt auf der blanken Brust getroffen. Im Prinzip putzt sich das Lama so die Nase.

Ich interessierte mich besonders für die Indianer in diesem über dreitausend Meter hoch gelegenen Land. Sie sahen gut aus, nicht hungrig und »ausgemergelt« wie so viele Einheimische. Ein Engländer, den ich in La Paz kennenlernte, fragte: »Sie interessieren sich für die Eingeborenen? Ja?« Und wir fuhren in seinem Wagen zu seinen indianischen Frauen. Er selbst war ein charmanter Mann und die Frauen waren absolut liebreizend – gut genug für jeden Mann – sogar für einen Engländer!

Die Luft des bolivianischen Hochlands wirkt nach der heißen Küstenregion anregend. Ich blieb recht lange in Gilberts Hotel. Über ihn gibt es ein Buch. Er ist dort gestorben. Später fuhr ich weiter nach Potosi und blieb auch dort eine Weile. Ein interessanter Deutscher mit einem Fotostudio in Potosi zeigte mir das wunderbare Land.

1905 hielt ich mich während der Epidemie in Lima auf, aber ich war unbekümmert und muss wohl durch einen freigeistigen Engel besonders behütet worden sein, denn ich stand es gesund durch.

In Quito, in Ecuador, erkundigte ich mich beim Konsul nach Post. Er war neugierig auf mich – wie das Konsule häufig sind. In seinem Geschäft, er war außerdem Kaufmann, stellte er mir Fragen. Zunächst war das nur ein Geplänkel, ich erfuhr, dass er mit Familie hier war, seinen Kinder und einer kanadischen Frau. Als er aber anfing, Anspielungen über allein reisende Frauen zu machen, entschied ich, es ihm zu geben, und zwar nicht zu knapp. Also erklärte ich, ich würde mir meine Reisespesen als Unterhalterin verdienen und mich meist nicht aufs Singen und Tanzen beschränken.

Schockiert war er nicht. Er brüllte vor Lachen.

»Kommen Sie in den Club«, sagte er. »Wir essen zu Mittag. Ich stelle Sie allen vor. So etwas habe ich ja noch nie gehört, aber bei Gott, das ist toll« – er meinte mein Leben, so wie ich es ihm berichtet hatte.

»Na schön«, sagte ich und betrachtete einen der hübschen Panamahüte in seinem Geschäft. Er kostete vierzig Dollar. »Den kaufe ich mir dann später.«

Er nahm mich mit in den Club und stellte mich allen vor. Amerikanischen Ingenieuren, Leuten von der Botschaft, einem amerikanischen Bahndirektor; und alle waren ganz reizend zu mir.

Sie besuchten mich in meinem Zimmer im ersten Hotel am Platz und ich zeigte ihnen die hübschen Kleider, die ich in Paris gekauft hatte – nur um mir die Zeit zu vertreiben. Das fanden sie toll.

Der deutsche Hotelbesitzer befand sich im Zwiespalt. Er wollte nicht, dass man falsche Geschichten über sein Etablissement verbreitete. Aber an der Bar machte er mehr Umsatz als je zuvor. Man sah ihm an, dass er hin- und hergerissen war, nicht wusste, ob er mich rausschmeißen oder mir einen Orden verleihen sollte. Niemand sonst dort war wie ich. Ich blieb eine ganze Weile – hatte viel Spaß. Als ich fortfuhr, begleiteten mich acht Männer, darunter auch der Konsul, bis zum Hafen um mich zu verabschieden.

Später als ich im kolumbianischen Bogota eintraf (3000 Meter hoch in den Anden), wurde ich erneut von einem deutschen Hotelbesitzer herzlich begrüßt.

»Ich leite dieses Hotel seit vierzig Jahren«, strahlte er, »und Sie sind die erste Touristin, die ich je zu Gast hatte!«

»Warten Sie«, sagte ich und erinnerte mich, wie viel Spaß ich in Ecuador gehabt hatte. »Nicht so schnell. Ich bin keine Touristin. Ich bin Musikerin und hergekommen, um was loszumachen.«

»Ha!«, sagte er mit einem Funkeln in den fröhlichen Augen. »Auch darauf habe ich vierzig Jahre gewartet!«

Er holte eine Flasche Wein hervor, die er seit einem Vierteljahrhundert aufgehoben hatte, und öffnete sie, um unser Essen lebendiger zu gestalten. Den großen französischen Spiegel im Speisesaal, und auch den Flügel dort, erzählte er mir, hatten Indianer vom Magdalena River über die Berge hier herauf getragen. Ich berichtete ihm im Gegenzug von meinen eigenen Erfahrungen auf dem Weg von Bogota nach Barranquilla.

In Colon fragte ich den Hafenkapitän: »Wie lange braucht man auf dem Rio Magdalena von Barranquilla nach Bogota?«

»Na, das kann ich dir sagen, Mädchen«, erwiderte er gedehnt, »wenn der Magda genügend Wasser führt, kannst du's in sieben Tagen schaffen, wenn nicht, können es auch siebzig werden.«

Siebzehn Tage waren es zum Schluss.

Drei oder vier Tage nach unserer Abfahrt tauchte flussaufwärts ein amerikanischer Forschungsreisender aus dem tropischen Dschungel auf, wie durch einen Vorhang aus verschlungenen Ranken und Kriechpflanzen. Zuerst sah man nur den Kopf, dann den Rest. Er hatte eine Machete dabei, mit der er sich seinen Weg bahnte und am Leib trug er nur noch Fetzen.

Als ich ihm später erzählte, ich sei auf dem Weg nach Bogota, müsse aber an einem bestimmten Datum wieder in Panama sein (als ich jung war, hatte ich es immer sehr eilig), lachte er.

»Du bist im falschen Land,« sagte er, »um so zu planen.«

Wie oft dachte ich an seine Worte, wenn ich mit den Hufen scharrte, von einem Ende Südamerikas ans andere gelangen wollte, besonders als ich in Bogota erst mal warten musste, bis ich das Geld für die Weiterreise beisammen hatte. Diese wurde mir schließlich ermöglicht, nachdem mich der deutsche Hoteldirektor dem Besitzer einer Smaragdmine vorstellte, einem adleräugigen Yankee von der hinterhältigen und durchtriebenen Sorte. Ich war zunächst wenig davon angetan, als er eine Schuld bei mir mit einem Smaragd begleichen wollte. Lieber hätte ich Bares gehabt, um einen Maulesel zu kaufen, der mich zum höchsten Wasserfall der Welt bringen sollte, eine Unternehmung, die mehrere Tage in Anspruch nehmen würde. Außerdem war mir der Smaragd nicht geheuer. Es hätte auch ein Stück vom dicken Boden einer Bierflasche sein können. Aber wie sich herausstellte, war es ein echter Smaragd – was für ein Juwel! Tatsächlich konnte ich wochenlang Maulesel, Schiffsreisen und Besichtigungen davon bezahlen.

In Guayaquil tobten Cholera, Pest und natürlich das Gelbfieber, und ich geriet mitten hinein. Damals war die Stadt eine der schlimmsten Seuchenhöhlen der Welt. Die Ratten waren groß wie Katzen und die Rattenfänger streiften nach Ausbruch der Pest mit riesigen Fallen durch die Straßen. Ich ging ans Wasser und sah kleine Jungen aus den Booten steigen, sie wussten, dass sie sterben würden. Die Kapitäne der Schiffe kamen nicht an Land, sondern blieben jeweils auf der Brücke sitzen, abgeschirmt hinter feinem Drahtgeflecht. Die Straßen lagen voller Abfall. Jahre später kam ich zurück und sah überall Schilder, man möge Müll in Säcke verpacken und alles sauber halten.

Als ich endlich ein Schiff nach Panama erwischte, wurde ich zunächst ins Pesthaus gesteckt und musste fünf Tage dort bleiben. Das war die Einstellung der Kanalarbeiter gegenüber Ecuador und ich kann es ihnen nicht verdenken. Das Kanalgebiet konnte nur durch solche Vorsichtsmaßnahmen sauber gehalten werden. 1902 hatte ich den Isthmus überquert, bevor der Kanal gebaut war. Wasser war knapp, Krankheiten, Schmutz und Armut weit verbreitet. Wer Panama nicht von vorher und nachher kennt, weiß nicht, was die Vereinigten Staaten dort geleistet haben. 1902 gab es ein paar schmutzige kleine Hütten dort und jetzt sieht es aus wie ein Ferienort.

Mr. Berg von der Quarantänestation, ein wunderbarer Mensch, besuchte mich, als ich alleine im Pesthaus hockte, und brachte mir Zeitschriften zum Lesen mit. Ich sah aus wie ein Stück Fleisch in der Metzgersauslage, denn mein Zimmer war mit Maschendraht geschützt und ich war ganz rot von der Hitze. Aber er war nett und zwischen uns entstand eine echte Freundschaft. Danach sah ich ihn noch ein paar Mal auf der Durchreise.

Häufig wurde ich fälschlicherweise für eine »Geheimdienstagentin« gehalten. Einmal hielt man mich auf, als ich aus Bogota in Kolumbien ausreisen wollte und ein anderes Mal auf dem Rückweg von Costa Rica. Mr. Berg hatte mir verraten, dass ihn viele gefragt hätten, ob ich geheimdienstlich tätig sei, da ich solche entlegenen Orte bereiste. Oder jagte ich einen Schwerverbrecher? Einen Hochstapler? Was haben wir gelacht! Später, als ich nach Peking zurückkehrte, weil ich kein Reisegeld mehr hatte, schrieb ich ihm von dort: »Sag unseren neugierigen Freunden, die Geheimagentin hat ihren Mann gefunden – sogar gleich mehrere.«

Beruflich hatte er einen sehr turbulenten Weg hinter sich und wir tauschten nur zu gerne Geschichten aus. Er war der Sohn eines norwegischen Bischofs und sah aus, als hätte auch er diese Art von Berufung verspüren können. Tatsächlich aber hatte er bereits in sehr jungen Jahren sein allzu gesittetes Elternhaus verlassen und war nach Caracas in Venezuela gezogen, als der umtriebige Castro Präsident jener faszinierenden, aber voraufklärerischen Republik war. Er wurde Castros rechte Hand und erhielt viele wunderbare Plantagen. Es erging ihm bestens, bis – im Leben eines Abenteurers gibt es immer ein »bis« – Castro Caracas verließ und nie wieder zurückkehrte. Auch seine rechte Hand erkannte die Zeichen der Zeit und nicht einmal seine Plantagen konnten ihn in Caracas halten. Als Mr. Berg beschrieb, wie er selbst auf einem Pferd Venezuela staubaufwirbelnd hinter sich ließ, erinnerte mich das sehr an den Mitternachtsritt von Paul Revere. Als ich ihm das sagte, fand er die Vorstellung lustig. Später erfuhr ich, dass er gestorben war. Diejenigen, die mit der Bürokratie aneinandergeraten, werden solche wie ihn vermissen.

Apropos Caracas, eine blonde Amerikanerin, die ich dort kennenlernte, hatte von einem Venezuelaner ein Kreuz in die Wange geritzt bekommen. Aus Eifersucht. Ich blieb nicht lange in Caracas.

Bereits vor meiner Reise in die südamerikanischen Hauptstädte, hatte ich die beiden Metropolen des Ostens besucht, Rio de Janeiro und Buenos Aires. Zum ersten Mal hatte ich in Buenos Aires Station gemacht, als ich mit dem Schiff von Europa nach China gefahren war und mir ein Mann an Bord erzählt hatte, wie wunderbar es dort sei. Er war einige Jahre zuvor aus Schottland dorthin gefahren, ein Bankangestellter, der mit einer Art Sackleinen für Weizen Millionen verdient hatte. Er hatte mir die Stadt gezeigt – wir waren beide im ersten Hotel am Platz abgestiegen – und es war wunderschön. Aber Buenos Aires ist ein schlimmer Ort, für die, die kein Geld haben. Man braucht es in allen Großstädten weltweit.

Als ich Argentinien das nächste Mal sah, hatte auch ich nicht viel. Ich war mit einer Französin unterwegs, die am Montmartre gesungen hatte. Sie wollte aus Paris verschwinden wegen eines Mannes, der sich in sie verliebt hatte, den sie aber nicht mochte. Er hatte eine frühere Geliebte getötet und deshalb in Cayenne im Gefängnis gesessen. Als sie mir davon erzählte, bestärkte ich sie darin, zu fahren und schloss mich ihr bereitwillig an.

Im Casino in Buenos Aires spielte ich Banjo, und sie sang, aber wir verdienten nicht viel und zogen schon bald über Montevideo und Santos nach Rio weiter. Kautschuk hatte Konjunktur. Das war bevor er in Malaysia angebaut wurde. Ein paar alte Teufel verdienten Millionen mit wildwachsenden Bäumen. Einzelgänger zogen mit Hängematten und einer Kuh in den Dschungel, um Kautschuk zu gewinnen. Einer, den ich kannte, ließ seine englische Freundin kommen, weil er sie heiraten wollte, aber sie starb praktisch sofort.

Rio war damals sehr ungesund und selbst meine singende Freundin erkrankte am Gelbfieber. Ich wusste, dass sie Fieber hatte, aber nicht von welcher Farbe. Wir schliefen im selben Apartment, sogar im selben Bett. Da wir jung und unbekümmert waren, wollten wir das andere Zimmer als Wohnzimmer und für Parties nutzen. Der Vermieter merkte, dass sie krank war, denn er sah immer nur mich nach draußen laufen und Eis und ähnliches besorgen.

Er ließ sie in ein Krankenhaus bringen. Ich habe sie nie wieder gesehen. Immer wieder rief ich dort an, aber vergebens. Ein Mann, mit dem ich aus gewesen war, wollte mir helfen herauszufinden, was aus ihr geworden war. Doch als ich nichts mehr von ihm hörte und ihn suchen ging, war er tot. Schließlich erfuhr ich, dass auch sie gestorben war. Schicksal. Der Mörder hatte sie nicht bekommen, aber Rio. Das Hafengebiet dort hat sich inzwischen sehr verändert.

Ich fuhr alleine nach Buenos Aires und auf die Falkland Inseln, dann über die Magellanstraße wieder zurück nach China.

Bei meinem nächsten Besuch in Buenos Aires hatte ich Geld und ließ mich treiben. Ich lernte jede Menge nette Menschen kennen – nicht nur Männer. Ich fuhr den Fluss hinauf nach Asuncion in Paraguay und machte einen Abstecher in die Gegend um Chaco. Ich besuchte die Städte im Inland und fuhr anschließend nach Argentinien und in die Anden, und mit der Postkutsche über den Pass nach Chile. Damals gab es dort noch keine Zugverbindung.

In Santiago de Chile wagte ich aus reiner Neugier einen Blick auf einen sehr freudlosen Palast, und wäre beinahe im Sarg herausgetragen worden. Ich hatte von dem bestens organisierten weißen Sklavenhandel gehört, deren Betreiber über tausende von »Häusern« in ganz Südamerika verfügten und wollte diese Mädchen einmal kennenlernen. Mich interessierten alle Seiten des Lebens. Also dachte ich: »Wieso soll ich mir das nicht selbst ansehen?« Ich hatte keine Lust mehr, in Taxis herumzufahren, Bauwerke und ähnliches zu besichtigen. Also überraschte ich einen Mann mit meiner Frage und er verriet mir, wohin ich gehen musste. Tatsächlich brachte er mich sogar selbst dorthin. Aber eine wie ich war das letzte, was man an Orten wie diesen haben wollte. Ein Wunder, dass ich nicht ermordet wurde. Als ich die ganzen armen Mädchen sah, wollte ich ihnen helfen. Ich erklärte ihnen, wenn sie schon auf diesem Gebiet tätig seien, sollten sie wenigstens etwas davon haben. Alle Sorten waren vertreten: Russinnen, Österreicherinnen, Polinnen und so weiter. Die meisten waren bedauernswert, ihre armen Eltern hatten sie verkauft, damit die anderen Kinder essen konnten. Einige waren noch immer niedlich und charmant, aber irgendein Mann steckte das ganze Geld ein. Unter jenen Mädchen befanden sich keine Abenteurerinnen. Ihre Herren und Meister hatten sie verpackt, verschifft und abgeliefert. Nach wenigen Jahren würden sie mittellos auf die Straße gesetzt werden, wenn sie für das einzige Gewerbe, in dem sie sich auskannten, zu alt waren.

Mein Einfluss gefiel den »Makrelen« nicht, wie die Franzosen die Männer nennen, die mit Frauen handeln. Die Mädchen in solchen Etablissements erinnern mich an Kormorane in Zentralchina. Fischer benutzen sie zum Fische fangen, aber sie tragen einen Ring um den Hals, so dass sie nicht schlucken können. Sobald sie ihn gefangen haben, wird ihnen der Fisch aus dem Maul gezogen.

In China und Europa habe ich viele solcher Häuser gesehen. In einigen, wie zum Beispiel in Paris, waren alle Nationen vertreten, damit beinahe jeder Geschmack Statur und Hautfarbe betreffend befriedigt werden konnte. Innerlich koche ich bei dem Gedanken an die Mädchen, die wie Vieh dort auf einen Käufer warteten – und die Europäer und Latinos sind sehr viel gröber als die Chinesen und Japaner.

Ich habe einige gekannt, die selbst noch den kleinen Anteil, den sie behalten durften, einem Mann gegeben haben, den sie liebten, zum Beispiel auch die wunderschöne Französin Yvonne, die ich in Mexico City kennenlernte. Die anderen Mädchen zogen Yvonne auf, weil sie ihren Verdienst stets ihrem Gigolo aushändigte, einem Schönling mit pomadiertem Haar. Sie erklärte: »Ja, ich gebe ihm Geld, weil ich ihn nicht schwach sehen möchte.«

Die gutmütige und nette Yvonne – ich hoffe, sie ist jetzt in ihrem kleinen Dorf an der Seine, wo sie mit ihrem Gigolo leben wollte.

Eines Morgens erzählte sie mir von einem weiteren hinterhältigen Kunden (die finden sich überall), der sie in blumigem Spanisch gebeten hatte, nicht mit ihm aufzustehen, um sich von ihm zu verabschieden, denn der Wind, der vom schneebedeckten Popocatepetl herüberwehte, sei für ihre blütenzarte Schönheit viel zu rau. Als sie doch aufstand, stellte sie fest, dass er ihren Lohn in einer Währung da gelassen hatte, die zuletzt während der Regierungszeit eines längst geköpften Herrschers gültig war. Die Scheine waren ebenso geächtet wie er selbst.

Die führende Dame und Betreiberin jenes Nachtclubs in Mexico City war eine Kanadierin, die einen österreichischen Grafen geheiratet hatte und ihn mit zehntausend mexikanischen Dollar ausbezahlt hatte, um seinen Namen verwenden zu können. Du liebe Zeit, das war lustig – als wäre sie die Gräfin auf einem Hühnerhof. Der Speisesaal war ausstaffiert wie ein Schlafwagen, und was fanden dort für Intrigen statt! Zwei Tage bevor es tatsächlich passierte, erfuhren wir, an welchem Ort und zu welcher Zeit Madera erschossen werden sollte.

Ein Mädchen in Havanna schenkte einem Priester den Großteil ihrer Einnahmen. Er kam in vollem Ornat in den Club und sie verbrachte ihre gesamte Zeit mit ihm, lud ihn auf Getränke ein und so weiter. Niemand dachte sich etwas dabei. Ich glaube wohl an keine Religion – aber nicht deshalb. Ich habe Priester in abgelegenen Orten erlebt, die wirklich ihr Leben für andere gaben, und auch solche, die wie Götter im Luxus schwelgten und die Einheimischen in Angst und Schrecken versetzten. Die Missionare anderer Religionen sind genauso. Es gibt unter ihnen gute und schlechte, wie bei allen Menschen.

Aber es braucht schon Latinos, damit es zum Äußersten kommt. Nach meinen Aufenthalten in China, wo die Menschen ruhig bleiben, was immer auch passiert, ist mir das häufig aufgefallen. Einmal, erst vor wenigen Jahren, traf ich mit der *Morro Castle* (das Schiff war immer verhext) auf Kuba ein. Die Revolution tobte und ungefähr fünfhundert Offiziere waren im Nacionale Hotel eingeschlossen. Hunderte von Soldaten warteten draußen darauf, dass sie aus dem Hotel herauskamen, sich erschießen ließen oder drinnen blieben und verhungerten. Dass sie sich ergeben könnten, wurde gar nicht in Betracht gezogen.

Ebenso auf Sardinien, überall Vendetta. In Cagliari sah ich, wie drei Männer auf offener Straße ermordet wurden. Schrecklich war es dort – oben in den Bergen wurde ununterbrochen geschossen.

Bei der königlichen Hochzeit des spanischen Alphonse waren alle ganz aufgeregt. Die Polizei erschien aufgedonnert wie in der komischen Oper. Ich öffnete meine Handtasche, um ein Taschentuch herauszuholen und ein Polizist packte mich, als hätte ich eine Bombe werfen wollen. Tatsächlich wurde wenig später wirklich eine geworfen und die Pferde der Brautkutsche wurden mit Blut bespritzt.

Im Sport ist es dasselbe. Ich erinnere mich, dass in Spanien oder Portugal einmal einer einen Spucknapf auf ein paar Ringer warf. Ringen war damals sehr beliebt und das Publikum ging immer sehr mit den Kämpfenden mit. Aber die Lateinamerikaner sind unglaublich! Manchmal liebe ich sie, aber eigentlich sind sie schrecklich. Sie regen sich entsetzlich auf und es ist ihnen sehr wichtig, wer gewinnt.

Einmal spielte ich Banjo in einem Casino, in dem dreißig Ringkämpfer aus Frankreich täglich Vorstellungen gaben. Das war in Rhodesien. Ich hatte sie auf einem spanischen Schiff kennengelernt, auf dem ich die Welt umsegelte.

Hüpfen, hopsen und springen

Natürlich kam ich auf dem Weltenkarussell meiner Jugend auch in Afrika vorbei, schließlich hatte ich mich aufgemacht, um die interessantesten Länder zu sehen. Ich segelte von Buenos Aires nach Kapstadt, um Afrika systematisch abzuklappern. Ich war begierig und voller Hoffnung und ich hatte Geld (sonst hätte ich es nicht auf dem dunklen Kontinent versucht). Es war eine wunderschöne Seereise und ich war optimistisch. In Tristan da Cunha machten wir Halt, weil seit zwei Jahren kein Schiff mehr dort angelegt hatte. Die Insel, deren erste Bewohner eine Handvoll Schiffbrüchiger gewesen waren, wird nicht direkt angefahren. Einen Besuch dort zu planen, wäre in der Tat albern gewesen. Wir fuhren dicht an einem gedrungenen Segelschiff vorbei, alle Segel waren gesetzt und es sah so schön aus, wie es leicht geneigt die Wellen durchpflügte mit all den alten Abenteurern an Bord, die die Segel gesetzt hatten und losgefahren waren, ohne zu wissen wohin.

Doch in Kapstadt wendete sich das Blatt. Die lieben Briten wollten Afrika, sofern es in ihrer Macht stand, von Menschen freihalten, die die von ihnen aufgestellten Vorschriften nicht befolgten. Egal, wohin man schaut, überall auf der Welt gibt es Mädchen, die alleine losziehen. Aber nicht in Kapstadt. Ich erklärte dort, ich befände mich auf einer Rundreise. Zeigte, dass ich Geld besaß und für meinen Unterhalt selbst sorgen würde. Aber ich konnte keine anständige Familie vorweisen, bei der ich unterkommen würde. Anders als der Konsul in Ecuador fanden sie nichts Witziges daran, dass ich mir die Welt alleine ansehen wollte. Unbegleitete Frauen waren absolut tabu, erklärten sie mir anspielungsreich von ihrem selbstgerechten und hochmütigen britischen Ross herab.

Ich hatte ohnehin nicht dort bleiben wollen und sagte ihnen dies – nicht länger, als nötig war, um an einen menschlicheren und interessanteren Ort zu gelangen. Sie stellten mich unter Beobachtung bis zu meiner Abreise nach Portuguese Beira. Dort lernte ich den interessantesten Mann kennen, dem ich in meinem ganzen Leben begegnet war. Er war Ingenieur, hatte Brücken über den Zambezi gebaut. Abgesehen von seinem Beruf, war Afrika sein Leben. Er liebte es und wurde von den Einheimischen respektiert, wenn nicht gar geliebt. Sie kannten ihn gut und manche Stämme boten ihm ihre schönsten Mädchen zur Heirat an. Ich glaube nicht, dass es einen Teil des Kontinents gibt, den er noch nicht bereist hatte. Es war wirklich schön zu sehen, dass Afrika zu seinem Leben gehörte. Es stellte England, von wo er stammte, in den Schatten. Ich sah und lernte mit ihm sehr viel. Aber weil ich ihn so sehr liebte, brachte ich es nicht über mich, ihm zu verraten, dass mir Afrika nicht so gut gefiel wie Asien, und ich manches daran sogar hasste.

Trotzdem reiste ich in Afrika umher – und ja, auch in einige britische Gebiete – Rhodesien und Khartum. Das war nach den Burenkriegen. Ich sah Dinge zwischen den Stämmen, die man heute nicht mehr sehen würde – wie zum Beispiel einen Juju-Mann, der allein durch Gesänge und anderen faulen Zauber einen Übeltäter ausfindig machte. Er vollführte Tricks bis er schließlich dem Beschuldigten direkt ins Gesicht schrie und sofort ein Geständnis erhielt. Erstaunt hörte ich im senegalesischen Dakar die schwärzesten Neger der Welt Französisch sprechen. Sie baten um Geld, sprangen ins Wasser und tauchten danach – riesige Kerle, abgesehen von ihren weißen Fußsohlen vollkommen schwarz. Dakar besitzt jetzt einen Flugplatz. Ich hoffe, ich sehe Afrika nie wieder – und für Europa gilt dasselbe. Zugeschnitten, ausgetrocknet und reglementiert wie ein Ameisenhügel. Ganz anders als es früher war – besonders Afrika. Die Eingeborenen sind jetzt in Sicherheit – aber traurig.

Dann fuhren wir nach Europa. Sechs Monate lang hatten wir eine herrliche Zeit. Capri ist wunderschön. Neapel, Wien, seine stille Intelligenz und sein Verständnis brachten so viel zum Vorschein. Von den Einheimischen lernte ich ein paar Lieder, die ich meinem Freund vorsingen konnte (eines schnappte ich in Neapel auf, später spielte ich es auf einer Varietéreise in den Vereinigten Staaten, es wurde mir geklaut und schließlich sehr populär). Bei ihm hatte ein Mäd-

chen alles, auch wenn sie über keinen einzigen Dollar verfügte. Das Beste am Geld ist, dass man anderen damit helfen
kann, behauptete er. Der Himmel weiß, wie lange wir zusammen weiter gereist wären, hätte es das Erdbeben in San
Francisco nicht gegeben. Als ich erfuhr, dass meine Mutter
und mein Vater im Feuer alles verloren hatten, musste ich
einfach nach Hause.

Mein Freund schenkte mir eine Fahrkarte und genug
Geld, um damit anzustellen was ich wollte und am Schluss
wieder nach Europa zu reisen. In ein oder zwei Monaten
wollten wir uns wieder treffen und ich hatte es auch wirklich
vor, wurde aber am Bahnhof Dearborn in Chicago, als ich
auf den Zug wartete, bewusstlos geschlagen. Ich glaube, es
war ein großer Neger, der mich zuvor beobachtet hatte. Als
ich wieder zu mir kam, hatte ich nichts mehr, weder Geld
noch Schmuck, noch meine Fahrkarte. Ich hätte zur Polizei
gehen sollen, aber eine wie ich ist argwöhnisch gegenüber
Beamten. Immer wollen sie zu viel wissen und sind misstrauisch. Sie hätten nie verstanden, warum mir dieser gute,
freundliche Ingenieur so viel Geld geschenkt hatte, damit ich
meine Familie besuchen konnte. Also erzählte ich niemandem etwas davon.

Natürlich hätte ich dem Ingenieur telegrafieren können,
aber man kennt ja die vielen Vorwände, die sich Leute einfallen lassen, um andere auszunutzen und ich brachte es
nicht über mich. Die Geschichte von einem »Überfall« war
doch schon so abgedroschen, dass ich sie jetzt nicht erzählen
konnte, obwohl sie wahr war. Jedenfalls nicht ihm. Und so
sah ich ihn nie wieder.

Danach hatte ich es nicht leicht, aber schließlich kam ich
nach San Francisco. Fünf Monate mussten seit dem Erdbeben
vergangen sein, und Ma und Pa lebten immer noch in Zelten. Mutter war wunderbar. Der Verlust ihres wunderschönen Zuhauses hatte sie nicht lange in die Knie gezwungen,

aber sie machte sich Sorgen, dass ich traurig sein könnte, weil auch all die schönen Dinge zerstört worden waren, die ich aus dem Orient und von anderen Orten, die ich besucht hatte, nach Hause geschickt hatte. Praktische Dinge, die sie selbst hätten verwenden können, hatte ich nie mitgebracht oder geschickt – nur Kunstgegenstände und ähnliches. Einmal hatte ich Mutter Statuen aus Florenz geschickt. Am meisten schmerzte sie der Verlust von einer aus weißem Marmor mit Tauben darauf. Ich war froh, meine Eltern in Sicherheit zu sehen. Ich hatte die Sachen ohnehin nicht für mich selbst gewollt.

Bis meine Eltern ein neues Haus gebaut hatten, musste das Karussell meines Lebens also stillstehen. Anschließend fuhr ich direkt nach Peking, um die Verluste wieder hereinzuholen. Die ersten tausend Dollar, die ich verdiente, schickte ich unverzüglich meiner Mutter, damit sie sich ein neues Klavier kaufen konnte. Sie sagte, sie würde eins für mich besorgen, nicht für sich selbst. Zuerst wollte sie das Geld überhaupt nicht annehmen. So selbständig war sie.

IV

WO DIE SONNE AUFGEHT

Ich weiß nicht, warum ich Japan erst so spät in meiner Geschichte erwähne. Vielleicht, weil ich es liebe. Fast jedes Mal, wenn ich dort war, ist etwas Unvergessliches geschehen. Vielleicht nichts Wichtiges oder Aufregendes, aber kleine Ereignisse, die einem im Guten wie im Schlechten auf ewig im Gedächtnis bleiben.

Zum Beispiel wurde ich immer nur in Japan krank, von Unfällen einmal abgesehen. Das erste Mal, als Gus mich in einen Club in Tokio mitnahm und ich von dem Essen Bauchgrimmen bekam (wobei das natürlich auch am Saki gelegen haben könnte). Wegen eines verstimmten Magens fuhr ich nicht ins Krankenhaus, aber ich hatte ein Zimmer im besten Hotel, was merkwürdig für mich war, weil Unterhaltungskünstlerinnen eigentlich als Gäste gar nicht zugelassen waren. Gus fand aber, ich bräuchte gutes Essen und Ruhe, und seinem Geld konnten sie sich nicht verweigern. Wieso sind Männer, die sich in Spielsalons und Vergnügungstheatern herumtreiben, allerorts gerne gesehen, während Frauen, egal, welche Rolle sie dort spielen – Teilhaberinnen ausgenommen –, Hausverbot bekommen?

Da ich schwach und wacklig auf den Beinen war, hatte ich Heimweh. Die vielen Familien, die ich in dem Hotel sah, stimmten mich traurig, warum konnte ich selbst in meinem Leben keine Familie und kein Heim haben, dachte ich und überlegte, vielleicht bald sesshaft zu werden. Immer wenn ich in der Lobby auf dem Flügel spielte, wurde ich sentimental. Die Leute baten mich, weiter zu spielen und wollten sich mit mir unterhalten. Dass ich eine Herumtreiberin war, die die Welt sehen wollte, durfte ich ihnen nicht verraten. Kaum benahmen sich meine Eingeweide dank des guten Essens wieder normal, kam ich zu Kräften und über das Gefühl hinweg.

Ich machte erneut einen Abstecher nach Japan, weil ich mich seltsam fühlte und ins Krankenhaus musste. Als ich entlassen wurde, ließ mich der amerikanische Arzt bis zu meiner Genesung bei sich wohnen und wir wurden gute Freunde. Er hatte ein wunderschönes Haus mit Flussblick.

Auch lernte ich andere interessante Menschen kennen. Eine der besten Freundschaften, die ich je hatte, ist auf dieser Japanreise entstanden: ein Handelsbeauftragter, den ich Gary nennen will. Gary zeigte mir Nippon. Doch ich will nicht den Eindruck erwecken, ich würde Japan nur mit Krankheiten in Verbindung bringen. Nicht dieses viel zu häufig in Verruf gebrachte Land der freundlichen und intelligenten Menschen! Kunst ist ein so natürlicher Teil ihres Wesens, dass es einem schon nicht mehr wie Kunst vorkommt – sondern einfach nur japanisch. Alle Japaner verehren Blumen. Sie können zwei oder drei Blumen auf eine solche Weise arrangieren, dass diese fast sprechen. Die berühmten Kirschblüten sind nur ein Detail. Im Mai blüht der Blauregen und die Menschen bleiben auf malerischen Holzbrücken stehen, betrachten die wunderschönen Blüten und saugen ihren Duft ein. Fast machen sie ein Ritual daraus. Dann im Juni gibt es Iris so weit das Auge reicht, und die Menschen bleiben noch häufiger stehen und schauen. Kein gespieltes Interesse, keine Paraden oder Blaskapellen oder Werbung. Einfach nur schlichte Verehrung der Natur.

Aber selbst die Blüten verblassen im Vergleich zur Freundlichkeit, der man überall in Japan begegnet. Die kleinen Höflichkeiten, die mir dort entgegengebracht wurden, haben sich für immer in mein Gedächtnis gebrannt. Als ich zum Beispiel eines Tages in Nikko im Regen über die Cryptomeria Avenue (Cryptomeria sind unseren Mammutbäumen ähnlich) ging, kam ein Landsmann angelaufen und sprach mich auf so liebenswürdige Weise an. Er verneigte sich tief und stammelte, ich möge doch bitte seinen Öltuchschirm mit ihm teilen. An den vielen Regentagen tragen die Menschen Holzsandalen. Das Klappern der feuchten Holzsandalen werde ich nie vergessen. Ein eigentümlich japanisches Geräusch. Die Tempel von Nikko sind weltberühmt, aber die Erinnerung an diesen einfachen Akt der Höflichkeit kommt mir, wenn ich an Nikko denke, immer zuallererst in den Sinn. Häufig ist es eine Kleinigkeit, die herausragt, dabei hatte man damit gerechnet, nur »Sehenswürdigkeiten« zu bewundern.

1910 oder 11 mietete ich ein Haus in einem Vorort von Yokohama auf halber Höhe westlich von der Bucht von Tokio und es gefiel mir dort so sehr, dass ich ein ganzes Jahr blieb. Das Haus ragte über das Wasser hinaus und verfügte über einen eigenen kleinen Anlegeplatz. Ich besorgte mir ein kleines Boot mit Segeln, das aussah, wie die kleinen Segelboote auf den bestickten japanischen Wandschirmen. Und natürlich hatte das Haus auch einen kleinen japanischen Garten. In einer Ecke befand sich ein regelrechter Wald aus Miniaturbäumen, darunter auch ein wunderschöner sehr teurer: ein gerade mal dreißig Zentimeter großer Ahorn, den Gary mir geschenkt hatte. Die Blätter wechselten die Farbe mit den Jahreszeiten, wie bei einem großen Ahorn, und im Herbst fielen sie.

Bei Ebbe kam immer eine Lumpensammlerin zum Strand. In Japan gibt es viele und diese bot mit ihrem wettergegerbten faltigen Gesicht einen besonderen Anblick. Auf dem Rücken trug sie einen Korb für ihre Fundstücke und oben drüber, in ein Tuch gebunden ihr Baby.

Mit einem langen Stock spießte sie sämtliche Schätze auf, die sie am Strand fand und warf sie geschickt in ihren Korb. Beinahe bucklig lief die arme Strandgutsammlerin wie der Bösewicht in einem Theaterstück, bei jedem ihrer Schritte hüpfte das Baby und wackelte mit dem Kopf wie eine Lumpenpuppe.

In einem japanischen Haus riecht es niemals muffig: es gibt keine schweren Wände, nur dickes Papier und leichte verschiebbare Trennwände aus Holz. Anstatt die Räume mit schwerem Schnickschnack vollzustopfen und die Wände mit Bildern vollzuhängen, die einem schnell über werden, verstecken die Japaner ihre wunderbaren Kunstgegenstände. Schaut ein Freund vorbei, werden sie hervorgeholt und gemeinsam bewundert. Anschließend werden sie wieder verstaut, so dass der Raum stets in wunderbarer Schlichtheit erstrahlt.

Ausländer, die in Japan leben, haben ein Hausmädchen. Und wie alle japanischen Hausmädchen war meines ungeheuer tüchtig. Du liebe Güte! Wie ich dieses freundliche Wesen mochte. Sie und ihre Mutter, ein Rikscha-Coolie und die Rikscha waren im unteren Teil des Hauses untergebracht, ich im oberen. Ausländer werden schnell krank im feuchten Japan, aber die Japaner haben praktisch Schwimmfüße, so dass es ihnen nichts ausmacht. Ich habe mich gefragt, ob ihnen mein Klavier durch die Decke auf die Köpfe fallen würde. Wir hatten die Treppe zum Obergeschoss herausnehmen müssen, um es überhaupt dort hinauf zu bringen. Anscheinend waren die Stufen nur mit Stöcken zusammengesteckt, so als hätten Kinder sie gebaut.

Yosh war schon im Club mein Mädchen gewesen, bevor ich genug Geld hatte, um mir ein Haus und ein Boot leisten zu können. Gemeinsam hatten wir schwierige Zeiten durchgestanden – die treue Yosh und ich. Einmal musste ich ins Krankenhaus, wo man mich chloroformierte und aufschnitt (warum sollte ich die Geschichte über die Operation ausweiten wie Eddie Cantor?). Da man mir einmal beim Verbandswechsel wehgetan hatte, bat ich Yosh die Tür abzuschließen, wenn ich den Arzt mit dem kleinen Wagen für das Verbandsmaterial herankommen hörte. Er klopfte, rief und dachte vielleicht sogar, ich sei tot, weil ich nicht antwortete. Die arme Yosh hätte beinahe einen Anfall im Zimmer erlitten, da sie sich so sehr um mich sorgte. Natürlich musste ich ihr schließlich doch erlauben, die Tür zu öffnen.

Und dabei wollte er an jenem Tag nur einen »Beleg« für die Operation. Im Orient verfuhr man damals nach dem Schuldner-System. Man unterzeichnete für alles einen Beleg, angefangen bei Getränken bis hin zu Operationen. Am ersten eines jeden Monats kam jemand und kassierte die Belege ab.

Wobei mir einer der berühmtesten Chirurgen und geizigsten Männer Shanghais einfällt. Jeden Monat, wenn der Junge kam, um die Schulden einzutreiben, die er beim Glückspiel oder den »Mädchen« gemacht hatte, hielt er ihn hin mit den Worten: »Komm nächsten Monat wieder, heute habe ich keine Zeit zum Bezahlen.« Schließlich hatte sein Lieblingsmädchen keine Lust mehr, auf das Geld zu warten, das ihr zustand. Sie schickte einen Dienstboten, dessen Gesicht der Arzt nicht kannte. Auf den Beleg schrieb sie groß und gut leserlich: »Für geleistete Dienste.« Er bezahlte sofort.

Als der Tag kam, an dem ich das Krankenhaus verlassen durfte, gab Yosh zu Bedenken, dass draußen ein Taifun tobte. Ich konnte ihn hören, aber ich wollte trotzdem los. »Hol die Rikscha, oder du riskierst ein blaues Auge!« Sie tat es, schob mich hinaus und half mir beim Einsteigen. Nachdem die Coolies ein paar Schritte getan hatten, warf der Sturm die Rikscha um und ich landete auf einem Berg aus Coolies, Rikscha und der Gummiabdeckung, die uns trocken halten sollte. Wir lösten uns aus dem Schlamassel, krochen aus dem

Dreck unter der Plane und aus dem Dreck hervor, versuchten es erneut, und wurden wieder umgeblasen. Dass ich es nach Hause schaffte, ohne dass die genähte Wunde aufriss, war ein Wunder. Es war derselbe Taifun, der das Dampfschiff *Empress of China* in der Nähe von Yokohama auf Grund laufen ließ. Einmal hatte ich einen Taifun auf See erlebt. Sechsunddreißig Stunden lang schwemmte Wasser herein, flutete die Schlafkabinen und schleuderte eine Wasserflasche aus ihrer Nische, so dass ich am Kopf getroffen wurde. Das Klavier geriet in Bewegung und das klirrende Geschirr sang Die Oberstimme zum Tosen des Meeres. Es war schon eine arge Belastungsprobe, so lange herumgeworfen zu werden. Als der Taifun vorüber war, so plötzlich wie er begonnen hatte, fehlten ein Mast und die Rettungsboote.

Trotz ihrer Sorgen war es wunderbar, Yosh und ihre Familie (der Rikscha-Coolie war ihr Bruder) bei mir in dem kleinen Haus am Strand zu haben. Man findet nicht immer Dienstboten, die sich Gedanken um einen machen. Einmal war Yosh als Hausmädchen eines Geschäftsführers von Standard Oil in Kalifornien gewesen. In Oakland hatte sie sich in amerikanischer Kleidung fotografieren lassen – ein quadratisch geschnittener Anzug, dazu eine Matrosenmütze, verliehen ihr etwas vom Aussehen eines Pilzes. Ihre japanischen Sichelfüße in amerikanischen Schuhen gaben der Karikatur den letzten Schliff. Wenn ich melancholisch war und etwas zu Lachen brauchte, musste ich mir nur die Ferrotypie von Yosh ansehen, die sie so stolz in ihrem Zimmer ausstellte. In Japan bot sie allerdings in ihrem dunkelgrauen Kimono einen beruhigenden, höchst erfreulichen Anblick. Auch hatte sie Sinn für Humor. Ihre Mutter hieß *Obasan* (alte Dame) und hatte einen kleinen Schrein an der Wand für ihren toten Mann aufgebaut. Das kleine Lichtchen davor ging niemals aus und eine kleine Schale Reis stand immer dabei, um den Appetit seines Geistes zu stillen. Manchmal, wenn Yosh mit

WO DIE SONNE AUFGEHT

dem Essen spät dran war, drohte ich: »Wenn du dich nicht beeilst, esse ich den Reis von Obasans totem Mann.« Wie hat Yosh da gekichert.

Sie sprach einigermaßen gut Englisch. Einmal gab sie mir viele Blumenzwiebeln, die ich Ma für ihren Garten schicken sollte, beharrlich behauptete sie, es seien Tigerlilien. Wenig später erhielt ich einen Brief von Ma, in dem stand, es seien prächtige Rittersterne daraus geworden.

Ich war noch nicht viele Tage aus dem Krankenhaus entlassen, als Gary mit einer Überraschung hereinschneite. »Du hast immer gesagt, du siehst dir alles an«, lachte er, »aber ich wette, in den Garten der Kaiserin bist du nicht vorgedrungen.«

»Hab ich auch gar nicht behauptet«, widersprach ich.

»Mehr wollte ich gar nicht wissen«, erwiderte er. »Hier ist eine Karte, die dir Zutritt verschafft.«

Ich hatte die berühmte Chrysantheme sehen wollen, die große und seltene, die zuerst in Japan gezüchtet wurde und sich dann in der ganzen Welt verbreitete und ich war erpicht darauf, die Kaiserin und ihre Hofdamen zu Gesicht zu bekommen. Aber ich hatte nicht damit gerechnet, zu einer Party der Adligen und Diplomaten zugelassen zu werden. Die Einladung hatte ursprünglich Garys Frau gegolten, die verreist war.

Eigentlich begann es ganz unschuldig. Gary wusste, dass ich mich gerne einmal »im Inneren« umsehen wollte. Wir glaubten nicht, dass es jemand merken oder etwas dagegen haben könnte – wenn wir überhaupt etwas dachten. Gary und seine Frau verstanden sich schon seit einigen Jahren nicht mehr und lebten die meiste Zeit über getrennt. Sie war Schottin und früher Lehrerin gewesen – eine herkömmliche Frau, die es nicht ertrug, dass sich ihr Ehemann nicht widerspruchslos in einen Anzug der Konformität zwängen ließ. Er hatte etwas mit anderen Frauen angefangen – in London und

New York, auch in Japan, aber ich war die erste, von der sie konkret erfahren hatte. Nur wegen der Party der Kaiserin, beschloss sie, die Scheidung zu beantragen. Oder vielleicht weil sie es als demütigend empfand, dass eine Unterhaltungskünstlerin als »Mrs. Gary« die Wachen am Eingang passierte. Mit der Scheidung verlor sie auch den Großteil seines Geldes. Sie hätten von Anfang an gar nicht heiraten sollen. Er war so großzügig, wie sie – naja, schottisch. Gary hat es nicht geschadet, aber es war ein Wunder, dass sie ihn nicht aus der Botschaft warfen, in der er als Attaché tätig war, das wäre tragisch gewesen.

In gewisser Weise fand ich die Gesellschaft enttäuschend, die Chrysantheme allerdings nicht. Eine Blüte pro Stängel, sie war umwerfend schön. Und es gab jede Menge Champagner. Die Kaiserin und ihre Hofdamen waren elegant gekleidet, aber Gott sei's geklagt, herausgeputzt in europäischer Kleidung und angetan mit Pariser Pelzen, anstatt ihrer eigenen zauberhaften Kimonos, die so viel besser zu ihrer Schönheit passten und natürlicher waren. Die westliche Kleidung war ihnen so neu und sie wirkten steif darin, als fühlten sie sich unwohl. Anwesend waren hohe ausländische Tiere und ebenso wichtige Japaner und es bildeten sich Gruppen, in denen geplaudert wurde wie bei einem Picknick. An Tischen wurden die leichten Speisen für den Nachmittag serviert. Es gab alles, was eine Party brauchte, nur das eine fehlte, was sie einzigartig gemacht hätte. Wie wäre es gewesen, wenn der Hof über seine natürliche Pracht verfügt hätte.

In den japanischen Großstädten wurden westliche Gewohnheiten und Verhaltensweisen so schnell übernommen, dass in Tokio manchmal eine Straßenseite westlich und die andere japanisch war. Das erste Ballett besuchte ich gleich nach seiner Eröffnung, abgekupfert vom Westen. Vorher hatte es auf japanischen Bühnen nur männliche Schauspieler gegeben und die Mädchen waren sehr gehemmt gewesen. Natürlich fiel es ihnen schwer, die europäischen Tanzstile zu kopieren und schon bald sprach man vom Sichelfußballett.

Die Kleinstadttheater im alten Stil waren ebenfalls lustig. Zwischen den einzelnen Aufzügen stieg das Publikum – sogar die Kinder – auf die Bühne und begutachtete alle Requisiten. Meist ging ich um Mitternacht, wenn die Vorstellung gerade mal zur Hälfte vorbei war.

Bald nachdem die ersten Automobile eintrafen, machte ich in Tokio kleine Spritztouren mit Gary. Die Japaner waren keine geschickten Fahrer und so viele wurden auf der Straße überfahren, dass die Menschen Fahrzeuge bewarfen, sobald sich diese aus den Geschäftsbezirken hinauswagten.

Die Geschäfte von Tokio und Yokohama waren voller großartiger Dinge, aber wie alle Orientalen verlangten die Verkäufer dort mehr, als die Ware wert war. Ich wollte eine Elfenbeinschnitzerei für Ma kaufen und sagte: »Zu viel. Mach einen besseren Preis, dann komme ich jeden Tag und kaufe«. Womit ich andeutete, eine gute Stammkundin zu werden. »Dann verliere ich jeden Tag Geld«, lautete die schulterzuckend formulierte Antwort.

Manchmal machten wir in einer Hütte an einem tosenden Flusslauf Halt, um etwas zu essen. Selbst das qualmende Holzkohlefeuer inmitten des Raums wirkte einladend. Oder wir verbrachten die Nacht in einem malerischen, abgelegenen Dorf in einem Hotel für Einheimische. Es gab keine Bettgestelle, nur Matten und Decken, die tagsüber zusammengerollt, in Schränken verstaut und nachts auf dem Boden ausgebreitet wurden. Alles so herrlich einfach und anziehend.

In den größeren Städten verbrachten wir gelegentlich auch eine Nacht in einem Geisha-Haus. Viele waren wunderschön, die Häuser ebenso wie die Bewohnerinnen. An eines erinnere ich mich ganz besonders. Es war an einen Bergfluss gebaut. Mit zahlreichen Steinen war ein kleiner Teich an der

Seite gestaut worden, so dass eine kleine Badestelle entstanden war. Die Japaner machen das Beste aus so etwas. Nachts spielten die Mädchen Chong Kina und im Spiel glänzt die Japanerin am besten. Sie ist so unbeschwert und lernt so mühelos zu unterhalten. Beim Chong Kina legen die Mitspieler jedes Mal, wenn sie verlieren, weil sie nicht rasch genug und zur richtigen Zeit *kina* rufen, ein Kleidungsstück ab. Das Spiel hört erst auf, wenn alle Kleidungsstücke geopfert wurden. Aber das war in Japan nichts Neues. Auch ausländische Gäste spielten Chong Kina. Damals gab es in Japan keine falsche Bescheidenheit. Ich sah sehr viel gemischtes Baden, auf das, außer Ausländern, aber niemand besonders achtete.

Ich liebte diese Ausflüge durch Japan und die Rückkehr zu dem herrlichen Haus über dem Wasser. Wie froh war ich, meine Badewanne wieder zu sehen – aus Holz und mit einem Kohleofen zum Aufwärmen auf einer Seite.

Gary nahm mich auch mit in das berühmte Yoshiwara in Tokio. Yoshiwara war wie eine Stadt mit über fünftausend Mädchen. Viele waren von ihren Eltern in diese »Zellen« verkauft worden. Einige boten einen unbeschreiblich jämmerlichen Anblick. Dennoch betrachtete man Prostituierte dort nicht wie bei uns. Es gab viele viele Straßen, die irgendwie an Coney Island erinnerten, mit Wimpeln und allem Drum und Dran. Am Eingang eines jeden Gebäudes hingen Fotos der Mädchen, allesamt ausstaffiert in ihren besten Sonntagskleidern. An jeder Tür stand ein Mann, der die Vorzüge der Bewohnerinnen auf Japanisch beschrieb. In jedem Gebäude saßen einige Mädchen hinter vergitterten Schaufenstern, sehr schön in herrlichen Kimonos mit wunderbaren Obis (das sind die aufwendig gebundenen Gürtel, die typisch sind für den Kimono). Ausgestellt waren sie wie feine Waren in einem Geschäft auf der Fifth Avenue. In den offenen Schaufenstern standen Schalen mit glühender Kohle zum Heizen.

Ein kleines Mädchen werde ich nie vergessen, sie war keine zwölf Jahre alt. Sie trug kleine Fächer im Haar und einen lavendelfarbenen Kimono und hockte auf einem Kissen – aber für ein zwölfjähriges Kind war es bereits spät am Abend und sie war eingeschlafen, hielt das kleine Köpfchen gesenkt. Ein trauriger Anblick. Sicher konnte ihr buddhistischer Gott ihr keine Vorwürfe wegen des Schicksals machen, das sie hierhergeführt hatte, vermutlich musste sie die Pacht für das Reisfeld ihres Vaters abtragen.

Eines Morgens um vier Uhr früh brannte das Yoshiwara. Zu der Zeit lagen mehrere ausländische Kriegsschiffe in Yokohama und die Dämpfe des Saki waren beißender als der Qualm. Unter den Vermissten befanden sich zahlreiche ausländische Matrosen. Und das Schicksal wollte es, dass ich mein kleines Haus verlassen musste. Mir ging es nicht besonders gut – zumindest Gary und meine Freunde fanden das. Ich fühlte mich ganz in Ordnung, aber vielleicht gehöre ich zu den Menschen, die es nicht merken, wenn sie krank sind. Ich hatte mir einen schlechten Ruf eingehandelt, vor allem wegen meines »Auftritts« beim Empfang des Kaisers. Mrs. Gary hatte meiner »Ehre« – was auch immer das sein mag – ordentlich zugesetzt. Das Ganze war natürlich durchaus harmlos gewesen. Aber Gary gab sich die Schuld daran. Um sich selbst machte er sich ebenso wenig Gedanken wie ich mir um mich. Aber er meinte, es würde mich noch das Leben kosten, ständig durchs Land zu reisen oder ganze Nächte hindurch zu lesen, wenn ich mit den Büchern fertig war (englische waren mehr oder weniger rar – ich hatte nur, was ich mir von Freunden borgen konnte), wurde ich so unruhig, dass ich zu viel trank. Gary wollte, dass ich nach Hause fuhr, mich ausruhte und erholte. Er dachte, wenn ich bei Ma und Pa wäre, müsste ich eine Weile brav bleiben und würde wieder zu Kräften kommen. Aber ich konnte mich niemals ausruhen, so wie andere Leute. Wenn es nichts zu tun gab, musste ich lesen und wenn es nichts zu lesen gab, musste ich etwas tun.

Gary gab mir fünftausend Dollar um nach Hause zu reisen und mich dort auszuruhen. Ich wollte sie nicht annehmen, aber damals (die Scheidung war noch nicht durch) war eine solche Summe für ihn so entbehrlich wie für andere fünfzig Cent. Ich wollte zurück nach Peking in den Club und genug verdienen, um nach Caroline Island zu fahren und mir die Ruinen anzusehen, deren Geschichte niemand kennt – nicht einmal die polynesischen Einheimischen. Ich wollte andere Inseln sehen. Ich dachte bei mir, sie wären wie Träume, wie Traumbilder fremder Orte, an die ich dachte, wenn ich Geld hatte. Fremde Orte bedeuten mir mehr als Menschen. Gary meinte, es würde mich das Leben kosten, wenn ich so weitermachte. Er drängte mir die Fünftausend auf und ich kaufte eine Fahrkarte nach San Francisco – aber mit einem kleinen Schlenker über die Carolines!

Den Tag, an dem ich Japan verließ, werde ich nie vergessen, ich dachte, ich würde nie zurückkehren. Wir hatten viele Korken zum Abschied knallen lassen, trotzdem war Yosh zu dem kleinen Anlegesteg gekommen, Tränen strömten ihr über das liebe brave Gesicht und auch ich merkte, dass meine Augen feucht wurden, während ich »Sianara« rief, was »Auf Wiedersehen« auf Japanisch bedeutet. Und Gary. Ich habe ihn seither noch oft gesehen (erst vor wenigen Tagen – wir sind jetzt beide alt – ich habe ihn in New York getroffen, und wenn das Buch fertig ist, reisen wir nach Labrador). Wir werden immer Kontakt zu einander halten. Er war nie einer von der häuslichen Sorte, aber einer der besten, die ich je kannte.

Ich nehme an, dass mein hübsches Haus am Strand dem großen Erdbeben vor ein paar Jahren zum Opfer gefallen ist. Ich würde gerne hinfahren und nachsehen. Aber das ist das Schlimmste im Leben eines Nomaden – man hat ständig Sehnsucht. Manchmal genügt ein Artikel in einer Zeitung

über einen längst vergessenen Ort, der verdrängte Erinnerungen und den dringenden Wunsch in einem weckt, noch
einmal dorthin zurückzukehren.

1925 machte ich auf dem Weg nach China in Japan Halt,
aber ich hatte keine Zeit nachzusehen, ob das Haus vielleicht
durch ein Wunder doch noch stand. Japan war immer noch
dabei weiter zu »verwestlichen«. Vielleicht ist es unsere
Schuld, wenn die Japaner unsere Angewohnheiten übernehmen – wir haben sie ihnen beigebracht. China dagegen hatte sich kaum verändert. Als ich jung war, war Shanghai alt,
und das Alte bleibt länger erhalten, als die schnell erbauten
kalifornischen Städte, in denen man ein Jahr später schon die
eigene Wohnstraße nicht mehr erkennt.

Die einzige Veränderung 1925 in Peking und Shanghai
waren die weißen Frauen, die man jetzt dort überall sah.
Früher hatte man sie niemals auf der Straße oder in Straßen-
bahnen gesehen. Weiße waren wohlhabend und verfügten
über private Rikschas. Aber jetzt gab es weiße Frauen, die
bettelten. Der Grund dafür waren die russischen Flüchtlin-
ge, durch sie sank das Ansehen der Weißen im Osten.

V

Vagabundenzeit

Auf fahrenden Zügen

»Wenn du's nur einmal versuchen würdest,« sagte mein Vater, »würdest du vielleicht feststellen, dass dir die Sesshaftigkeit gut gefällt.« Armer Pa, sein einziges Kind verspürte so
kurz nach seiner Heimkehr schon wieder den Drang weiter-
zuziehen. Vermutlich hielten mich meine Eltern für verrückt. Nein, zugegeben haben sie es nicht, aber sie mussten
ständig Erklärungen über ihren Sprössling liefern und so
tun, als fänden sie es herrlich, dass ihre Tochter so häufig Gelegenheit fand, zu reisen. Natürlich waren sie auch ein bisschen stolz darauf, dass mich feine Damen ständig als Reisebegleitung anfragten. Das sprach sicherlich für ihre Tochter – auch wenn sie keine war, die gerne zu Hause blieb.

»Aber du könntest was von Amerika sehen«, wandte Pa ein.

»Bei all deinen Geschichten über China, Europa und Afrika und weiß Gott was noch, kennst du denn dein eigenes
Land?«

Das stimmte. Obwohl ich die Vereinigten Staaten auf dem
Weg nach Hause einige Male durchquert hatte, hatte ich nie
viel Zeit dort verbracht. Selbst New York kannte ich nur von
der Durchreise, oder weil ich dort auf ein Schiff gewartet
hatte. Als ich kürzlich nach New York fuhr, um die Arbeit an
diesem Buch zu beginnen, erfuhr ich zum ersten Mal, wie es

ist, in dieser Stadt zu leben. Und ich hatte eine gute Zeit dort – trotz des Buchs. Jack Dempsey und Jim Tully luden mich ein, dem berühmten »5 and 10 Club« der ungefähr hundertfünfzig ehemaligen Hobos beizutreten. Bei einem Festessen in Jack Dempseys Restaurant nahm ich die Einladung mit großem Vergnügen an und wurde das einzige weibliche Mitglied. Das war so gut wie in ein verbotenes Land zu reisen, aber gewiss auch etwas, das ich nicht eingeplant hatte. Während ich mit den berühmten anderen Mitgliedern in Erinnerungen schwelgte, fragte ich mich, womit ich die Ehre verdient hatte. Unwillkürlich erinnerte ich mich an die Zeit, als ich mir »Amerika anschaute« und man zwangsläufig auf Züge aufspringen musste, wenn man die Varietébühnen der Kleinstädte bespielen wollte. Es war ein Jahr wie aus dem Leben eines Zigeuners.

Als ich unruhig wurde und weiter wollte, lernte ich Ben Williams in San Francisco kennen. Er war Professor an der Utica Conservatory of Music gewesen, bevor er sich auf eigene Faust als Musiker durchschlug. Er hatte eine Idee für eine Nummer, die wir gemeinsam aufführen sollten und da Pa meinte, ich könnte doch wenigstens mal im eigenen Land bleiben, dachte ich, dass diese Idee allen zusagen könnte. In sechs Wochen brachte er mein Banjospiel auf Vordermann, so dass wir uns als Williams und Parrish auf den entsprechenden Bühnen anboten. Für Ben Williams war das nichts Neues, aber ich war noch nie durch Varietétheater getingelt, sondern immer nur alleine in Clubs aufgetreten, um mir Geld für die Weiterreise zu verdienen. Schon bald hatten wir feste Auftrittsorte, doch nach einer Weile wurde es mir eintönig, immer wieder dieselben Städte anzusteuern. Also reisten wir weiter in den Süden und Westen.

Unterhaltungskünstler habe ich immer gemocht. Dank ihres Vagabundendaseins bleiben sie geistig offen und ich schätzte sie wegen ihrer Begabungen. Häufig trafen wir uns – manchmal zwanzig oder dreißig Schauspieler und Musiker – nach der Vorstellung in einem Restaurant (damals gab es überall private Hinterzimmer mit Klavieren) und traten spontan auf, nur für uns selbst, spät nachts, wenn die Theater geschlossen waren. Oft habe ich bis fünf oder sechs Uhr morgens Klavier gespielt. Nach ein paar Bieren (niemand von uns hatte mehr als den Lohn) tanzten die Tänzerinnen auf den Tischen. Ich erinnere mich besonders an ein Mädchen in Pailletten und mit Tamburin. Ihren Namen habe ich vergessen, aber sie verkörperte die pure Freude. Als sie den starken August heiratete, feierten wir eine tolle Party. Eine echte Delila.

Die schönste Zeit hatten wir in New Orleans. Das ist mal eine Stadt mit Charakter. Es war Bens Geburtstag und was hatten wir uns für eine Party für ihn ausgedacht. Akrobaten, Zwerge, alle waren da, große, starke, schwache, wie eine vor Kameradschaftsgeist nur so strotzende Familie. Ich frage mich, ob die Leute beim Film in diesem mechanischen Zeitalter auch so sind. Vermutlich verdienen sie zu gut, um so viel Spaß zu haben. Vielleicht die Statisten. Aber ich denke, man muss schon reisen, um sich so zu fühlen wie wir.

Als Ben und ich die einschlägigen Auftrittsorte verließen, mussten wir unsere eigenen Bühnen finden. Werbung war damals noch nicht üblich wie heute. Wir hatten Glück, dass wir für Bälle angefragt wurden. Wir fuhren in eine Kleinstadt und steuerten stets den meist gut aussehenden Wasserverkäufer im größten Drugstore an. Dieser erzählte es weiter, und für gewöhnlich verdienten wir dann mit unseren Auftritten genug, um über die Runden zu kommen – oder wenigstens bis in die nächste Kleinstadt. Auf diese Art traten Ben und ich in verschiedenen Kleinstädten auf und sahen viel von den Vereinigten Staaten. Manchmal waren meine Finger vom stundenlangen Spielen so wund, dass ich am liebsten wie ein kleines Hündchen gejault hätte, wenn ich müde ins

Bett fiel. Aber ich habe es geliebt. Wir waren jung, und natürlich waren auch die Tänzer jung und wir bildeten schnell eine gemeinsame Clique, wie das nur junge Menschen können. Manchmal wurden wir nach dem Ball noch zu jemandem mit nach Hause genommen und tanzten dort weiter. Ich erinnere mich an ein wunderhübsches altes Haus mit langen weißen Säulen in Kentucky. Es war voller junger Menschen, Cousinen und Ma, Pa und einer Grandma. Sie flehten uns immer wieder an, doch noch zu bleiben und so blieben wir eine ganze Woche und wollten zum Schluss gar nicht mehr weg. Nachts im Mondschein saßen wie bei einer Gartenparty im Gras und ich dachte, ich hätte schon alles über den Süden und die amerikanische Aristokratie gelesen. Aber diese herrlichen Menschen behandelten vagabundierende Musikanten gar nicht so herablassend, wie einige andere, weniger kultivierte Zeitgenossen. An manchen Orten wurden wir allerdings geschnitten, weil wir angeblich dem Teufel dienten.

Ich verabschiedete mich sehr ungerne von ihnen. Trotz all der Auf und Abs in meinem Leben, all der Missgeschicke, bin ich doch sentimental und fühle mich ganz schrecklich, wenn ich mich von Freunden verabschieden muss und dabei weiß, dass ich sie vielleicht nie wiedersehe. Aber was auch immer mich in meinem Leben schmerzt, das Reisen verhindert, dass ich in einen Trott verfalle und dafür bin ich ewig dankbar. Einem gleichförmigen Alltag zu gehorchen hat etwas Bäuerisches und Animalisches. Natürlich gilt dabei auch, was mein lieber Pa häufig sagte: »Würden alle so leben wie du, wär's die Hölle auf Erden.«

In einer Stadt am Rande der Wüste in Utah, Green River, fehlte uns das nötige Kleingeld für eine Fahrkarte. Nach einem langen Vortrag von Ben, dass wir wegen meiner Vagabundennatur von den gutbezahlten Auftrittsorten hatten abweichen müssen, hatte ich ihm über die Schulter geschaut und gesehen, dass er einem Freund auf einer Postkarte schrieb: »Wir bleiben nie lange genug an einem Ort, um überhaupt nur mal ein Hemd zu waschen«, da beschloss ich den Stier bei den Hörnern zu packen. Mir wurde bewusst, dass es meine Schuld war, dass wir das Geld für die Weiterfahrt nicht hatten. Also begaben wir uns zu den Rangierbahnhöfen und überlegten, wie wir es anstellen mussten, um auf einen Güterwaggon zu kommen. In der Nacht pirschten wir uns an einen leeren Obstwagen heran, den ich entdeckt hatte. Heimlich stiegen wir ein und hatten es uns gerade in der dunkelsten Ecke gemütlich gemacht, als wir eine tiefe Stimme vernahmen. Der dem Klang nach große böse Wolf entpuppte sich als sehr unterhaltsamer Farbiger, der die Stunden aufs Angenehmste verstreichen ließ. Aus seiner Ecke drangen unzählige Geschichten über seine Reisen von einer Küste zur anderen zu uns herüber.

Die Fahrt war verhältnismäßig anständig. Den nächsten Teil der Strecke legten wir dann allerdings in einem leeren, offenen Kohlewagen zurück und oh je, so schmutzig war es darin. Wir wurden so durchgeschüttelt, dass wir uns ständig festhalten mussten. Und die Gesichter der Hobos, als sie ein Mädchen hinaufklettern sahen! In dem Wagen waren mindestens fünfzehn Männer, einige jung, bescheiden und schüchtern. Zweifelsohne waren sie gerade erst von zu Hause oder der Farm ausgerissen; aber einige waren auch schon älter und nach einem Leben voller Eskapaden vernarbt. Wieder andere hatten ein kantiges Kinn, gehörten zu der Sorte, die es in der Welt einmal zu etwas bringt, komme was da wolle – je härter desto besser; und einige wenige würden bis in alle Ewigkeit darauf warten, mitgenommen zu werden. Damals war ein Mädchen in einem Güterwaggon noch etwas sehr Neues und Witziges. Erst warf ich mein Banjo hinein, dann stieg ich in meinem Rüschenkleid und dem Florentinerhut auf dem Kopf in den Waggon. Man musste schon sehr sportlich sein, um in einen leeren Kohlewagen zu klettern, aber wir hatten genug Hilfe. Kleine Fünf-Cent-Säckchen von Bull Durham Tobacco gingen rum, um das Eis zu brechen; Selbstgedrehte fördern die Freundschaft, anders als bereits fertige Zigaretten.

Später, als der Bremser das Fahrgeld einsammelte (oh ja, bei den Hobos wurde abkassiert, die meisten gaben fünfzig Cent), wurden Ben und ich – die wir inzwischen kohlrabenschwarz waren – sehr zu meinem Missfallen in den Dienstwagen verfrachtet. Doch auch hier war es lustig, wenn man von der Kuppel aus all die Wagen betrachtete, die sich durch die Wüste schlängelten. Wir aßen Wassermelone und warfen die Rinde in den Wüstensand.

Eisenbahner sind gute Menschen. An einer Station versteckte ich mich in einer der Truhen, die im Dienstwagen als Sitzplatz dienen, weil ein paar Spitzel an Bord kamen. Man stelle sich nur vor, wie ich mich fühlte, als sich einer von ihnen auf den Deckel setzte und ich kaum noch Luft darin bekam. Das Hoboleben hat seine lustigen Seiten, aber man muss schon aufpassen, nicht den Kopf zu verlieren!

Für mich war es keine Quälerei, denn ich liebe die offene Straße. Ich erinnere mich, wie ich einmal in einem wunderschönen Hotel am Canale Grande in Venedig wohnte und nachts nicht schlafen konnte, erstickt wurde von den schweren Vorhängen und der ganzen alten Pracht. Wenig später, als mein Geld knapp wurde, befand ich mich in einer italienischen Kleinstadt. Die Frage lautete, ob ich entweder am Bahnhof oder überhaupt nicht schlafen sollte. Mit meinem kleinen Köfferchen als Kopfunterlage schlief ich bis acht Uhr morgens wie ein Stein und wurde dann von einem Polizisten an der Schulter gerüttelt und gefragt: »Welchen Zug wollten Sie nehmen?« Noch bevor ich nachdenken konnte, gestand ich, dass ich nur ein Bett gebraucht hatte.

In Washington, D. C. stieg ich bei einer Trapeznummer ein. Ein englischer Artist, der aussah wie ein Bestattungsunternehmer, hypnotisierte mich, bis ich über die Bühne flog. Wochenlang brachten wir die Nummer ein Dutzend Mal täglich. Ich war in unzählige Lagen fließenden weißen Stoff gehüllt und mein Haar hing bis zu den Knien herab, dabei vollführte ich einen Tanz in der Luft. Der Zauberer redete und fuchtelte mit seinem Zauberstock, während ich immer mehr in »Trance« versank. Als ich dann loslegte, fuchtelte er immer wilder mit dem Stock, um zu beweisen, dass um mich herum nichts war außer Luft. Ich trug ein stählernes Korsett, das mit einer Stange verbunden war, die hinter den Kulissen von einem Mann gelenkt wurde. Der Hintergrund war schwarz und Licht gab es nur dort, wo welches hinfallen sollte, Ben spielte leise dazu Musik. Chauncey Depew kam zwanzig Mal zur Vorstellung, um herauszubekommen, wie wir es machten. Viele wurden neugierig und ständig bekam ich Einladungen in Privathäuser, weil man mich aushorchen wollte. Natürlich ging ich nicht hin, denn ich wollte meinen Job behalten.

Hypnose war damals neu; alle sprachen davon. Die Nummer war ein Import aus London, wo sie lange und erfolgreich gezeigt worden war. Ben hatte sie bei der Weltausstellung in Paris 1900 kennengelernt, wo sie mit Spiegeln und Licht aufgetreten waren.

Aber dann musste ich niesen und verlor meinen Job. Ich hatte einen schlimmen Schnupfen und gebeten, mich entschuldigen zu dürfen, aber nein – the show must go on. Auch wenn damit alles verdorben wurde. Manchmal kann man es mit den edlen Absichten auch zu weit treiben.

Einmal gaben wir uns in der Nähe von New Orleans als Wahrsager aus. Die Kunden mussten mit einem Bleistift ein Kreuz auf einen Zettel malen. Ich steckte ihn einer Indianerpuppe an die Brust und nach einer Minute nahm ich ihn wieder ab, dann stand das Schicksal des Betreffenden mit schwarzer Tinte dort geschrieben. Währenddessen rollte der Indianer mit den mechanischen Augen und lenkte den Kunden ab, damit er nicht sah, was unter seiner Puppenhülle vor sich ging. Die Zukunft war jeweils schon mit unsichtbarer Tinte auf den Zettel geschrieben worden. Eine Chemikalie brachte die Schrift zum Vorschein. Und was waren das für Schicksale! Alle bekamen sie etwas für ihre zehn Cent. Später als wir wieder mit dem Zug nach New Orleans zurückkehrten, wurde Ben krank. Wir hatten hart gearbeitet, aber unsere Geldvorräte gingen gegen Null. Ich rief eine Ambulanz und wir fuhren in ein Krankenhaus für Bedürftige. Dort schlief ich auf dem Sofa in seinem Zimmer. Sonst hätte ich nirgendwohin gekonnt und außerdem wollte ich in seiner Nähe bleiben. Wir armen vagabundierenden Musiker! Unsere Banjos wirkten so verloren in der Ecke. Im Krankenhaus hatte ich ausnahmsweise Mal einen klaren Moment und sah die Vergeblichkeit des Ganzen. Dass ich zur Herumtreiberei neigte war nichts Neues. Trotz knapper Einkünfte hatte es mir immer Spaß gemacht. Ich fühlte mich frei wie der Wind. Aber ich zog einen wunderbaren Mann mit mir ins Elend, dabei hätte er eigentlich auf einen Sockel gestellt werden müssen. Das war das Ende des musikalischen Teams und der Abwege von Williams und Parrish.

Jahre später war Bens Orchester die erste große amerikanische Big Band, die im Ballsaal des Astor House in Shanghai spielte. Damals war ich weit weg von China, aber er schrieb mir einen Brief, in dem er mir vorschlug, doch dazu zu stoßen. Ich antwortete Ben und vergoss dabei Tränen, denn ich behauptete unter fadenscheinigen Ausreden, dass es mir nicht möglich sei. In Wirklichkeit fürchtete ich, es könne seinem Ansehen schaden, wenn ich mich in Shanghai zu ihm gesellte. Ich hatte dort einige schillernde Kontakte gepflegt. Viele Jahre später erzählte ich ihm, weshalb ich nicht nach Shanghai gefahren war. Sein einziger Kommentar war: »Als ob es darauf ankäme. Für mich bleibst du immer nur du.«

VI

DIE BÜRDE DES WEISSEN MANNES

Maskerade

Bevor der Dampfer auf das Arabische Meer fuhr, fand ich meinen kleinen »Abstecher« wahnsinnig aufregend. Die Vorfreude auf Peking wich eifrigem Pläneschmieden, und ich überlegte, wie ich nach Afghanistan gelangen könnte. Wenn ein Land verboten ist, wird es für mich dadurch nur umso verlockender. Der britische Polizeioffizier in Peschawar hatte mir schon einmal die Einreiseerlaubnis nach Afghanistan verweigert. Vergebens hatte ich Einwände erhoben. Er hatte behauptet, es sei zu meinem eigenen Besten und eine lange Liste von Ermordeten angeführt, die auf dem Weg nach Kabul ihr Leben gelassen hatten. Er erzählte von bösen Barbaren, die sich über die Ankunft einer Christin freuen würden – um sie zu foltern und ihr ein Schicksal zu bescheren, das »schlimmer als der Tod« sei. Als ich ihn stehen ließ und davonging, hörte ich ihn immer noch weiter schwafeln, was alles nicht ginge und sein dürfe.

Ich wusste, dass einige auf dem Schiff hereingelassen werden würden. Man würde sie nicht länger aufhalten, als um ihre Papiere zu überprüfen, dann würden sie unbelästigt (von den Behörden, wenn auch nicht von den Banditen) die Grenze überschreiten, die für mich tabu war. Mein Verstand hatte mir zuvor bereits häufig geholfen und auch jetzt verließ ich mich darauf, dass er mich schließlich bis nach Kabul führen würde.

Ich beobachtete und musterte die Mohammedaner an Bord. Die meisten kehrten von einer Pilgerreise nach Mekka zurück. Wenn ich mich benahm wie sie, würde ich vielleicht auch durchgelassen werden. Sich als Mohammedaner zu verkleiden, war nicht schwierig, dachte ich, schließlich sah ein verschleiertes Gesicht genau so aus, wie das andere – zumindest in den Augen der christlichen Wachen.

Also ging ich in Indien von Bord und fuhr über Balutschistan nach Peschawar. Damals verband noch keine Zugstrecke den Nordwesten Indiens mit Afghanistan und der Chaiber-Pass wurde nur zweimal pro Woche geöffnet, um Karawanen und Fußgänger nach Afghanistan und Zentralasien durchzulassen. Inzwischen wurde aus strategischen Gründen eine Schienenstrecke gelegt, aber die Züge dienen den noch immer rebellierenden eingeborenen Stämmen Afghanistans bisweilen als Zielscheiben bei ihren Schießübungen. Vor noch nicht allzu langer Zeit wurde ein ganzes Regiment bei einem »Grenzkrieg« am Pass vernichtet.

In Peschawar warteten hunderte von Pilgern darauf, durchgelassen zu werden. Ich beobachtete sie genau. Einige waren körperlich stark mitgenommen. Zwischen zwei Mauleseln lag ein alter Mann auf einer Trage – festgemacht zwischen Hinterteil und Vorderteil. Verschleierte mohammedanische Frauen saßen auf Kamelen; verschleierte und unverschleierte auf Eseln und Maultieren. Hunderte in Lumpen und zu arm, um sich auch nur einen Esel leisten zu können, gingen zu Fuß. Viele waren wohlhabend nach Mekka aufgebrochen, nur um als Bettler zurückzukehren, doch das fanatische Funkeln in ihren Augen war selbst nach hunderten von Meilen und entsetzlichen Torturen ungemindert.

Mohammed war ein kluger Prophet, als er bestimmte, seine Anhänger mögen sich auf die Pilgerreise nach Mekka begeben. Er wusste, dass dies meist bedeutete, dass sie auf die beschwerlichste Art durch verschiedene Länder reisen und sich unterwegs von allzu festgefahrenen Vorstellungen verabschieden mussten. Gleichzeitig würden sie zumindest einen Teil des Planeten zu Gesicht bekommen, auf dem sie geboren worden waren. Einige jener wahren Gläubigen hatten das Land zwischen ihrer Heimat und der heiligen Stätte vermutlich gehasst. Andere hatten zweifellos alles Mögliche vermisst, außer dem Gebet. Auf jeden Fall waren sie jetzt auf dem Weg nach Hause – und anscheinend hatten sie keine Probleme durchgelassen zu werden. Viele der Karawanen waren ausgedünnt, weil Pilger gestorben waren. Das war meine Chance.

Ich zog einen Schleier über, kaufte einen Esel und schloss mich einer Karawane an, in der genügend Platz zu sein schien. Unauffällig ordnete ich mich ein, während wir uns dem Pass näherten. Gestritten wurde ständig, aber ich sah nicht, dass jemand abgewiesen wurde. Als wir an der Reihe waren, erkannte ich aber sofort anhand der ungestümen Gesten, dass die Männer gesehen hatten, dass da einer zu viel in der Karawane war. Der Karawanenmann erklärte »so viele« und der, der überprüfte, erwiderte »einer mehr als so viele«, und sowohl der Esel wie auch ich, wurden starr vor Angst von dem Karawanenmann aus der Reihe gezerrt. Die Banditen am Pass hätten kaum gröber sein können, aber es dauerte nicht lange bis ich mich ohne Esel und Schleier im Büro des britischen Polizeioffiziers widerfand. Derselbe Mann, der mich schon einmal abgewiesen hatte!

Zwanzig Minuten redete ich unbeirrbar auf ihn ein. Erzählte ihm, ohne innezuhalten, wie unglückselig es sei, als Frau geboren zu sein, aber über keinerlei häusliche Talente zu verfügen; wäre ich als Mann geboren, wie anders sähen dann die Umstände aus – ich hätte Tommy Atkins sein und ruhmreich verbotene Länder besuchen können! Vielleicht wäre ich sogar Politoffizier geworden, wäre ich schlau genug gewesen – nach langer Zeit natürlich. Stattdessen aber war ich ein elendes Häuflein Frau, mit Farbe im Gesicht, die sich möglicherweise monatelang nicht mehr abwaschen ließ. Der Appell fruchtete. Man erlaubte mir immerhin nach »Hause«, nach Peschawar, zurückzukehren.

Noch immer bin ich nicht in Afghanistan und Tibet gewesen. Aber wenn die Arbeit an diesem Buch beendet ist – ruft Asien noch immer. Inzwischen ist es gar nicht mehr so verboten.

In Peschawar blieb ich nicht lange, sondern fuhr schon bald über den Indus nach Karatschi und segelte anschließend nach Colombo auf Ceylon – eine wahres Wegekreuz der Welt. Selbst damals war es schon von Touristen überlaufen und ich verlor wenig Zeit bis zu meiner Abreise nach Peking. Der Luxus des Clubs und seine interessanten Gäste waren eine Erleichterung nach den Unruhen in Europa und meinem kläglich gescheiterten Versuch in Peschawar.

Die Zivilisatoren ziehen in den Krieg

Kaum hatte ich ein paar Tausend zusammen, wurde ich wieder unruhig und ärgerte mich, dass ich nicht mehr von Indien gesehen hatte, wo ich doch schon einmal dort gewesen war. Nach Siam und Indochina war ich nie wirklich weit hinein gelangt – und ach so viele Orte hatte ich noch nicht bereist. Dabei wurde ich nicht jünger. Mich zog es Richtung Süden, war aber gerade erst bis Hongkong gekommen, als der Weltkrieg ausbrach.

Plötzlich stand alles still. Niemand wusste, was im Orient passieren würde. Würde die »Bürde« für die in der Heimat so sehr beanspruchten Zivilisatoren zu groß werden? Manche behaupteten, die seit der Revolution in China gewachsene Unruhe der Massen in China, Indochina, Siam und Indien würde mit solcher Macht eskalieren, dass die nun gegeneinander kriegführenden Länder sie nicht länger würden kontrollieren können. Auf jeden Fall musste ich länger als erwartet in Hongkong ausharren. In Städten wie Hongkong bin ich nie lang geblieben. Zum einen, weil sie vor allem Knotenpunkte sind. Jeder Reisende gelangt an diese Häfen, und sei es nur zum Umsteigen. Schon damals begegnete man dort ständig bekannten Gesichtern. Vor Jahren unterhielt ich mich in Hongkong mit einem Mann, den ich in meinem Club in Peking kennengelernt hatte, als mich ein alter Schulkamerad aus San Francisco erkannte und begrüßte. Fast hätte mich der Schlag getroffen. Er war auf der Heimreise und fragte, ob er meiner Familie etwas von mir ausrichten dürfe! Ich gab ihm ein paar Sachen für Ma mit. Tatsächlich lernte ich damals erst, dass man am besten mit leichtem Gepäck reist. Wenn ich mich auf indirektem Wege in die Heimat begab, hatte ich meist viel dabei – Geschenke und ähnliches, aber das war ermüdend. Besonders während des Krieges – die Zollbeamten waren so neugierig, die Coolies stritten ständig, wer was einstecken durfte (einmal hätten sich zwei beinahe umgebracht, weshalb es ein dritter bekam). »Das ist nur, weil ich große Koffer dabei habe«, sagte ich immer wieder. Also begann ich, am Gepäck zu sparen und nehme seither nur noch meine kleine Tasche mit. Alle anderen können mir den Buckel runterrutschen. Der Zoll und die Coolies scheren sich nicht um einen, wenn man nur mit einem kleinen Bündel unterwegs ist.

In Hongkong stieß ich auch den Großteil meines Schmucks ab. Der Krieg änderte alles. Diamanten haben mir ohnehin nie viel bedeutet, nur in den Clubs waren sie ein Ausweis von Erfolg. Wenn man keine Diamanten besaß, war man niemand. Damals waren sie ganz nützlich, wenn man Geld brauchte. Ich besaß welche im Wert von über 10 000 Dollar.

Einer stammte aus einer Erbschaft, die Gus gemacht hatte. Ich verkaufte ihn in Hongkong für nur fünfhundert Dollar, dabei war es ein so großer dicker Stein. Mit nur einem Koffer, ohne Schmuck, aber einem guten Bündel Bargeld, fuhr ich endlich nach Singapur ab.

Auch Singapur war vom »Kriegsfieber« erfasst und ich musste warten. Ich stieg im alten Raffles Hotel ab, wo ich schon auf vorangegangenen Reisen einige Wartezeiten überbrückt hatte. Joe Consadine, der berühmte Hausherr, war ebenfalls ein geborener Weltenbummler. Er trug einiges dazu bei, meine Ungeduld zu zügeln. Trotz der zahlreichen Geschichten über Joe, hat sich jeder Reisende, dem ich je begegnet bin, mit großer Dankbarkeit an den Armenier erinnert. Er verriet mir, wo ich die »Sehenswürdigkeiten« finden würde, die ich noch nicht kannte, hatte an einer von diesen wenig später ein interessantes Erlebnis. Ich ging durch eine schmutzige Seitenstraße, es waren fast nur Männer unterwegs. Durch kleine Fenster konnte man in winzige Räume spähen und in jedem dieser Kabuffs saß eine Frau »zum Mieten«. Unter anderem auch ein wunderschönes armenisches Mädchen. Das Loch war zu scheußlich und das Geglotze und Gefeilsche ging selbst mir über die tolerante Hutschnur. Ich eilte zu ihr in den Raum, zog die Jalousie herunter und half ihr sämtlichen Alkohol, den sie eigentlich ihren Kunden hätte verkaufen sollen, zu vernichten, indem ich ihn trank. Danach verließen wir gemeinsam die Straße.

Joe Consadine lachte über meine heldenhafte Initiative, mit der ich das Mädchen vor Ausbeutung bewahrt hatte und äffte den »Geschäftsführer« in seinem Zorn nach, der schon bald herausbekommen würde, dass er übertölpelt worden war. Joe hatte selbst eine Schwäche für die Damen und laut einer der Geschichten, die man sich über ihn erzählte, bekam jede attraktive allein reisende Frau ein Zimmer neben seinem. Ich zog ihn damit auf und fragte ihn, weshalb er mich offenkundig nicht für attraktiv genug gehalten hatte, um dieser Ehre teilhaftig zu werden. Aber wie sich herausstellte, handelte es sich nur um eine von vielen Geschichten, wie sie im Orient so zahlreich gedeihen. Nichts destotrotz taufte George Ade ihn den »Sultan von Singapur.«

Die *Emden*, das deutsche Kriegsschiff, sorgte indes in Singapur für Aufregung. Im September und Oktober hatte es Madras bombardiert, Penang beschossen, und fünfzehn Schiffe versenkt, außerdem Fernmeldeleitungen durchtrennt. Im Schifffahrtswesen war man gelinde gesagt nervlich angespannt.

Mit zusätzlichen schwarzen Schornsteinattrappen versehen wurde sie ständig in den Gewässern vor Singapur gesichtet. Die Zartbesaiteten befanden sich im Zustand der Hysterie und die britischen Reedereien waren so vorsichtig, dass sie ihre Abfahrtszeiten nicht mehr öffentlich machten. Es sah aus, als würde ich niemals mehr eine Überfahrt nach Penang und Rangun bekommen. Endlich erzählte mir Joe Consadine jedoch, dass tausend Coolies mit dem Dampfer eines chinesischen Unternehmens nach Rangun übersetzen sollten. Zusätzliche Passagiere waren keine vorgesehen, es sei denn, der belgische Kapitän entschied, jemanden aufzunehmen. Ich wurde ihm vorgestellt. Muller erklärte sich freundlicherweise bereit, mich mitzunehmen. Unter ihm diente der mitunter schlimmste Abschaum der weißen Bevölkerung des Orients an Bord. Am Abreisetag schloss Muller mich in seiner Kajüte ein, während er an Land ging, um sich von seiner Familie zu verabschieden. Das war notwendig, da die betrunkenen Offiziere Japanerinnen mit an Bord gebracht hatten, um ihnen auf ihre Weise Lebewohl zu wünschen und er wusste, dass es noch vor seiner Rückkehr zu Abschiedsprügeleien kommen würde.

Schon bald hörte ich die Teufel um ein Haar den chinesischen Koch ermorden. Es gab Gepolter und Geschrei, Chi-

97

nesisch mischte sich mit Flüchen aus Billingsgate, Schläge laut wie Theaterdonner und schließlich etwas, das nach Todesröcheln klang. Durch zahlreiche bittere Erfahrungen habe ich gelernt, dass es höchst unklug ist, sich in Prügeleien einzumischen, egal wer beteiligt ist. Niemand dankt es einem und häufig trägt man Verletzungen davon, wenn man sich als edle Retterin versucht.

Kaum hatten wir nach der Rückkehr des Kapitäns den Hafen verlassen, spazierte ich über das schmutzige Deck, betrachtete die Tausenden von Coolies, die zusammengepfercht wie Sardinen in der Büchse im Frachtraum saßen. Man stelle sich meine Freude vor, als ich statt einer Leiche den lebendigen Koch entdeckte, der keine schlimmere Verletzung davon getragen hatte, als zwei sehr blaue Veilchen.

Niemals habe ich die Gesellschaft eines anderen so genossen, wie die des Kapitäns und das will etwas heißen, denn was auch immer die Reisenden dieser Welt umtreiben mag, langweilig sind sie selten. Mullers Geschichten waren so spannend, dass sie nicht anders als wahr sein konnten. Er sah gut aus, war unbeschwert und trug wie alle weißen Männer in diesen Gefilden weiße Flanellkleidung. Aber er war ein Rebell, ein dem Alkohol zugetaner Abenteurer und eine gewöhnliche Seefahrt interessierte ihn wenig – und das war immer schon so gewesen. Kurz zuvor hatte er erst einen unerforschten Fluss in Sumatra befahren. Einmal, unweit des Ufers, hatte er einen Tiger im hohen Schilf entdeckt, der mit einem eingeborenen Kind das Weite suchte.

In seiner Kajüte befand sich ein Kanu, das Eingeborene aus Borneo geschnitzt hatten, eine genaue Nachbildung der Kanus, die dort auf den Flüssen fuhren. Es hatte dasselbe Dach und dieselben Paddel – wunderschöne große Boote waren das, in denen ganze Familien bequem fahren konnten, ähnlich wie die, die ich in Bandjermasin auf dem Barito in Niederländisch Borneo gesehen hatte und in denen ich später über den Matapura gefahren war. Die Flussufer in Borneo beschrieb er so: »Immer wenn ich hinsah, beobachtete ich, wie ein Tier ein anderes tötete und fraß, und wenn es nur eine Riesenspinne war, die sich an kleineren Kriechtieren gütlich tat.« Am spannendsten war es, wenn er von seinen Fahrten auf dem Barito berichtete, wo minderwertige Diamanten entdeckt worden waren. Borneo klang bei ihm nach dem besten Ort auf Erden und später fuhr ich erneut dorthin – nur wegen seiner Geschichten.

Ich fragte mich oft, wie ein solch unbekümmerter Kerl von dreißig Jahren hatte heiraten und seine Freiheit aufgeben können. Seine Antwort war, wie er selbst, einzigartig. Er erzählte mir von verschiedenen Haushalten in den verschiedenen Häfen mit diesem oder jenem Mädchen, wobei er keineswegs farbenblind zu sein schien. Hier und da erhielt er auch die ein oder andere Postkarte von einer ehemaligen Freundin. Eines Weihnachtsabends, als er wie alle Umherziehenden mal wieder pleite und melancholischer Stimmung war, dachte er über seine Vergangenheit nach, weil er sonst nicht viel zum Nachdenken hatte. Er sehnte sich nach einem Zuhause und einer eigenen Familie und beschloss, zur Ruhe zu kommen. Die Familie legte er sich zu, aber zur Ruhe kam er nie. Unersättlich wie er war, gab er sich nicht einmal mit seinem abenteuerlichen und schillernden Leben zufrieden, bei dem er die *Emden* aufs Spiel setzte. Er war ein großer Leser und Träumer. Wenn er nicht trank, rauchte er ununterbrochen oder kaute Tabak, unterbrach sein Seemannsgarn nur, um Tabaksaft über die Reling zu spucken.

Trotz aller Plaudereien, hielt immer einer mit dem Fernglas nach der *Emden* Ausschau. Immer wieder rissen wir es uns gegenseitig aus der Hand, sobald wir Rauch in der Ferne aufsteigen sahen, weil wir glaubten, sie entdeckt zu haben. Als wir in den Hafen von Penang einfuhren, sahen wir Leichen im Wasser treiben. Die *Emden* hatte gerade erst einen russischen Kreuzer und ein französisches Torpedoboot versenkt. Das russische Kreuzfahrtschiff war angegriffen worden, als der Kommandant gerade im Kino saß. Da Zahltag war, hatte die Besatzung Japanerinnen an Bord geholt und im Wasser ließ sich die tragische Geschichte nachlesen – nicht nur an der Mastspitze, die aus dem Wrack hervorlugte, sondern auch an den Toten im Wasser, an ihren Uniformen und Kimonos – Einzelheiten, die nicht in die offizielle Geschichtsschreibung eingingen. Als wir Rangun erreichten, war die *Emden* bereits an Land gebracht und auf einer der Kokosinseln zerstört worden.

Zum letzten Mal hörte ich 1916 von Kapitän Muller, damals befand er sich in Rio de Janeiro.

Mutter Indien

Bis Rawal Pindi begegnete ich nun keinen größeren Schwierigkeiten mehr. Ich trödelte nicht unterwegs, denn Kalkutta hatte ich bereits gesehen (ich war fünf Mal in Indien gewesen) und hatte mir jetzt das Kaschmirtal in den Kopf gesetzt. Aber Rawal Pindi war in Bezug auf Transportmittel noch ein paar Jahrzehnte hinterher und ich fuhr mit der letzten Postkutsche der Saison, einem von Pferden gezogenen Karren in den Himalaya. Eine von Hindus geführte Firma hatte den Auftrag, die Post zwischen Rawal Pindi und Srinagar zu befördern. Mir wäre es natürlich lieber gewesen, das Tal von Kaschmir im Sommer zu besuchen, wenn die Blumen blühen und Besucher auf Hausbooten wohnen können. Aber jedes Mal, wenn es mich in diesen Teil der Welt verschlug, war es die falsche Jahreszeit für das Kaschmirtal gewesen (es ist allerdings auch wirklich schwer, immer zur richtigen Jahreszeit am richtigen Ort zu sein). Bereist man Indien ohne diese herrliche Region zu sehen, verpasst man den Großteil der natürlichen Schönheit des Landes, und so war ich fest entschlossen, dieses Mal nach Kaschmir zu fahren, egal, ob die Jahreszeit die richtige war oder nicht.

Also saß ich alleine in dem Karren, abgesehen von dem Hindukutscher und einem kleinen Jungen, dessen einzige Aufgabe darin bestand, die ausgemergelten, halb verhungerten Gäule zu schlagen, wenn der Kutscher selbst dazu zu müde war. Die armen Kreaturen waren klapprig und hilflos, wie die bedauernswerten Tiere, die bei den Stierkämpfen in Spanien getötet werden. Einwände gegen die Tierquälerei zu erheben, wäre nicht vernünftig gewesen, aber es gibt immer mehrere Wege, um ans Ziel zu gelangen. Tagsüber, als Kutscher und Junge auf ein Trinkgeld aus waren, sah ich meine Chance gekommen.

»Nein«, weigerte ich mich.

»Aber alle Gentlemen geben uns Bakschisch«, bettelte der Kutscher.

»Ich bin kein Gentleman«, sagte ich. »Aber wir können einen Handel abschließen. Wenn ihr aufhört, die Pferde zu schlagen, bekommt ihr Bakschisch.«

Der Plan ging auf, und sogar während der gesamten zweihundert Meilen langen Fahrt. Jeder Kutscher erklärte dem nächsten: »Wenn du die Pferde schlägst, gibt's kein Bakschisch«, und so war es mit den Prügeln vorbei.

Reisende müssen in Indien ihr eigenes Essen und Bettzeug mitnehmen. Das habe ich zu spät erfahren. Wobei diese Behauptung eigentlich nur meine Ausrede dafür ist, dass ich weder das eine noch das andere auf meiner Reise dabei hatte. Lieber nehme ich Strapazen auf mich, als »schwer beladen« unterwegs zu sein. Ich hatte nur ein paar große Packungen Schokolade dabei, denn ich hatte unterwegs indisches Essen kaufen wollen, wenn schon nichts anderes. Sicher würden wir irgendwo Halt machen, wenigstens um die Pferde zu wechseln. Wir machten dann auch wirklich Halt, aber sehr zu meinem Missfallen auf halber Strecke. Ein Hindu führte zwei Pferde aus einem Schuppen, wechselte das Gespann und schon ging es weiter.

Nachts schliefen wir in Bungalows der Post. Die britische Regierung hatte eine ganze Reihe davon gebaut (Bungalow ist ein Hindu-Wort), Notunterkünfte für Soldaten und verirrte Reisende. Die Zimmer waren karg und ebenso der »Schrank«. Der Fußboden war blank und die Möblierung äußerst spärlich – ein kleines Metalltischchen und zwei schmale Liegen mit dünnen Strohmatratzen. Man schlief auf einer und deckte sich mit der anderen zu.

Die Landschaft um diese Bungalows herum war atemberaubend: reißend schnelle Gebirgsbäche rechts, der Himalaya im Rücken, aber nichts im Bauch. Bestach man den für den Bungalow zuständigen Shylock, bekam man eine Tasse Tee oder ein paar Reiswaffeln, die wie Matschkuchen aussahen. Zu dieser Zeit im Jahr kam pro Monat nur ein Reisender vorbei. Der Kutscher und der Junge lebten, wie Millionen anderer Hindus, vom »Gestank nach alten Lumpen«.

Aber das Kaschmirtal war jede Mühe wert, sogar die Zollgebühren, die nach der Einfahrt in das Gebiet des Rajah von Kaschmir an jeder kleinen Brücke erhoben wurden. Die Landschaft des Minala ist so herrlich, dass kein Schriftsteller sie zu fassen bekäme, und ganz gewiss nicht ich. Die malerische Bergstraße war verstopft mit Karren, die von schläfrigen Yaks gezogen wurden und auf denen ebenso schläfrige Kutscher hockten. Die Yaks hatten Stricke über den hässlichen Nasen, an denen man sie führte. Sie bewegten sich kriechend langsam voran, ließen sich kaum aus der Ruhe bringen, nicht einmal vom schrillen Klang des mittelalterlichen Dings, in das wir vor jeder scharfen Biegung – und davon gab es viele – bliesen. Die ersten Einheimischen, denen wir unterwegs begegneten, trugen kleine, runde Mützen und gingen unter der Last der schweren Packen auf ihren Rücken vornübergebeugt. Zunächst hielt ich sie für eine Art seltsamen Stier und bei näherem Hinsehen wurde der Eindruck nicht besser. Die Frauen, für Indien relativ hellhäutig, waren orientalisch gekleidet und trugen Kopf- und Ohrenschmuck, sie erinnerten an eine Salome in Lumpen. Sie wirkten so nachdenklich, dass mir die Geschichte vom Senfkorn aus *Das Licht Asiens* von Sir Edwin Arnold einfiel:

Als das Mädchen mit ihrem toten Baby im Arm und bleischwerem Herzen den Berg herunterstieg und zu dem Baum ging, unter dem Buddha, der Prinz von Indien, saß und ihn beschwor ihr Baby wieder zum Leben zu erwecken, forderte der weise Prinz sie, anstatt sie in ihrer Trauer zu trösten, dazu auf, ins Dorf zu gehen, ein Senfkorn zu holen und es ihm zu bringen.

»Aber«, setzte er hinzu, »du musst es von jemandem holen, der weder Vater noch Mutter, Schwester, Bruder oder Kind verloren hat.«

Sie ging von Haus zu Haus und erhielt überall dieselbe Antwort ... ach, leider hatten auch sie ein Kind verloren oder eine Mutter oder jemand anderen. Wieder und wieder wurde sie enttäuscht. Am Ende des Tages kehrte sie ohne Senfkorn zurück, bereit, sich mit ihrem Schicksal abzufinden. Nachdem sie herausgefunden hatte, dass sie nicht die einzige Trauernde war, begrub sie ihr Kind und fand Frieden.

Diese Frauen sahen gewiss ebenso schicksalsergeben ins Leben. Selbst auf der langen, prächtigen von Pappeln gesäumten Straße, die über Meilen an die Stadt heranführte, wirkten die Frauen geplagt.

Mein ganzes Leben hatte ich mich nach Srinagar in Kaschmir gesehnt. Als ich spät nachts müde, benommen, frierend und steif dort eintraf, stellte ich fest, dass das Hotel bis zur nächsten Saison geschlossen hatte. Wir hämmerten an die Tür, hofften einen Hausmeister zu wecken, aber nirgendwo ein Lebenszeichen. Nicht einmal ein Licht. Nachdem wir die verschiedenen Straßen abgeklappert hatten, kamen wir halb erfroren an einem Fenster mit Licht und Blick in den Garten vorbei. Auf einem Schild am Tor stand Major Irgendwer. Der Hindukutscher war noch dümmer als seine Vorgänger und außerdem fast erfroren. Er wusste nicht, was er tun sollte. Aus Verzweiflung blies ich in unser seltsames Horn und zwar genau vor dem Fenster mit dem Licht darin, wo eigentlich der Major hätte sein sollen.

Schließlich kam ein Bediensteter heraus. Der gesamte Haushalt war über den Winter verreist. Freundlicherweise führte er uns aber zu den Dienstbotenunterkünften des Hotels und weckte den Hausmeister. Ich mietete ein Zimmer und der Hausmeister machte ein kleines Feuer. Als meine steifen Glieder in der Wärme entspannten, taute ich genug auf, um einen langen Brief nach Hause zu schreiben. Dann fiel ich müde ins Bett und war so dankbar, endlich an einem warmen Ort gelandet zu sein, dass mir ganz egal war, ob ich je wieder die Augen aufschlug.

Der Morgen brachte Entschädigung.

Ringsum überall Himalaya. Der märchenhafte Dal-See war mit herrlichen Wasserlilien bedeckt. Die Basare boten ein Delirium an Freuden, feine Kaschmirschals, von denen einige so fein waren, dass man sie durch einen kleinen Ring ziehen konnte. Die Schals wurden aus der Wolle der Kaschmirziegen gemacht, die ich am Wegesrand gesehen hatte, nicht aus den langen Zotteln, die ihnen wie eine Decke vom Rücken hingen, sondern der feinen, flauschigen Wolle direkt am Ansatz. Über allem schien eine kalte, aber strahlende Sonne. Kein Wunder, dass die alten orientalischen Dichter vom Kaschmirtal schwärmten.

In den letzten Jahren musste ich von vierzig Dollar im Monat leben, manchmal auch nur von dreißig oder noch weniger und trotzdem bin ich noch herumgezogen, anstatt »das

Beste aus meinem Geld zu machen« und zu Hause zu bleiben, wo ich ein festes Dach über dem Kopf hatte. Der Himmel über dem Himalaya war jeden fehlenden Ziegel wert, durch den es auf mich herabgeregnet hatte. Pa wollte immer, dass ich ein Zuhause hatte, in das ich zurückkehren konnte und sagte immer wieder, auch wenn Ma und er nicht mehr am Leben seien, dürfe ich das Haus nicht verkaufen.

»Du wirst immer ein Dach über dem Kopf haben«, sagte er, »und eines Tages wirst du es brauchen.« Wie oft habe ich in meinem turbulenten Leben an jenes Dach gedacht, das meist viele viele Meilen weit von dem Kopf entfernt war, den es eigentlich zu schützen gehofft hatte.

In Darjeeling hätte mich die Kraft in mir, die ich nicht beherrschen kann, dazu gebracht, wenn nötig, alles zu verkaufen, nur um in das relativ nahe gelegene Bhutan oder zum Tiger Hill reisen zu können und die Sonne über dem Kangchendzönga aufgehen zu sehen. Eine solche flammende Herrlichkeit über diesem so prachtvollen Bergmassiv – alle Gipfel über achttausend Meter hoch – und der kreideweiße Schnee, der die Sonne Funken sprühen lässt, ist ein Anblick für die Götter, bei dem ich jedes Gefühl für Zeit und Raum verliere und jeden Gedanken an Sicherheit aufgebe.

Wenn ich Menschen mit Geld sehe, die nichts besseres damit anzufangen wissen, als es in einer Bank liegen zu lassen, möchte ich vor Trauer weinen. Was könnten sie noch, bevor ihr letztes Stündlein schlägt, für Zinsen in Form lebendiger Erinnerungen an die Herrlichkeit der Natur ansammeln! Wenn man nicht genug hat, um andere Kontinente zu bereisen, so gibt es unsere eigenen großartigen und unvergleichlichen Nationalparks, die sich ganz ohne Zeichensprache und andere mit Auslandsreisen verbundene Mühen besichtigen lassen. Es müsste ein Gesetz geben, das die Menschen zwingt, dorthin zu fahren, wo die Natur unverfälscht ist – egal wohin, Hauptsache sie verlassen hin und wieder ihre eigenen vier Wände. Die Menschheit wäre eine bessere.

Von Kaschmir aus fuhr ich nach Agra, in der Absicht bis Fatehpur Sikri weiterzureisen, eine verlassene Stadt, die während der Herrschaft Akbars des Großen, einem der Großmogule, entstanden und später aufgrund von Wasserknappheit verlassen wurde.

Dieses Mal schickte ich den Hütern der Dak-Bungalows in Fatehpur Sikri Telegramme, bevor ich mich von Agra aus mit dem Zug dorthin auf den Weg machte. In Indien passiert immer etwas Unerwartetes, aber die Telegramme hatten etwas bewirkt. Nachdem ich aus dem Zug gestiegen war, holten mich ein Hindu und ein Junge mit einer Laterne am Bahnhofsschuppen ab – wandelnde Leichen und nicht mit Diogenes verwandt. Sie waren wiedergeborene Schakale. Wenn ich daran denke, dass manche Leute in den Staaten Geld bezahlen, um Hindus Unsinn reden zu hören, kommen mir die Tränen. Indien, Land der echten und ausgedachten Fakire!

Ich aß, was ich an Lebensmitteln dabei hatte und machte mich anschließend zwischen den beiden dünnen Matratzen selbst zum Sandwich. Vom Bett aus konnte ich die ganze Nacht Gejaule hören, wie von johlenden Cowboys in der Wüste. An sich ein fröhliches Geräusch, und hätte ich nicht so gefroren, wäre ich rausgegangen und hätte mitgefeiert. Am nächsten Morgen erklärte mir die Haushälterin sehr zu meinem Erstaunen – nachdem sie sich erkundigt hatte, wie ich geschlafen hätte – dass die ganze Nacht über Schakale geheult hatten. Hyänen seien mit ihnen herumgezogen und hätten das Gelächter beigesteuert. Wenig später, aber noch immer sehr früh am Morgen, ging ich in der menschenverlassenen Stadt umher und sah unterwegs eines der geräuschvollen kleinen Tiere umherstreifen. Es war gelb mit einem buschigen Schwanz, wie ein kleiner mottenzerfressener Fuchs.

Fatehpur Sikri wurde aus rotem Sandstein erbaut und im Haremsviertel finden sich viele kleine steinerne Balkone.

Hier begegnete ich keinen weiteren Schwierigkeiten mit Kutschern oder Fremdenführern mehr, aber die Reise von Jetpur nach Amber, eine weitere verlassene Stadt, gestaltete sich schon schwieriger. Als ich ein Pferd und eine Kutsche für den Ausflug mietete, traf ich verbindliche Absprachen mit dem Kutscher bezüglich der Kosten für die Fahrt nach Amber und zurück zum Bahnhof in Jetpur.

Vorbei an den Ruinen, nicht nur von einer, sondern gleich von mehreren Städten, die über die Jahrhunderte übereinander errichtet worden waren, fuhren wir davon. Auf den Mauern hockten schmutzige weiße und auch blaue Pfauen. Sie waren ungeheuer zahm – anscheinend wurden sie niemals belästigt. Die buddhistische Religion lehrt die Menschen, wilden Tieren nichts anzutun.

Auf halbem Wege nach Amber hielt der Kutscher unter einem Baum voller großer, schnatternder Affen. Ich hatte die heiligen Affen von Benares gesehen, aber an diesen hier im Baum war nichts heilig. Sie waren wild, dennoch relativ zahm.

Der Kutscher weigerte sich, weiterzufahren, es sei denn, ich erklärte mich einverstanden, ihm doppelt so viele Rupien zu zahlen, wie vor Fahrtbeginn vereinbart wurden. Am Bahnhof hatte er natürlich Konkurrenz gehabt, aber hier unter einem Baum voller Affen nicht. Er wollte mir einen Schrecken einjagen und das war ihm geglückt. Entweder erklärte ich mich bereit, ihm das Doppelte zu bezahlen oder er würde mich hier bei den Affen sitzen lassen. Der neue Preis war um ein Sechsfaches zu hoch, dabei hatte er ursprünglich schon dreimal so viel verlangt, wie er eigentlich gedurft hätte. Ein Mann wäre ihm mit dem Stock zu Leibe gerückt. Wieder einmal ein Beispiel für den mangelnden Respekt des Orientalen gegenüber Frauen.

Einer der Affen wollte sich meinen Hut schnappen und tatsächlich hatte ich es eilig nach Amber zu kommen.

»Na schön«, gab ich nach, »fahr weiter – aber keine weiteren faulen Tricks.«

Der alte weiße Marmorpalast war ein Traum. Grüne Sittiche flatterten über den Dächern und vor den aus Stein oder Marmor gehauenen Fenstern. Die Haremsgemächer hatten kleine Rillen im Boden, durch die kühlendes Wasser floss – eine sehr frühe Version unserer Klimaanlage. Und es gab auch einen geheimen Garten – natürlich verwildert.

Nach diesem Festschmaus für Augen und Seele, kehrten wir nach Jetpur zurück, wo die endgültige Schlacht gegen den Kutscher geschlagen wurde. Die britische Polizei stand am Bahnhof und die Einheimischen fürchteten sich vor ihr. Als mein Kutscher endlich merkte, dass man mich nicht ausnutzen durfte, schlug das Pendel in die andere Richtung und gegen ihn aus. Plötzlich war er sanft wie ein Lamm.

Die Bahnhöfe in Indien sind so kompliziert, dass sie mich an den Turm zu Babel erinnern. An einem Wasserhahn stand ein Schild »Wasser für Mohammedaner«; an einem anderen »Wasser für Hindus«, und am nächsten »Wasser für Christen.«

Als Kosmopolitin trank ich Bier.

Die Häuser in Jetpur nahmen meinen Blick gefangen. Sie waren sehr hübsch. Auch das winzigste Häuschen war von einer kräftigen rosa Farbe und gelegentlich war sogar das Bild eines schelmisch blickenden Elefanten darauf gemalt. Oder der Palast des Windes, der für eine Lieblingsharemsfrau gebaut worden war und so viele Jalousien hatte, hölzernen Vorhängen ähnlich, dass der Wind hindurchpfiff, sanfte und beruhigende, melodiöse Geräusche machte.

Mitten auf der »Hauptstraße« sah ich vier Tiger in einem Käfig. Keine Zirkustiere, die so zahm sind, dass sie sich sogar von Motten das Fell zerfressen lassen. Diese kamen direkt aus dem Dschungel und rüttelten so heftig an den Gitterstäben, dass man das Gefühl hatte, diese müssten allein aufgrund des furchterregenden Fauchens nachgeben. Sie gehörten dem Rajah. Er und seine Jäger hatten sie lebendig eingesperrt und ich habe nie schönere Tiere gesehen. In einigen Teilen Indiens sterben mehr Menschen durch Tiger, als an irgendeiner anderen Todesursache.

Heilige Kühe (dem Hindu sind alle Kühe heilig) liefen überall in Jetpur herum, machten an verschiedenen Lebensmittelgeschäften Halt, wo sie überheblich und unverschämt Reis oder Bohnen aus offenen Säcken fraßen. Auf dem britischen Schiff von Rangun nach Kalkutta hatte häufig »Höcker« auf der Speisekarte gestanden – der Höcker des nicht heiligen indischen Ochsen. Später las ich einiges über orientalische Religionen und in Wilkins' *Mythologie der Hindus* wird erklärt: »Es heißt, Brahma habe gleichzeitig Kühe und Brahmas geschaffen. Den Brahmanen für die Anbetung und die Kuh für Opfergaben; Kuhdung wird für verschiedene Reinigungsrituale gebraucht. Einmal im Jahr wird die Kuh verehrt – die Kühe werden bemalt und anschließend in den Flüssen gebadet. Einige beten die Kuh täglich an.«

Durch soviel Religion ist Indien schmutzig, besonders abseits der Berge und im Sommer. Wenn man durch die Straßen der Kleinstädte geht, liegen überall Mangoschalen und Melonenrinden herum und Fliegen brummen freizügig durch den Dreck – ach, diese Fliegen! Schönheit und Elend Seite an Seite in scheinbar zeitloser Alltäglichkeit. Indien befördert all das. Und immer, wenn man es verlässt, spürt man seinen Sog, vorausgesetzt man hat auch einmal Zeit im Inland verbracht. Aber ich wollte Siam bereisen, bevor wegen des Kriegs alle Grenzen dicht gemacht würden.

Ruinen, menschliche und andere

Siam war noch neutral und als ich Bangkok besuchte, lagen dort viele deutsche Schiffe und warteten ab. Wie sich herausstellte, sehr lange, denn Siam erklärte Deutschland 1917 den Krieg. Unser Schiff machte an verschiedenen Reisfarmen am Fluss entlang Halt, um Säcke voll Reis aufzunehmen und ein bisschen war das, wie wenn der Milchmann seine Runde macht. Vom Fluss aus sah man viele pagodenartige Tempel und in Bangkok viele buddhistische Priester. Ihre Köpfe waren kahlrasiert und sie trugen gelbe Gewänder. Sie gingen mit Schüsseln umher, bettelten bei den Gläubigen und allen anderen, die sie um etwas zu essen angingen. Beim Anblick so vieler Priester fragte ich mich, ob der Laienstand verloren war. Aber nein. In Siam sind Männer verpflichtet, einige Jahre als Priester zu leben, so wie sie in Europa ihren Dienst als Soldaten ableisten müssen. Die Frauen dagegen halten noch immer ihre Haare kurzgeschnitten im Gedenken an die Zeit, als viele Männer in der Schlacht getötet wurden. Damals schnitten sich die Frauen die Haare ab, um wie Männer auszusehen, anschließend stiegen sie auf die Mauern, kämpften gegen den Feind und gingen als Siegerinnen hervor. Das alles ist hunderte von Jahren her, aber seither haben sie ihre Haare nicht mehr wachsen lassen.

Als ich die heiligen weißen Elefanten im Palast von Bangkok sehen wollte, wurde ich gefragt, ob ich eine spezielle Erlaubnis oder eine Eintrittskarte hätte.

»Nein, habe ich nicht.«

»Dann dürfen Sie nicht herein.«

Ich spazierte um den Palast herum und verfolgte eine Idee – die Ideen dürfen einem nicht ausgehen, will man auf Reisen nicht enttäuscht werden. Man muss ständig Himmel und Erde in Bewegung setzen (wenn auch nur in Gedanken). Mir fiel ein, wie ehrfürchtig die Beamten des Orients reagierten, sobald sie es mit einem Konsulat oder einer Botschaft zu tun bekommen, und so sah ich noch einmal meine Tasche durch. Darin fand ich die Karte eines alten Abenteurerfreundes, der damals Konsul für Panama in Hongkong war. Er hatte mir auf seiner Konsulatskarte eine gute Reise gewünscht, und mir diese, an einen Strauß Blumen gebunden, bei meiner Abreise aus Hongkong geschickt.

Also kehrte ich zurück zum Eingang zu den weißen Elefanten und überreichte die Karte. Unverzüglich umschwirrten mich dienstеifrige Beamten, die mir alles zeigen wollten. Erstaunt stellte ich fest, dass die vier weißen Elefanten keinesfalls weiß waren, sondern nur hellgrau mit weißen Flecken.«

»Nichts ist erfolgreicher als der Erfolg.«

Über die weiße Elefantengeschichte lernte ich einen hohen Beamten kennen, der mich einlud, dem Ende einer Elefantenjagd beizuwohnen, wenn die Tiere aus dem Dschungel in ein Gehege getrieben werden. Keine große Jagd wie die früheren siamesischen Könige sie veranstaltet haben, aber dennoch sehr spannend. Die armen Elefanten kamen über labyrinthisch verschlungene Pfade in die Gehege, trompeteten entsetzt und stießen traurige Schreie und Klagen aus, als sie begriffen, dass sie gefangen und von ihren egoistischen gezähmten Verwandten, die die Menschen als Lockvögel benutzt hatten, hereingelegt worden waren. Kein Wunder, dass die wilden Elefanten heulten. Die Zuschauer, alle vollständig eingestaubt, heulten ebenfalls. Die Aufregung war groß. Freiheit ist ein schwer zu wahrendes Gut, auch für die Dschungelbewohner und manchmal ist das Leben die Hölle: ein ewiger Boxkampf, man muss sich beeilen aufzustehen, bevor man ausgezählt wird.

Ich verließ Bangkok mit nur einer einzigen Garnitur Wechselwäsche und reiste mit dem Zug nach Ayutthaya, der antiken Hauptstadt Siams. Ich wollte Tempelruinen und Statuen im Dschungel sehen, von denen ich gehört hatte. Ich wusste, dass sie sich mehrere Meilen entfernt an einem Kanal befanden und so wollte ich in Ayutthaya ein Kanu mieten. Dutzende von Schiffern hätten mich um ein Haar über Bord gestoßen, jeder tat sein Bestes, die Ausländerin um ein Fahrgeld anzugehen. Ich nahm an, sie wussten, wenn eine Ausländerin nach Ayutthaya kam, was selten genug war, dann um die Ruinen zu sehen. Schließlich durfte ich mich friedlich in ein Kanu setzen und mein Boots-Mann paddelte, begleitet von den Schreien und Beschwerden der anderen, davon.

1915 waren diese Ruinen kein »Hollywood-Set.« Sie waren praktisch begraben. Dem großen eisernen Buddha wuchs ein Baum aus dem Mund, Schlingpflanzen umspielten seine Augenbrauen und aus seinen Ohren spross üppige Vegetation. Seit damals wurde der Dschungel um die Ruinen herum bereinigt und ach, jetzt sind sie auf der Karte eingezeichnet. Nie wieder wird man mich zu dem Schotten bringen – die Fahrtkosten sind gewiss gestiegen – und überall tummeln sich Fremdenführer.

Als ich wieder nach Bangkok zurückkehrte, beschloss ich, mir Niederländisch-Indien systematischer anzusehen, da Holland neutral war. In Kriegszeiten stieß man an der Grenze zu feindlichen Ländern häufig auf rote Absperrungen.

VII

NIEMANDSLAND IM OSTEN

Die Gewürzinseln

Die »Südsee« war schon 1915 sehr beliebt, aber Niederländisch-Indien noch immer recht unbekannt oder als wild,
von Kannibalen bevölkert und barbarisch verschrien. Daran war durchaus etwas Wahres, aber in einer Welt, in der
Krieg herrschte, schienen mir die Risiken auf Java, den Molukken und anderen zu Holland gehörenden Südseeinseln
relativ gering. Nicht, dass die gewöhnlichen Spekulationen
und Sorgen spurlos an den Menschen vorbeigegangen wären. Auch hier wurde geredet, viele hatten Angst und dachten, Holland verbünde sich nur deshalb nicht mit Deutschland, weil die Inseln solch leichte Beute für die Briten wären. Auch Japan machte ihnen damals schon Sorge. Man
hörte von deutschen Operationen von Java, Borneo und
Neuguinea aus. Aber auch ohne Kriegsfieber galten die Inseln für Touristen (wie ich dieses Wort hasse) als viel zu gefährlich.

Selbst der niederländische Konsul in Batavia schlug entsetzt die Hände über dem Kopf zusammen, als ich ihn um
die Erlaubnis bat, sie zu besuchen. »Fahren Sie auf die Molukken, wenn Sie wollen«, stammelte er in gebrochenem Englisch, »aber bitte nicht nach Niederländisch-Neuguinea. Dort
wird man Bifsteak aus Ihnen machen.«

»Ich hoffe, man löst das Frischfleischproblem dort anders als bei den Abessiniern«, erwiderte ich. »Wenn die ein Rindersteak wünschen, schneiden sie es sich aus dem Hinterteil des armen lebendigen Tiers, das sie gerade über die Straße treiben.«

Schließlich erteilte er mir die Erlaubnis. Ich musste nur ein Schiff finden, das mich aufnehmen würde. Zunächst kam ich bis Soerabaja auf Java und hatte reichlich Zeit, mich dort umzusehen, während ich auf eines der Schiffe wartete, das unterwegs zu den Molukken an einem Dutzend Inseln anlegte, um dort Geschäfte zu tätigen.

Obwohl ich wie immer ungeduldig war, wuchs Java mir ans Herz und besonders auch der Mangobaum, der knapp außerhalb meiner Reichweite vor meinem Fenster wuchs. Die goldenen Mangos hingen an blattlosen Stielen, wie Kugeln an einem Weihnachtsbaum. Kleine rotschnäbelige Vögelchen, von den einheimischen »Reisdiebe« genannt, hingen ebenfalls dort und freuten sich über die Abwechslung auf ihrem Speiseplan. In Java gibt es einen Überfluss an Farben.

Wenn uns die tropische Hitze zusetzte, fuhren wir nach Tosari am Fuße des Bromo. Dieser aktive Vulkan wird von den einheimischen Tengger verehrt, die auf der anderen Seite des Bergs von Tosari aus gesehen leben. Manchmal werfen sie Kupfermünzen in den Krater und murmeln dabei etwas vor sich hin, das sich nur schwer vom Grollen des Bromo unterscheiden läßt.

Während ich dort wildem Federvieh zusah, gesprenkelten Hühnern, die durch das Gestrüpp huschten, begegnete mir ein Amerikaner aus Borneo. Er hatte viele Jahre in Balikpapan gelebt und gearbeitet, wo es Ölfelder gibt, und sich dort das Schüttelfieber zugezogen. Wir redeten und er wirkte ganz gesund. Dann fing er plötzlich heftig an zu beben und zu zittern und musste sich setzen. Zehn Minuten später war es vorbei, und er redete dort weiter, wo er stehengeblieben

war. Seine Mutter und sein Vater hatten ihm eine kleine altmodische Kamera geschickt, die sie wohl in ihrer Jugend
selbst benutzt hatten. Er warf sich ein schwarzes Tuch über
Kopf und Kamera, wenn er eine Aufnahme machte. Aufgrund der Schüttelei, weil es keine sehr gute Kamera war
und wegen des Regens wurden die Bilder aber nicht sehr gut.
Es gab so viele Regenfälle, dass mein Hut zu schimmeln anfing. Ich konnte nur hoffen, dass mein Kopf verschont blieb.

Nachdem wir Tosari verlassen hatten, reisten wir gemeinsam weiter, da auch er Java sehen wollte. Selbst im Zug hatte er Schüttelanfälle. Dennoch hegte er nicht das geringste
Verlangen, nach Amerika zurückzukehren. Borneo war sein
Fleckchen Heimat. Besonders gut gefiel ihm seine »Schießlo-
ge«, eine Hütte im Dschungel, auf einem Gebiet, auf dem es
vor großen Orang-Utans nur so wimmelte und es nicht ungewöhnlich war, dass Menschen die Hütte verließen und niemals zurückkehrten. Einmal hatte er einen sehr bösartigen
Orang-Utan töten müssen. Als er ihm das Herz herausschnitt
und es auf einen Baumstumpf legte, hatte es noch lange wei-
tergeschlagen. Ich war gerade erst aus Borneo gekommen,
aber alle waren so in Sorge wegen des Kriegs, dass man dort
gar nichts unternehmen konnte. Auf dem Schiff von Singapur nach Borneo gingen ständig die Lichter aus und man
suchte Mienen. Ich hatte einen Sonnenstich bekommen und
wollte so bald wie möglich nach Java aufbrechen. Am ein-
dringlichsten sind mir die Schrumpfköpfe der Kopfjäger von
Borneo in Erinnerung geblieben, sie glaubten, damit auch
den Geist des Opfers zu »verkleinern«. Nach einer Weile kam
ich mir selbst ein bisschen geschrumpft vor.

Im Eingeborenenstaat von Yogyakarta sahen wir den
wundervollen alten Hindutempel. In Buitenzorg, wo es jeden Tag ein bisschen regnet, spazierten wir durch den
schönsten botanischen Garten der Welt. Alles war tropisch
bunt, angefangen von den herrlichen Seerosen bis zu den

feilgebotenen Broschen – schimmernden grünen Käfern auf Nadeln – und hübschen alten Kris, die javanesischen asymmetrischen Schwerter.

Schließlich überredete ich einen Kapitän, mich nach Bali und auf die Molukken mitzunehmen. Ich war der einzige Passagier. Egal, wie viel Sauberkeit man den Niederländern nachsagt, der kleine Dampfer war mit fünfzehn Zentimeter langen Kakerlaken verseucht. Die einzige Möglichkeit von diesen schrecklichen Kreaturen in Frieden gelassen zu werden, bestand darin, einen Nachttopf mit Urin aufzustellen. Es ist ihr Vitamin Z und lenkt sie davon ab, einem die Zehen anzuknabbern. Das ist kein Märchen. Wenn das Licht ausfiel, was jede zweite Nacht passierte, ereignete sich etwas, das sich nicht einmal mit der Hölle vergleichen lässt. Obwohl in Dantes »Inferno« keine Kakerlaken vorkommen, sind sie nichtsdestotrotz kleine Teufel. Vielleicht war er nie auf einem niederländischen Schiff über die Südsee gereist.

Bali war noch nicht von Kreuzfahrtschiffen angelaufen worden und auch von dem ganzen restlichen Tamtam verschont geblieben, das den natürlichen Charme der Einheimischen zerstört. Ich hätte mich niemals nur so zum Spaß auf eine »Kreuzfahrt« begeben können und weiß wirklich nicht, was man dabei macht. Ich reise nur herum und sehe mir so viel wie möglich an, schließe zurückhaltend Freundschaften, sofern der Wunsch auf Gegenseitigkeit beruht. Erstaunlich, wie häufig die Einheimischen sich gegenüber einfachen Menschen wie sie selbst es sind, überaus freundlich verhalten.

Auf Bali spazierte ich meilenweit ohne einem Ausländer zu begegnen, den ganzen Weg vom Hafen von Beoleling bis Singaraja. Dafür starrten mich viele Steingötter mit schrecklichen Fratzen an. Es war der Geburtstag der holländischen Königin und weil die Malaien gerne feiern, war es ein *richtiger* Feiertag. Ich folgte der Menge in Singaraja, und eine weitere Menge folgte mir, höflich, aber neugierig, wie Kinder, die einem Orgelspieler hinterherlaufen. Seltsame Kapellen mit Gamelan-Spielern ließen die Luft zu sanften Bambus-klängen vibrieren, ähnlich wie die lieblichen Marimbas in Guatemala. Zum ersten Mal hörte ich eine Marimba-Kapelle bei einem Fest auf einer Zuckerplantage in Guatemala. Der Leiter war ein Franzose. Ich hatte ihn zuvor auf Mauritius kennengelernt und wir waren schreibend in Kontakt geblieben. Es gab ein schickes Schwimmbecken, aber der Rest seiner Plantage in Guatemala erinnerte mich daran, wie es bei uns vor dem Bürgerkrieg im Süden ausgesehen haben musste. Er war der Herr und Meister des Anwesens und die Eingeborenen lebten in Hunderten von Hütten. Die Gäste, hauptsächlich Konsulatsvertreter, kamen auf Pferden angeritten. Die Marimbaspieler traten im Frack auf, trugen dazu aber kühle Baumwollhemden und -hosen, dazu große mexikanische Hüte. Jedem hing eine Zigarette im Mundwinkel, aber, oh, was konnten sie spielen – und zwar die ganze Nacht lang.

Die braungebrannten Männer und Frauen hatten sich in Sarongs aus kühlendem Hellbraun, einige mit Batikmuster, andere einfarbig gehüllt, die Stoffe wurden um die Taille gewickelt, wodurch sie wie kurze Röcke aussahen. Malerische weiße Turbane betonten die wie in Bronze geschnitzten Köpfe. Selbst die Ochsen waren symbolisch mit vergoldetem Kopfschmuck ausstaffiert, sahen aus, als wollten sie pflügen.

Der Osten ist der Osten und obwohl sich die verschiedenen Orte und Gegenden untereinander in Bezug auf Gepflogenheiten, Kleidung und alles Mögliche andere unterscheiden, so ist die Hauptstraße des Lebens doch immer eine orientalische. Nach den vielen Jahren, die ich in orientalischen Ländern zwischen Orientalen gelebt habe, erkenne ich das orientalische Thema selbst dort, wo es vermeintlich abweicht. Was über den Charme und die Schönheit sowohl der

117

Frauen wie auch der Männer auf Bali geschrieben wird, ist kein Mythos. Ich verließ die Insel – wie so viele andere – mit dem Gefühl, dass es nichts Zauberhafteres auf Erden gibt, als eine gewisse kindliche Einfachheit.

Wie steht es in der Bibel geschrieben? »Wahrlich ich sage euch, wenn ihr nicht werdet wie die Kinder, so werdet ihr nicht ins Himmelreich kommen.«

Entzückend ist als Umschreibung für Niederländisch-Indien nicht ausreichend. Zusätzlichen Zauber haben die Inseln dadurch, dass sie von plätschernden Wellen umgeben sind. Um die Molukken herum ist das Wasser allerdings ungewöhnlich still und farblich wunderschön schattiert! An manchen Stellen ragen weiße Sandbänke aus dem Wasser und ringsum, wo es seicht ist, finden sich Grün- und Blautöne in allen Schattierungen. Und es gab winzige Sandinseln, einige nur wenige Schritte groß, aber mit Bäumen bewachsen, besonders entlang der Küste von Niederländisch-Neuguinea.

Unser Schiff hatte ein Beiboot für den Landgang und auch zum leichteren Be- und Entladen. Anlegestellen waren selten und wir waren immer das einzige Schiff im Hafen. Ein niederländischer Offizier fungierte als Steward, Frachtmeister und alles andere in einem: eine Ein-Mann-Besatzung.

Auf Lombok nahmen wir Schweine an Bord, jedes in einem Korb gerade so groß wie es selbst. Um Platz zu sparen, wurden die Körbe allesamt aufeinander gestapelt. Sie erinnerten mich an Buddelschiffe. Jedes sah aus, als wäre der Korb um das Tier herum geflochten worden, buchstäblich eine Katze im Sack, nur dass es eben Schweine in Körben waren. An einem anderen Ort nahmen wir Hirschgeweihe auf, außerdem Gläser voll Kai-Puty-Öl und Acabaja, beides gut gegen Rheumatismus. Acabaja ist eine Wurzel vom Meeresgrund und viele Einheimische tragen Armbänder daraus.

In Macassar folgte ich zu Fuß einem schmalen Pfad bis zu einem Bahnhof, wo ein kleiner Zug zur Abfahrt ins Landesinnere bereitstand. Ich stieg ein und fuhr drei Stunden lang in ein echtes malaysisches Dorf. Die verschlafenen Menschen in ihren knappen, bunten Sarongs, verliehen der verträumten Szenerie eine bizarre Note. Als ich mich von dem winzigen Bahnhof entfernte, sah ich Menschen, die mich aus fensterartigen Öffnungen zwischen Bambusstäben hindurch betrachteten. Nachdem wir uns gegenseitig angegrinst hatten, riefen die Einheimischen die Hunde zurück und wir verbrachten einen sehr netten Nachmittag miteinander, unterhielten uns in Zeichensprache.

Das weltweit kleinste Rind – manche Tiere sind nicht größer als ein Neufundländer – findet sich auf Celebes.

Und ich werde niemals diesen einen Tag in Timur vergessen, einer halb portugiesisch, halb niederländischen Insel. Sie lag so weit ab vom Schuss, dass die Frauen dort ihr Garn noch auf althergebrachte Weise gesponnen haben. Ich lernte eine Frau kennen, die gerade damit beschäftigt war. Als ich an ihrer Grashütte vorbeiging, bekam ihr zahmer Sittich Angst und flog in den Dschungel davon. Ich half ihr bei der Suche und schließlich fingen wir ihn wieder ein. Das musste gefeiert werden, wir tranken Milch aus Kokosnüssen und dabei lernte ich die malaysische Dame und ihren aufsässigen Sittich besser kennen.

Auf Ternate, einer anderen wunderschönen Insel, lagen die Hütten der Eingeborenen aufgereiht wie eine Kette gelber Perlen unten am Strand, am Fuß eines malerischen kleinen Vulkans.

Auf Cerum, einer großen, an Ölvorkommen reichen Molukkeninsel, folgte ich einer Pipeline in den Dschungel ohne Angst, mich zu verlaufen. Zwei kleine weiße Papageien waren neugierig und ließen sich auf einem blattlosen, abgestorbenen Baum nieder, so nah bei mir, dass ich sie beinahe hätte berühren können. Ich beobachtete sie mucksmäuschenstill, bis sie schließlich schreiend davonflogen. Auch große cremefarbene Schmetterlinge flatterten vorbei, schließlich zog ein Gewitter auf und ich versteckte mich unter den Wurzeln eines Canari-Baums, wo es so geräumig war wie in einem Apartmenthaus.

Die Molukken waren alle zauberhaft, frisch und unverdorben, aber Amboina (viele tragen noch die alten portugiesischen Namen) war mir besonders lieb, mit dem wunderschönen Strand und dem süßen Duft, den der Wind bereits zu uns herüberwehte, lange bevor wir vor Anker gingen.

Laut Geschichtsschreibung ermordeten die Niederländer alle portugiesischen Händler auf Amboina, um die Insel als Stützpunkt zu verwenden und von dort aus die Herrschaft über die restlichen Molukken an sich zu reißen. Zuerst wussten sie nicht, dass sich auf der Insel eine der größten Gewürznelkenplantagen von ganz Indien befand. Als sie dies begriffen, glaubten sie auf ein Vermögen gestoßen zu sein (die Nelken, die 1500 mit einem der Schiffe Magellans nach Europa kamen, brachten mehr ein, als die gesamte dreijährige Expedition gekostet hatte). Aber es gab auch auf anderen Inseln Nelken und so fuhren die Niederländer nachts in langen, schlanken malaysischen Praus hinaus und setzten die Gewürzbäume auf den Inseln der Bandasee in Brand. Sie wollten das Monopol haben, um die auf Amboina angebauten Nelken teurer verkaufen zu können. Natürlich konnten sie nicht gleichzeitig alle Bäume auf allen Inseln niederbrennen und so zündelten sie, immer wenn es möglich war. Häufig war es nachts taghell wegen der lodernden Flammen. Die Einheimischen hatten jedoch etwas dagegen, dass ihre wertvollen Nelken verbrannt wurden. In Ostindien pflanzt man bei der Geburt jedes Kindes einen Nelkenbaum, wird dieser niedergebrannt oder auf andere Weise zerstört, ist das ein Zeichen dafür, dass dem Betreffenden selbst ebenfalls in Kürze der Tod bevorsteht. Daher bekamen die Niederländer viele vergiftete Pfeile in den Rücken. Die Unterdrückung der

Einheimischen durch die Europäer, aus purer Gier, hat zum Tod tausender von Einheimischen geführt.

Die Niederländer träumten aber nicht nur von einem Monopol im Nelkenhandel, sie wollten es auch auf die Muskatnüsse ausweiten. Bevor die Muskatnüsse verschifft wurden, legte man sie drei Monate lang in Kalk ein, so dass sie eine weiße Kalkschicht bekamen. Selbst heute werden sie noch geweißt, weil das inzwischen so Brauch ist. Aber die Franzosen waren schlauer als die Niederländer. 1769 besuchte der französische Gouverneur von Mauritius den Gouverneur von Amboina und steckte sich heimlich Nelken- und Muskatsamen in die Taschen. Wenig später tat es ein Engländer ihm gleich und pflanzte die Samen in Penang. Deshalb gib es heute sowohl niederländische, französische wie auch englische Gewürznelken und Muskatnüsse.

All das ist lange her. Heute sind Nelken kein Auslöser mehr für Kriege und die Niederländer regieren Amboina friedlich. Die Eingeborenen dort sind sehr nett und freundlich, wie so viele unverdorbene Eingeborene auf der ganzen Welt.

VIII

ZWISCHENSPIEL

Ist schon eigenartig mit Eltern! Als ich Weihnachten 1916 nach Hause fuhr, hatten sie sich überlegt, dass ich bleiben sollte, bis der Krieg zu Ende sei und geglaubt, ich würde mich bis dahin gewiss daran gewöhnt haben und den Rest meines Lebens sesshaft bleiben. Nach dreißig Jahren des Vagabundierens versuchten Ma und Pa immer noch eine feine Dame aus mir zu machen.

Knapp drei Jahre blieb ich also in San Francisco. Anfang 1917 kaufte ich ein herrliches Strandhaus auf einer Insel in der Bucht. Eine Zeit lang war das gar nicht schlecht. Die Hälfte des Hauses ragte über das Wasser hinaus und ich staffierte die Räume mit einigen der seltenen und wunderschönen Kuriositäten aus, die ich hin und wieder aus der ganzen Welt nach Hause geschickt hatte. Aber auch das reichte mir nicht und so besorgte ich mir ein kleines Boot mit Außenbordmotor und erkundete die Bucht. Als mir auch das zu eng wurde, bekämpfte ich meine Unruhe mit einem sechzehn Meter langen hochseetauglichen Boot. Dann fuhr ich weiter hinaus – kreuzte um die Inseln vor der südkalifornischen Küste, auf einer entdeckte ich sogar Wildschweine – offensichtlich Nachkommen von zwei Exemplaren, die aus Spanien herübergebracht worden waren, als Santa Cruz noch eine zu Spanisch-Kalifornien zählende Gefängnisinsel war. Aber auch die Bootsfahrten verloren ihren Reiz. Ständig schaute ich durch die Bullaugen und hielt nach Palmen Ausschau.

Natürlich hatte ich viele Freunde und wir feierten fröhliche Feste in meinem Haus oder auf dem Boot. Im Winter saßen wir vor dem zwei Meter breiten Kamin und kochten Krabben, die wir direkt von der Veranda aus fingen, in einem großen Kupferkessel über dem Feuer. Wir redeten stundenlang bis tief in die Nacht und dann konnte ich nicht schlafen, wegen all der Sehnsüchte, die die Unterhaltungen geweckt hatten.

Als ich von meinem Heimweh nach dem Orient erzählte, zeigte mir einer meiner Kindheitsfreunde Chinatown. Er führte mich an Orte dort, die kaum je eine weiße Frau gesehen hat – diese rein chinesischen Viertel ähnelten Peking sehr.

Trotzdem war ich nicht dazu geschaffen, an einem Ort zu verharren. Selbst jetzt, nachdem ich sechzehn Mal auf allen möglichen Wegen und unter allen möglichen Umständen um die Welt gereist war – mit zu viel Geld oder zu wenig – oder sogar, du liebe Güte, ganz ohne – wollte ich immer noch weiter.

Einigen Menschen macht es Spaß, Mücken zu zerquetschen, andere jagen Schlachtschiffe in die Luft oder erschüttern die Welt mit Kriegsdrohungen. Egal, wie der Plan lautet, kaum ein Mensch ist wie der andere, und der Drang, der mich an den Yukon führte, bewegt auch ein kleines Entlein zu seinem ersten Schwimmversuch. Er hat mich dazu gebracht, Hindernisse zu überwinden, die Stubenhocker für unüberwindbar halten.

Soll die Ameise ruhig ackern. Ich kann nicht nur auf einem einzigen Hügel verweilen.

Als der Krieg vorüber war (war er das wirklich?), verkaufte ich das Haus, die Boote und alles, was dazugehörte so schnell, dass ich weniger dafür bekam, als sie wert waren.

Aber ich hatte das Gefühl, sofort abreisen zu müssen, um nicht durchzudrehen.

Doch dann, gerade als ich fort wollte, wurde Mutter sehr krank. Ich blieb fast zwei weitere Jahre in San Francisco bei Ma und Pa. Damals war ich nicht ruhelos, sondern schwor, ich würde noch länger bleiben, wenn Ma nur wieder gesund würde. Wenn sie nachts schrie, warf ich die Krankenschwester hinaus und versuchte Ma zu beruhigen. Aber ihre Zeit war gekommen, und sie konnte mein Angebot, endlich eine »sesshafte Dame« zu werden, nicht mehr annehmen.

Danach blieb ich noch eine Weile bei Pa und nachdem alle Vorkehrungen getroffen waren und er versorgt war, fuhr ich nach New York, wo ich mich mit Walter traf und mit ihm gemeinsam nach Europa segelte. Der gute alte Walter. All die Jahre seit unserer ersten Begegnung in Guatemala hatten wir uns geschrieben. Er wusste, wie schwer es mir gefallen war, so lange an einem Ort zu bleiben und Ma zu verlieren.

Von London flogen wir nach Paris. Flugreisen waren damals neu. Es war mein erster längerer Flug. Sechs Wochen lang reisten wir durch das schwer gebeutelte Europa und anschließend eilte ich nach Hause zu meinem nach fünfzig Jahren des Zusammenlebens mit Ma armen einsamen Vater.

Ich blieb nicht lange fort von ihm, bis ich ihn allmählich entwöhnt hatte, aber dann fuhr ich erneut nach Europa – durch den Panama-Kanal.

Von Ma und Grandma hatte ich Geld geerbt und überlegte eine Zeit lang in Paris zu bleiben und mir gemütlich alles anzusehen, was man sich ansehen sollte – Kathedralen, den Jardin du Luxembourg und so weiter. Aber ich war bereits zu häufig dort gewesen, als ich noch für Geld aufgetreten war, um weiterreisen zu können, und hatte nicht die Ruhe, mir Notre Dame und die anderen Sehenswürdigkeiten anzuschauen. Meine Besichtigungen wurden immer wieder von Erinnerungen unterbrochen. Nicht an Paris, an andere Orte.

125

Paris habe ich abgesehen von meinem ersten Aufenthalt im Quartier Latin eigentlich nie besonders gemocht. Die französischen Männer auch nicht. Ach, manche Franzosen sind gute Menschen, aber Paris ist eine schreckliche Stadt – ganz ähnlich wie New York. Ich bin lieber im Dschungel. Eine Großstadt ist wie die andere. Ich mag sie alle nicht.

Ich konnte mich also nicht auf alte Kirchen und ähnliches konzentrieren. Als ich zum Beispiel in einer berühmten Kathedrale saß, wurde mir bewusst, dass ich an den spanischen Stierkämpfer dachte, der sich einst für mich interessierte. Armer Kerl.

Dabei fiel mir Mexiko City ein, wo ich erlebt hatte, wie eine Stierkämpferin tödlich verunglückt war. Sie hatte das Tier aus dem Ring gejagt, war aber wieder zurück in die Arena gesprungen und als das Publikum schrie, sie solle sich umdrehen, dachte sie, man würde ihr Beifall spenden. Sie wurde aufgespießt, als sie sich vor der Tribüne verbeugte.

Ich transportierte mich wieder in die Realität zurück und ging weiter.

Bei den Folies Bergère dachte ich an die Dinge, wegen derer ich eine ganze Nummer verpasste. Jahre bevor ich die ehemalige Königin von Madagaskar bei den Folies kennenlernte. Die französische Regierung hatte ihr eine Fahrkarte nach Paris geschenkt – im Austausch gegen ihre Insel. Eine wunderschöne Pantherfrau. Sie wollte nach Marokko, wohin auch ich wollte, um in einem Club in Marrakesch aufzutreten, der von einer Frau geführt wurde, die ich aus Peking kannte.

»Wieso willst du weg aus Paris?«, fragte sie. »Hier gibt es Arbeit.«

»Ich bin keine Katze, die auf flauschigen Teppichen in der Stadt sitzen und um Milch schnurren kann«, erwiderte ich und zitierte Kipling mit »Du hast gelesen, du hast gehört, aber was hast du gemacht?« Ich sagte: »Außerdem muss ich weiter und was sehen.«

»Dann fahre ich auch.« Und ich war so verdutzt, dass ich mich einverstanden erklärte.

Teilweise verschleiert und als maurische Mädchen verkleidet, saßen wir auf den Diwans des Clubs, schlürften starken Kaffee oder rauchten Wasserpfeife. Im Wasser schwammen Blütenblätter und wenn ich Dampf einsog, tanzten sie. Manchmal, wenn ich Amerikaner oder Engländer reden hörte (die nicht wussten, dass ich sie verstand), verhielten sich die Blätter wie auf rauer See und meine Lungen wurden müde – aber mein Gemüt beruhigte sich, sobald diese Touristen wieder weg waren.

Ich hatte schon einmal einen Abstecher nach Marokko gemacht, als man eigentlich gar nicht ins Land durfte. Damals hatte ich einen jungen Amerikaner getroffen, der für ein großes Versicherungsunternehmen in Lissabon arbeitete. Es war gewagt, aber wir versuchten es trotzdem, kamen jedoch nicht sehr weit. Man zwang uns zur Ausreise. Daran wollte ich jetzt nicht denken. Also dachte ich wieder an die Vorstellung.

Als ich nach den Folies wieder in mein Hotel zurückkehrte, stand in den Zeitungen etwas über Marokko. Ich konnte nicht alles verstehen, aber ich fand: wenn mir selbst bei den Folies Marokko einfiel und ich gleich darauf den Namen in der Zeitung las, dann musste das ein Omen sein. Ich wollte es noch einmal versuchen!

IX

Auf der Käsekiste

Anfang der zwanziger Jahre stand der Franc niedrig und ich kam mir reich vor. Also flog ich am nächsten Tag aus dem französischen Toulouse ins spanische Malaga. An Bord befanden sich nur die Post, der Pilot und ich, dabei kam ich mir vor, als säße ich auf dem Mond. Ein Sturm tobte über den Pyrenäen. Der Flughafen von Malaga befand sich weit außerhalb und die einzige Möglichkeit, früh morgens in die Stadt zu kommen, war mit einem winzigen Straßenkarren, der von einem erschöpften Maultier gezogen wurde. Vom erhabensten zum lachhaftesten aller Transportmittel. Von Malaga aus flog ich über das Mittelmeer nach Rabat und anschließend nach Fez.

Fez war wenige Jahre zuvor noch verboten gewesen, so wie Lhasa und Mekka. Wie gut konnte ich mich noch an die Mischung aus Angst und Schmerz erinnern, die ich empfand, als ich vom Militär auf halbem Weg Richtung Fez zurückgewiesen wurde, weil die Anhänger von Rasuli, dem Banditen, sich am Straßenrand versteckten, um wissensdurstige Fremde auszurauben, zu ermorden oder zu entführen.

Nachdem ich in Fez aus dem Flugzeug gestiegen war – und mein Herz Freudensprünge machte – stieg der Pilot erneut auf, flog ein Looping und andere Kunststückchen.

»Damit verabschiedet er sich von Ihnen«, erklärte mir jemand.

»Toll«, erwiderte ich. »Aber warum hat er das nicht gemacht, als ich noch mit an Bord war?«

Am nächsten Morgen nahm mich ein anderer Flieger mit auf einen Flug über die Sahara und wir landeten bei unserer Rückkehr sehr unsanft. Wir verletzten uns nicht, aber das Fahrwerk der Maschine verzog sich, was für die Mechaniker sehr viel Arbeit bedeutete.

Ich hatte eine schöne Zeit in Fez mit den Fliegern und Piloten. Ich wohnte im selben Hotel wie sie und lernte sie recht gut kennen, wir aßen alle zusammen und hatten sehr viel Spaß. Der französische Geschäftsführer der Fluggesellschaft lieh mir seinen arabischen Diener, der mich zu Fuß durch die arabischen Viertel von Fez führte. Niemand geht je dorthin ohne einen Araber. Es war wie ein Labyrinth. Da in den Bergen um Fez herum der Krieg tobte, waren alle Straßen gesperrt und die Mauren hatten sich auf dem Marktplatz versammelt.

Wie interessant es ist, Menschen in einem fremden Land zu betrachten – die fließenden weißen Gewänder, das an einen Heiligenschein erinnernde Gebilde von einem Hut, die feine Art des Arabers der gehobenen Schicht! Ich denke an einen gutaussehenden Mauren, den ich zuerst auf einem herrlichen Pferd durch eine schmutzige Gasse heranreiten sah (in Fez sind alle Gassen schmutzig). Wir machten uns durch verstohlene Blicke und Augenzwinkern bekannt. Es war aber nicht die Person, sondern die Gestalt auf dem Pferd, die mir alles, was ich je über die Mauren in Spanien und Marokko gelesen hatte, ins Gedächtnis rief.

Auch dieser Mann stellte die Gastfreundschaft der Araber erneut unter Beweis und wollte mir mehr von Fez zeigen. Er nahm mich mit zu tanzenden Mädchen und in maurische Häuser. Ich durfte sogar ein paar Haremsdamen treffen. Wir verstanden die Sprache der jeweils anderen nicht, verständigten uns aber mit Gesten, kicherten, aßen Süßigkeiten und tranken Kaffee. Sie musterten meine Kleidung genau und redeten untereinander darüber.

Der Tag meiner Abreise war sehr grau, es regnete in Strömen und ich war überrascht, dass das Flugzeug bei dem Wetter überhaupt starten sollte, aber es war ja natürlich eine Postmaschine. Ich fuhr mit einem Laster zum Flugplatz und setzte mich in den Schuppen, knietiefer Matsch ringsum. Ich sah zu, wie es schüttete.

Die Luftfahrt steckte noch in den Kinderschuhen und die Flugzeuge waren dieselben, wie sie die Franzosen im Krieg eingesetzt hatten – für einen Mann und zwei Gewehre. Die Maschine, mit der ich flog, war offen und mein Sitz nicht mehr als eine Käsekiste. Der Pilot, ein im Krieg mit allen möglichen Tapferkeitsmedaillen ausgezeichnetes Fliegerass, sah gut aus und hatte eine Delle in der Stirn, die er sich zugezogen hatte, als er im Krieg Paris überflog und sein Propeller brach. Er war mitsamt seiner Maschine in einem Fenster im dritten Stock eines Hauses gelandet. Aber da er zu der Zeit eigentlich gar nicht in Paris hätte sein dürfen, steckte man ihn ins Gefängnis. Als er hörte, dass ich aus Kalifornien stammte, fragte er mich, ob ich seinen Freund Ralph de Palma kannte, und tatsächlich kannte ich ihn. Ralph de Palma hatte in Frankreich gearbeitet und meinem Piloten eine amerikanische Fliegermütze versprochen. Nach seiner Rückkehr in die Staaten hatte er die Mütze aber nie geschickt. Also erzählte ich dem Piloten und zweien seiner Freunde, dass ich ihnen gerne drei amerikanische Mützen als Geschenk schicken würde. Ich nahm ein Stück Bindfaden und maß bei jedem von ihnen den Kopfumfang. Später erklärte ich einem Verkäufer in einem New Yorker Geschäft, welcher Kopf sich wo an meinem Bindfaden befand und er schickte Mr. Collet, dem Geschäftsführer des Flugplatzes von Fez, die Mützen in meinem Auftrag. Wenig später erhielt ich einen begeisterten Brief von den drei Piloten, die sagten: »So herrliche Mützen hat Fez nie gesehen!«

131

Während ich auf die Ankunft unseres Flugzeugs wartete, blätterte ich in französischen Luftfahrtzeitschriften und die Mechaniker spielten Karten. Es gab eine kleine Bar und der Mann hinter dem Tresen, der zum Spaß bediente, war der Militärpilot, der die Königin und den König von Belgien nach Fez geflogen hatte. Hinter dem Tresen führte ein Mechanismus dazu, dass man einen Schock bekam, wenn man den Hand- oder Fußlauf berührte. Alle lachten und scherzten und ein Pilot gab einen Schuss aus einer kleinen Pistole ab, er feuerte in die Luft und schrie: »Cowboy!« Das einzige englische Wort, das er kannte. Cowboys kannten sie aus dem Kino und sie dachten, das müsste mir gefallen.

In diesem Moment erhielten wir einen Schock, der schlimmer war als der kleine elektrische. Ein Offizier eilte herein, sprach aufgeregt auf Französisch und ich begriff, dass das Flugzeug, auf das der Pilot und ich warteten, brennend einen Berghang heruntergerollt war. Der erst vierundzwanzigjährige Pilot war tot.

Mit welcher Gelassenheit sie den Unfall aufnahmen! »So ist fliegen«, sagten sie schulterzuckend, während ich weinte und zitterte. In diesem Jahr starben vierzehn französische Militärflieger in der Gegend um Fez. Sie mussten tief fliegen, um schießen zu können und die Feinde in den Bergen schossen sie mit Gewehren vom Himmel.

Mein Pilot bestieg das nächste und einzige weitere Flugzeug, das hereinkam, und flog mit einer Trage los, um die Überreste des Toten und die am Hang verstreute Post einzusammeln, nur zwanzig Kilometer von Fez entfernt. Ich wurde mit dem Transporter zurück ins Hotel gebracht.

In jener Nacht fühlte ich mich fiebrig. In Fez tobte der Typhus und in dem Wunsch, schnell wieder loszuwerden, was ich hatte, egal was es war, schrieb ich »Chinin« auf einen Zettel und ging in der Stadt herum, bis ich eine Apotheke mit einem Schaufenster voller Pillen fand. Der Apotheker

gab mir eine Dosis, die für ein Pferd gereicht hätte. Drei
Stunden später sauste es in meinem Kopf, als wäre ein Flugzeug darin. Am nächsten Morgen fuhr ich erneut mit einem
Transporter zum Flugplatz. Auf der Straße machten wir die
Pferde scheu und die Maultiere drehten durch. Ein von einem Mauren geführtes Tier versuchte unseren Kühler einzutreten.

Auf dem Flugplatz borgte man mir eine Brille und einen
Pelzmantel und erneut nahm ich in einer offenen Maschine
auf einer Kiste Platz. Niemand verstand das Französisch, das
ich in Indochina gelernt hatte, also drängte ich es auch niemandem auf. Stattdessen schüttelten wir uns zum Abschied
die Hände und wünschten uns alles Gute. Durch den Unfall
am Vortag und das schlechte Wetter waren die Nerven aller
angespannt. Wir sollten dieselbe Route fliegen, auf der der
Pilot umgekommen war. Während die Mechaniker das Flugzeug noch einmal überprüften, verständigten der Pilot mit
der Delle am Kopf und ich uns mit einem Augenzwinkern.
Aber es lag wenig Freude in unseren Blicken.

Endlich hoben wir ab. Schon bald flog ich über damals verbotene Orte wie Meknes und blickte auf maurische Häuser
und Haremsgärten hinunter, ihre hohen Mauern boten so
weit oben keinen Schutz mehr. Sie wirkten wie Strauße, die
die Köpfe in den Sand gesteckt hatten. Dann flogen wir weiter hinaus über die Wüste und hinauf über die schneebedeckten Gipfel des Atlasgebirges. Ein kleiner Strom, der sich unter uns schlängelte, erinnerte an einen Wollfaden mit dem
eine Katze gespielt hatte. Gewitter zogen auf und verschwanden wieder. Es blitzte und manchmal wurde die ganze Welt
schwarz. Das arme kleine Flugzeug hatte solche Mühe und
wurde so herumgeschleudert, dass ich sicher war, es würde
den Flug nicht überleben. Es schien zu zerbrechlich, um gegen die Elemente ankämpfen zu können. Der Pilot, der auf
Englisch nur »Hello« sagen konnte, schrie mir gelegentlich

etwas zu. Jedes Mal spitzte ich die Ohren. Ich war mir nie sicher, ob er sagen wollte »Mach es dir gemütlich« oder »Spring raus«.

Später erkannte ich an den Handgriffen des Piloten, dass wir notlandeten. Der Wind hatte uns die ganze Zeit wie einen Korken herumgeworfen und der Himmel war immer noch schwarz. Uns war entsetzlich kalt und elend und ich hatte schon eine Weile gewünscht, er würde irgendwo landen, wenn nötig in einem Fenster im dritten Stock.

Wir kreisten sehr knapp über den Dächern, während der Pilot und der Motor etwas in ein Militärlager am Boden herunterschrien. Schließlich kamen wir auf und es war seltsam, einfach so aus dem Himmel Gott weiß wohin zu fallen. Blitzschnell versammelten sich zwei oder dreihundert Neger um uns herum. Schließlich bekamen wir einen Karren und fuhren damit in das Wüstenlager Oudjda in Algerien. Mein Kiefer, mein Mund und die Lippen waren von Wind und Regen geschwollen, meine Augen blutunterlaufen. Meine Kleider waren hinüber und ich hatte genug frische Luft gehabt, dass es mir für die nächsten zweitausend Jahre reichen würde.

Aber am nächsten Morgen brach Licht durch den Himmel, und genau in diese Richtung wollten wir fliegen. Es war, als würde man in ein Stück vom Paradies schauen. Also flogen wir erneut los. Die Sonne schien und die Schönheit und Freude entschädigten mich für die Sorgen des Vortags.

Sicherlich gibt es nichts Göttlicheres als das Fliegen. Seitdem bin ich überall in der Welt geflogen, wohin man nur fliegen kann, in allerhand luxuriösen und sogar schnellen Maschinen und einmal auch über die Anden am Äquator; doch der alte Pionierflug von Fez ins algerische Oran am Anfang der Luftfahrt, bleibt mir im Gedächtnis als Quintessenz allen Fliegens. Ich wäre gern länger geblieben und hätte mir einen wagemutigen jungen Piloten mit eigenem Flugzeug gesucht, mit dem ich hätte über Afrika und Indien fliegen können – um all die mir bekannten Orte aus der Luft zu betrachten – aber mein armer Pa war so einsam, dass ich das Gefühl hatte, nach Hause fahren zu müssen. Wahrscheinlich wäre ich irgendwo verunglückt und man würde bis heute die Leiche suchen.

X

MITTEN IM NIRGENDWO

Geliebte alte Städte

Ich war aufgeregt wie ein Schulmädchen, als sich mein transpazifisches Schiff der chinesischen Küste näherte. Nicht weil ich China so sehr liebte, sondern weil ich hoffte, endlich einige der im Landesinneren gelegenen Gegenden zu erkunden, die bislang streng tabu gewesen waren.

Erneut besuchte ich Macao, nicht weit von Hongkong entfernt und in portugiesischem Besitz. Auf dem Gipfel eines Hügels stieß ich auf die Ruinen einer vermutlich einst sehr prächtigen Kathedrale. Nur die Fassade stand noch. Das gesamte restliche Macao war dem chinesischen Glücksspiel anheimgefallen, hauptsächlich Fantan, und natürlich auch dem Opium, wie eigentlich ganz China. In den separaten Speiseräumen der chinesischen Restaurants, nicht nur in Macao, auch in Hongkong, gab es Sofas und alles, was man zum Opium rauchen brauchte. Was gar nichts Besonderes war, jeder der wollte, konnte es probieren. Wenn man tatsächlich süchtig wird, kann das sehr schwierig sein – man kommt niemals mehr davon weg. Mir ist das nicht passiert, aber ein paar von den Mädchen in den Clubs. Diana, eine wunderschöne Freundin, die stets bester Laune schien, wurde abhängig und ich erwischte sie, wie sie einem Coolie einen Pelzmantel im Wert von fünftausend Dollar gab und ihn bat, diesen für was auch immer er dafür bekommen konnte einzutauschen. Aber das war früher.

Dieses Mal trödelte ich zwischen ein paar Ausflügen und Regengüssen über die Flower Street in Hongkong, wo stark duftende Tuberosen verkauft wurden. Von Rosen abhängig zu sein ist in Ordnung.

In China werden viele Dialekte gesprochen und häufig hörte ich, wie sich zwei Chinesen aus verschiedenen Provinzen untereinander auf Pidginenglisch verständigten. Den Großteil der Zeit, die ich in Hongkong verbrachte, goss es in Strömen. Wasser kam die Hänge herunter und große schwarze Schmetterlinge flatterten in der semi-tropischen Vegetation, was sehr hübsch aussah.

Keinen halben Meter von einem Wasserspeicher entfernt, der mit einem Schild davor warnte, dass jedem »Bußgeld und Gefängnisstrafe drohen, der Abfall in dieses Wasser wirft«, sah ich eine zweieinhalb Meter lange Schlange hervorkriechen. Normalerweise hätte dort kein Schild gehangen, vermutlich hatte es vorher eine Epidemie gegeben. Die Briten verändern alles. Was mich an eine wahre Begebenheit von früher erinnert.

Lady May war die Ehefrau des britischen Gouverneurs von Hongkong. Ihr Bruder heiratete Eileen, ein amerikanisches Mädchen aus dem Rotlichtviertel der Stadt, wo es viele exotische Nachtclubs gibt. Nachdem er einen Abend in jenem bunten Viertel verbracht hatte, schrieb Kipling ein schillerndes Kapitel darüber in seinem Buch *Seven Seas*. Aber die Frau des Gouverneurs war »anständig«. Sie ließ ihren Bruder und dessen Ehefrau, die zu verlassen er sich weigerte, aus Hongkong ausweisen. Sie zogen nach Kalkutta, wo er an der Cholera starb. Eileen arbeitete in einem Cholera-Krankenhaus als Krankenschwester und starb in Ausübung ihrer Dienstpflicht, was vermutlich mehr ist, als Lady May jemals für die Menschheit zu tun bereit gewesen wäre. Doch die rachsüchtige Frau zwang den Gouverneur im Gedenken an ihren missratenen Bruder (ihre Worte), alle ausländischen Begegnungsstätten dieser Art in Hongkong zu schließen.

In meinem ersten Jahr dort wüteten die Pocken. Von einem großen Café in einer Seitenstraße, wo ich Klavier spielte, konnte ich eine chinesische Familie, die im Haus gegenüber wohnte, sehen. Das Haus war kaum größer als das Café, aber darin untergebracht waren ungefähr vierzig Familien. Ich sah eine Mutter auf einer Art Balkon – es war Sommer – direkt über dem einer Chinesin, die an den Pocken gestorben war. Ihr Sohn hatte große Schmerzen und wenn sie nicht an einem kleinen Schrein betete, dessen Licht ihr gezeichnetes altes Gesicht beleuchtete, verbrannte sie Papier, um die Luft zu reinigen. Anders als so viele Ausländer, habe ich in China nie abgesondert gelebt. In Gedanken war ich immer bei den armen Coolies und den armen Massen im seltsamen, eigenartigen China. Ich hasste es, auf dieses laute Klavier einzuhämmern und den Leidenden gegenüber auf die Nerven zu gehen, auch wenn mein Geklimper nur unwesentlich zum allgemeinen Krach beitrug. Draußen auf der Straße wurden tausende von Feuerwerkskörpern abgefeuert, große holländische Böller. Nein, es war nicht die chinesische Entsprechung des vierten Juli, sondern ein Opfer für die Geister der Seuche. Im Orient – damals und zweifellos auch noch heute – wurde sehr wenig gegen die Pest, die Cholera oder was auch immer unternommen. Die Menschen waren unglaublich schmutzig, ohne dass es ihnen bewusst gewesen wäre. Der Totenwagen holte ein Opfer ab, dann schüttelte die Mutter oder Frau oder sonst jemand die Bettdecken aus und alle Erreger flogen vom Balkon oben auf die Bewohner darunter, während gleichzeitig immer mehr Feuerwerkskörper gezündet wurden.

Dennoch war der Orient so ungeheuerlich einnehmend, dass ich Seuchen und Schmutz und all das schon bald vergaß.

Auf der ganzen Welt gibt es keinen Ort, der so faszinierend ist, dass man sich vor lauter Verwunderung fragt, warum. Von allen Ländern auf der Erde, ist es dasjenige, in dem ich am meisten »gestaunt, gelauscht und geschaut habe.«

Als ich aus Hongkong nach Shanghai abreiste, wurden die roten Taifunflaggen gehisst, irgendwo im Umkreis von zweihundert Meilen musste ein Taifun toben. Alle Sampans, die kleinen chinesischen Ruderboote, waren in Sicherheit gebracht worden.

Tausendsiebenhundert Meilen über den Jangtse

Shanghai hatte sich kaum verändert, aber schon bald erfuhr ich, dass ich siebzehnhundert Meilen weit den Jangtse hinauffahren durfte, was noch vor zehn Jahren keiner weißen Frau und verdammt wenigen weißen Männern gestattet worden wäre. Als ich vor dem Krieg in China war, verkehrten Dampfschiffe zwischen Shanghai und Hankou und auch von Hankou nach Yichang, aber darüber hinaus war es 1925 noch immer mehr oder weniger Niemandsland. Der Fluss ist in vielerlei Hinsicht für die Schifffahrt sehr gefährlich. Früher wagten sich ausschließlich chinesische Dschunken auf den oberen Jangtse. Jahrelang hatte ich davon geträumt, ins Landesinnere vorzudringen, was auf einer von Chinesen bemannten Dschunke aber nicht möglich war, also versuchte ich zügig, eine Passage für den ersten Abschnitt der Reise zu erstehen.

Der untere Teil des Jangtse führt so dicht vorbei an den bewaldeten Inseln, die man die »zwei Waisen« nennt, dass uns die buddhistischen Priester, die in dem Kloster dort leben, die Hüte von den Köpfen hätten angeln können, vorausgesetzt sie hätten ausreichend lange Schnüre mit Haken dran gehabt. In Wuhu kamen bettelnde Kinder an unser Schiff, setzten sich in einen Waschzuber aus Holz und paddelten darin heran; wie die Gold Dust Twins.

Die eigentliche Reise begann in Yichang, tausendzweihundert Meilen weit im Landesinneren, wo wir durch die drei Schluchten des Jangtse nach Chongking fuhren. In den ersten zehn Jahren, die ich mit Unterbrechungen in China gelebt hatte, wäre diese Reise nicht möglich gewesen. Nur Dschunken passierten die Schluchten und weil dort gekämpft wurde, war das auch für diese sehr gefährlich, selbst wenn sie die Stromschnellen unbeschadet passierten. Aber nirgendwo auf der Welt gibt es eine herrlichere Landschaft als in diesen Schluchten. Felswände erheben sich hunderte von Metern direkt am Flussufer, auf denen viele kleine Häuschen kauern. Hunderte von Coolies kletterten an den gefährlichsten Stellen mit Schleppseilen von Felsen zu Felsen. Dschunken schaukelten mit zerfetzten Segeln bunt wie Josephs Rock am Rande der tosenden Stromschnellen. Viel wertvolle Seidenfracht fiel seit Anbeginn der Welt diesen Stromschnellen zum Opfer.

Eigenartige Schiffe verteilten sich auf dem Jangtse, darunter hier und da auch ein paar ausländische Kanonenboote, die zu Noahs Zeit gebaut worden sein mussten.

An einigen Flussabschnitten wirkte der Verkehr wie eine Parade der Nationen. Boote mit chinesischer Flagge gaben Schüsse ab, oder wurden von Räubern oder chinesischen Generalen gekapert (beide unter Verwendung derselben Taktik). Der Beschuss eines Schiffs unter ausländischer Flagge hätte aber viel zu viele internationale Komplikationen mit sich gebracht. Die chinesischen Politiker und andere zahlten Abenteurern gutes Geld für ihre Dienste unter ausländischen Flaggen. Zunächst war da ein Schiff unter französischer Flagge, dann eins unter britischer, ein weiteres unter italienischer und dann gab es wieder welche mit amerikanischer Flagge.

141

Als wir in der Millionenstadt Chungking eintrafen, stellten wir fest, dass sich dort gerade eine kleine Revolution ereignete, was kein Wunder war bei der ganzen Waffenschieberei, die dort betrieben wurde.

Der wagemutigste Abenteurer von allen war ein Amerikaner namens McCarthy. Wie so manch kleiner Schurke war er zunächst als Missionar nach China gekommen, aber dann hatten ihn die anderen Missionare hinaus geworfen, weil er Land verkauft und den Erlös in die eigene Tasche gesteckt hatte. Also eröffnete er eine Apotheke in Chungking, erzielte zusätzlich ein paar Nebeneinkünfte im Waffenhandel. Auf wundersame Weise und weil vielleicht in jenem hinterletzten Winkel Chinas die linke Hand nicht mitbekommt, was die rechte tut, hatte sich McCarthy bei der U.S. Navy beworben. Die Wahrheit ist seltsamer als die Fiktion. Die Navy sprach ihm ein Maschinengewehr, einen Schützen und zwei Matrosen für sein niedliches kleines Boot zu.

Chungking war ein Alptraum. In den Gassen wimmelte es vor finster aussehenden Coolie-Soldaten, hunderte trugen auf wahrhaft traditionell chinesische Art zwei Ölkannen voll mit schmutzigem Flusswasser an Stöcken über den Schultern durch die gepflasterten Gassen. In einer davon sah ich etwas, von dem ich bislang nur gehört hatte und das ich für Seemannsgarn hielt. Eine Schlange war in den Vogelkäfig eines Missionars gekrochen, hatte den Vogel gefressen und kam nun wegen des Vogels im Bauch nicht mehr heraus. Chungking ist so wie Peking früher war.

Ich wohnte bei Jungs, die gemeinsam eine »Kantine« betrieben, da es keine guten Hotels oder Restaurants gab, wo man neben chinesischem Essen auch etwas anderes bekam. Chinesisches Essen ist in China zwar häufig sehr gut, aber entspricht nicht immer dem, was man in einem Chopsuey-Lokal in Amerika bekommt. Diese jungen Kerle vertraten die unterschiedlichsten Interessen. Aber mit der Zeit stellt man fest, dass Menschen, die bereit sind, an so abgelegenen Orten Geschäfte zu treiben, sich in Mut und Abenteuerlust gleichen. Mit ihnen muss man sprechen, wenn man die bekannten Pfade verlassen will. Als ich zum ersten Mal in China war, hatte ich das meiste von britischen und deutschen Händlern erfahren. Die einzigen Amerikaner arbeiteten für Standard Oil und British-American Tobacco. Manche Leute lebten fünfzig Jahre in China und konnten einem nichts darüber erzählen – sie hatten Shanghai nie verlassen. Die Jungs empfahlen mir, anders als geplant, nicht das rein chinesische Schiff zu nehmen, denn es gäbe noch ein anderes, mit einem Amerikaner an Bord.

Den anderen, die mich aufhalten wollten, sagte ich einfach: »Ich bin jetzt so weit gekommen, ich werde weiterfahren bis kein Wasser mehr da ist.«

Also verließ ich Chungking an Bord eines chinesischen Schiffs mit Ziel Suifu, wo einer der beiden Ming-Flüsse (in China gibt es zwei), die so häufig in der chinesischen Poesie erwähnt werden, in den Jangtse mündet.

An Bord war ein amerikanischer Abenteurer, der in seinem Leben noch nie zur See gefahren war, von seiner Reise nach China abgesehen, wo er vermutlich als blinder Passagier das Deck schrubben musste. Jetzt wagte er sich tausendzweihundert Meilen den Jangtse hinauf. Er war der einzige jüdische Abenteurer, dem ich je begegnet bin. In Shanghai hatte er eine griechische Frau und ein paar Kinder. Soweit ich es mitbekam, schmuggelte er Waffen. Keine Ahnung, warum er jetzt ausgerechnet hier war. Als ich ihm auf den roten Kopf schaute, dachte ich, hätte er nicht den Mumm gehabt, das Deck zu schrubben, wäre er vermutlich irgendwo als Angestellter oder Arbeiter in einer Fabrik elend verendet. Er war in Ordnung. Die hunderte von chinesischen Passagieren, die auf dem kleinen Schiff zusammengepfercht waren und sich die Zeit mit Mahjong vertrieben, machten einen ohrenbetäubenden Lärm. Wir fuhren an mehr als einem im Wasser treibenden toten Baby vorbei – die Einheimischen in der Gegend um Suifu warfen noch immer neugeborene Mädchen in den Fluss. Shanghai und die Vertragshäfen waren den Menschen am oberen Jangtse so fremd wie der Saturn.

Auf jenem unruhigen Schiff gab es einen anderen weißen Passagier, einen Augenspezialisten. Er machte alle paar Jahre die Runde bei den verschiedenen Missionarsstationen. Wir unterhielten uns über Missionare, gute und schlechte. Er sagte: »Als Musikerin würden Sie nicht absichtlich einen falschen Akkord anschlagen.« Dadurch wurde mir etwas klar. Missklänge werden angeschlagen, aber nicht immer mit Absicht. Ich erinnerte mich an ein paar gute Missionare aus früheren Zeiten. Die französischen Jesuiten, die die Geheimnisse des Cloisonné nach China mitbrachten. In Frankreich ist es inzwischen eine vergessene Kunst. Aber auch dort wurde im vierzehnten Jahrhundert mit dieser Technik gearbeitet. Als ich zum ersten Mal nach China reiste, war das Cloisonné in Amerika noch wenig verbreitet und ich brachte Ma einige so gefertigte Schmuckstücke mit. Die Priester waren gut.

In Suifu fand ein Wasserfest statt, zweifellos zu Ehren eines bösen Drachen. Es ist schwer, sich die Geschichten und Erklärungen für all die vielen verschiedenen Aberglauben auf der Welt zu merken. Auf jeden Fall war das Fest in Suifu sehr bunt. Wie in Chungking gab es auch hier natürlich keine ausländischen Hotels. Wir mussten nachts auf dem Schiff bleiben. Wir waren bei Tageslicht eingetroffen und hatten die Stadt durch den blaugrauen Dunstschleier der Feuer gesehen, über denen das Frühstück zubereitet wurde und waren durch eine »Straße der Kräuter« gegangen, wo in jedem Laden hunderte verschiedene Sorten angeboten wurden.

Kurz bevor wir abreisten, kam ein chinesischer General an Bord, wunderschön in Seide gekleidet. Er traf in einer mit gel-

bem Satin gepolsterten Sänfte an der schmutzigen Anlege-
stelle ein, ließ sich von sechs Männern tragen; man rechnete
damit, aus dem Transportmittel einen Märchenprinzen aussteigen zu sehen, und dann war es ein Mann mit langem
Zopf. Dutzende von Enten und Gänsen eilten ihm voraus,
man warf sie ins Wasser, denn auf diese Weise bekam man
sie an Bord. Die Männer in den festlich geschmückten Booten sprangen hinterher, kämpften miteinander um die Gänse. Federn flogen in alle Richtungen und sofern die armen
Gänse nicht neun Leben hatten, mussten sie ihren Verletzungen lange erlegen sein, bevor sie schließlich gebraten wurden.

Das Schiff hatte zahlreiche Kampfspuren davongetragen
und einmal wurde unterwegs auch aus einem Banditenlager
an einer Flussbiegung auf uns geschossen. Glücklicherweise
sind die Chinesen sehr schlechte Schützen. Sie sind ein Volk
von Landwirten und lieben Vögel, Schießübungen unternehmen sie eher selten. Ich werde nie vergessen, mit welchem
Bedauern ich während des russisch-japanischen Kriegs eine
Armee aus Peking habe abziehen sehen. Damals ging die chinesische Armee mit Stinkbomben gegen den Feind vor. Jeder
zehnte Soldat hatte seinen Vogel mitsamt Käfig dabei.

Immer wenn ich an das Fleisch denke, das wir auf dem
Boot aßen, schaudert es mich. Die Schafe wirkten fast
menschlich, wie sie da an rostigen Haken hingen. Alle möglichen Arten von Insekten paradierten entomologische Viel-
falt demonstrierend über die Kadaver. War man schließlich
weit genug nach China hineingelangt, wurde alles, was man
in der Sonntagsschule gelernt hatte, vage und nebulös. Die
Redensart »Sauberkeit kommt gleich nach Gottesfurcht«,
wirkte wie ein Mythos. Außerdem schrumpfen im Angesicht
so zahlreicher konkreter Gefahren Kleinigkeiten wie Krank-
heitserreger auf ihre wahre Größe zurück.

Einige Jahre später traf ich den Amerikaner in San Francisco und wir aßen gemeinsam zu Abend. Ach, was haben

wir gelacht bei der Erinnerung an die Fahrt über den Jangtse und besonders das flohzerfressene und von Fliegen um-
schwärmte Schaf, das uns unterwegs ernährte. Wären wir
zimperlich gewesen, wäre uns allein bei der Erinnerung daran der Appetit auf unser Wiedersehensessen gründlich vergangen.

Die siebzehnhundert Meilen weite Reise flussabwärts zurück nach Shanghai, verlief mehr oder weniger glatt. Trotzdem würde ich meinen letzten chinesischen Dollar darauf
verwetten, dass es auf der Welt keine aufregendere Flussfahrt gibt. Ich war müde, aber die Aussicht auf Peking machte mich in Nullkommanichts wieder munter. Und was würde ich mir jetzt im Hinterland von Peking alles ansehen können, wo sich das Land öffnete und es weniger »Verbote« gab?

In Peking erholte ich mich so schnell, dass ich nicht wie
geplant über den Pazifik nach Amerika zurückfuhr, sondern
meine Reise lieber mit der Besichtigung eines alten, mir
wohl bekannten Ortes beschließen wollte, und so fuhr ich
nach Indochina, in der Hoffnung mit dem Zug nach Yunnan-
Fu in Südchina zu gelangen.

Abstecher nach Hause

Die Dschunken, die in Fort Bayard an unser Schiff heranfuh-
ren, um Fracht zu übernehmen, waren fast so groß wie der
Dampfer, mit dem ich in drei Tagen von Hongkong nach
Haiphong in Indochina fuhr. Haiphong war eine hübsche
kleine Hafenstadt, die im französischen Teil Indochinas dem
Dschungel abgerungen worden war. Ich zahlte zwölf Dollar
fünfzig für ein Einreisevisum und brauchte einen halben Tag
um eine Ausreiseerlaubnis von der Polizei zu erhalten. In
Französisch regierten Ländern gibt es immer viel zu viele
Absperrungen und Verbote.

Da wir uns in der Nähe des Äquators aufhielten und es August war, knisterte der Boden vor Hitze. Es war so heiß und tropisch, dass selbst die Franzosen träge herumhingen. Trotzdem kaufte ich mir eine Fahrkarte von Haiphong nach Yunnan-Fu in China. Zwei Tage lang fuhr der Zug durch das malerische Land, hielt jeden Abend an. Dann musste ich in Amitchew aussteigen und wieder zurückfahren. Aufgrund eines Erdrutsches war das Gleisbett hinter dem Ort unbefahrbar geworden. Es war nicht nur heiß, der August gehörte auch zu den Regenmonaten und das Wasser kam in solchen Strömen herunter, dass es einen nicht wundern musste, dass sich das Gestein von den Berghängen löste. Die Eisenbahn war hauptsächlich aus strategischen Gründen gebaut worden, aber aufgrund der Erdrutsche so häufig außer Betrieb, dass das für Frankreich sehr belastend gewesen sein musste.

Am ersten Tag nach meiner Abreise aus Haiphong fuhren wir durch tropischen Dschungel; am zweiten durch eine herrliche Berglandschaft mit bezaubernden Wasserfällen hier und da. Als wir aber die Berge erreichten, wurde es nass und kalt. Am ersten Tag auf der Durchfahrt durch Tonking hielten wir andauernd, um Einheimische aufzunehmen, die ihre Habseligkeiten in ein großes Tuch gewickelt mit sich trugen. Der französische Schaffner war sehr überschwänglich und begrüßte alle Mädchen liebevoll mit »mein Kind«, »Liebes« oder »Schatz« und ich dachte an das alte französische Lied: »The girl of Tonking«. Von Dutzenden von Franzosen ist da die Rede, die mit einheimischen Frauen zusammenleben, verheiratet oder auch nicht. Die Frauen von Tonking waren hübsch und es war immer sehr lustig, wenn sie sich in ihrem Pidgin-Französisch miteinander unterhielten.

Amitchew in China dient vor allem französischen Kolonialherren als Kurort. Ich wohnte in einem kleinen Hotel, das einem Griechen gehörte. Sein Unternehmen war sehr einträglich, denn zu den normalen Gästen kamen noch die, die durch die Steinlawinen aufgehalten wurden. Häufig waren die Gleise hinter Amitchew auf einer Strecke von zweihundert Meilen zerstört und manchmal auf Wochen hinaus gesperrt. Ich ritt mit dem Pony weiter, aber die Straße war absolut unpassierbar.

Französische Kolonisten finden eine Heimat in der Ferne, wenn sie nach Indochina emigrieren. In den größeren Städten, besonders in Hanoi, der Hauptstadt von Tonking, die um einen hübschen kleinen, mit Lotus bewachsenen See herum entstanden war, gab es Pariser Restaurants und Nachtlokale, in denen ausgelassen gefeiert wurde. Der französische Einfluss machte sich in Tonking überall bemerkbar.

Es gelang mir, an der Küste entlang nach Hue zu reisen, der Hauptstadt der Provinz Annam in Indochina. Der ursprüngliche Kaiser lebte in Hue, in einem wunderschönen und farbenprächtigen Palast, umgeben von einem Wassergraben voller blühender Seerosen. Ich begegnete Arbeitern, die das künftige Grab des Kaisers verzierten. Hauptsächlich verwendeten sie Drachen als Motiv und wandten dabei eine Art Intarsientechnik an, die ich schon einmal in den Tempeln von Siam gesehen hatte, wo das »Einlegematerial« aber aus Porzellan bestand. In Hue wurde gewöhnliches Glas verwendet: zerbrochene Flaschen und bemaltes, kaputtes Geschirr. Rechts des Grabs befand sich eine Allee mit wunderschönen Bäumen, die mit ihren strahlenden roten Blüten aussahen, als stünden die Baumkronen in Flammen. Dann kam eine weitere Reihe von Bäumen, deren Zweige herunterhingen wie Haare. Überall waren herrliche, intensiv duftende Blumen. Hue war in der Tat wie ein großer ungepflegter botanischer Garten.

Bei meiner Rückkehr tobte die Cholera in Haiphong und ein paar Tage lang glaubte auch ich, es habe mich erwischt. Anstatt also noch ein bisschen zu warten, um dann nach

Hongkong und von dort aus nach Hause zu fahren, nahm ich das erstbeste Schiff, es war mir egal, ob ich noch am selben Tag schwarz anlaufen würde. Aber ich lief nicht schwarz an. In dem Moment, in dem wir in See stachen, und ich frische Luft bekam, kehrte das Leben in mich zurück. Erst da wurde mir wirklich klar, dass ich mich auf dem Weg nach Singapur befand.

An Bord lernte ich einen Mann kennen, der eine Kautschukplantage auf Sumatra hatte und ich nahm seine Einladung an, diese zu besuchen. Als das Schiff ein Stück weiter unten an der Küste von Französisch-Indochina anlegte, ging er mit mir an Land und wir besuchten Saigon, die Hauptstadt von Cochinchina. Einmal war ich bereits dort gewesen, aber inzwischen war die Stadt sehr gewachsen. Sie gilt als das Paris des Orients. Von der Oper bis zu den Folies gab es dort alles.

Aber selbst der Plantagenbesitzer wusste nicht, mit welchem Schiff wir nach Medan in Sumatra kommen würden, aber ich war fest entschlossen, mit Einheimischen in einem Boot, einem Floß oder sonst etwas, das schwimmen konnte, dorthin zu fahren. Aufgrund der Komplikationen nach dem Krieg war das Reisen an abgelegene Orte besonders schwierig. Wenn man eine solche Unternehmung plante, hatte man vor der Ankunft keinerlei Möglichkeit herauszufinden, wie lange man auf ein Dampfschiff zurück oder anderswohin würde warten müssen.

Als wir dort ankamen, lag glücklicherweise ein niederländisches Frachtschiff mit Ziel Sumatra im Hafen. Drei weitere Passagiere an Bord waren Aufseher und Geschäftsführer von Kautschuk- und Tabakplantagen in der Umgebung von Medan. Ich hatte also viel Spaß und sah einiges von jenem Teil Sumatras. Vierhundert Malaien und Chinesen waren auf der Plantage meines Freundes angestellt. Normalerweise lebte er alleine im Dschungel, von ein paar Aufsehern abgesehen, die ein separates Gebäude bewohnten. Er war sehr beliebt bei den Geschäftsführern der anderen Plantagen, weshalb diese häufig zu Besuch kamen. In diesen abgelegenen Tropen tun die Menschen meist nichts anderes als trinken. Ich blieb eine Woche und genoss jede Minute. Selbst wenn man neunhundert Jahre alt wäre, würden sie sich freuen, dich zu sehen. Die meisten Plantagen gehören Niederländern, die Arbeiter dagegen sind natürlich ausschließlich Einheimische.

Eines Nachts, als wir in einem Wagen zu einer anderen Plantage holperten, sahen wir im Scheinwerferlicht einen Tiger, der vom hohen Gras am Rand der unebenen Straße in den Dschungel dahinter sprang. Fast alle Männer, denen ich in Sumatra begegnete, hatten Narben von der Tigerjagd.

Auf einer Tabakplantage, die ich später besuchte, wurde ein Tigerbaby als Haustier gehalten. Die Mutter war nachts auf dem Gelände getötet worden, aber ihr Baby hatte man übersehen. Am nächsten Morgen hatte es einer der Malaien gefunden. Sicher gibt es nichts Wunderbareres auf der Welt als ein wildes Jungtier. Noch ist nichts von dem gemeinen Blick in den kleinen Gesichtern zu sehen, reine Schönheit liegt darin. Das Tigerbaby lebte harmonisch mit einem Baby Orang-Utan zusammen und alleine die beiden wären die Reise nach Sumatra schon wert gewesen. Dem großen zahmen Orang-Utan-Vater hatte man beigebracht, Flaschen mit dem Korkenzieher zu öffnen und er hatte in der tropischen Hitze sehr viel zu tun. Scheinbar mühelos öffnete er eine Flasche nach der anderen und reichte sie seinem Herrn, anschließend sah er sich nach der nächsten Flasche um, die er öffnen konnte. Nur einmal ließ er eine Flasche fallen, was ihn selbst so verärgerte, dass er laut brüllte und schrie.

Manchmal, wenn ich dem Smalltalk auf einer langweiligen Party wie durch eine Nebelwand hindurch lausche, kehre ich in Gedanken sehnsuchtsvoll zu der Tabakplantage in

Sumatra zurück. Noch immer sehe ich die sehr große Boa Constrictor vor mir, die die chinesischen Arbeiter fingen, kochten und aßen. »Bon Appetit«, sagte der französische Aufseher im Vorbeigehen.

Ja, Sumatra war wunderschön und auf seine Dschungelart sehr wild. Ich fuhr nicht gerne ab, aber ich war länger geblieben, als ich Pa versprochen hatte und so fuhr ich zurück nach Singapur, und danach über Java und die Philippinen nach Hause.

XI

Von Insel zu Insel im Pazifik

Weiße Männer

Einige Monate blieb ich in San Francisco bei Pa, dann zog ich wieder los – dieses Mal, um so viel wie möglich von der Südsee zu sehen.

Wir hatten uns ein paar Tage lang den Wind in die Gesichter blasen lassen, dann erreichten wir Atuana. Ein Blick auf diese Insel genügte, um mich an den Aussagen der Historiker zweifeln zu lassen, die den Garten Eden in Arabien oder Mesopotamien vermuteten. Wunderschöne Kokospalmen – tausende – bedeckten Hügel und Täler. Manchmal hielt ich ihre Schatten für noch schöner als die Palmen selbst. Wir machten nicht weit von einer Jacht fest, über deren Anblick wir schon bei der Einfahrt in den Hafen von Atuana gestaunt hatten. Kapitän Johnson verfügte über ein Zimmer im Ladengeschäft eines Händlers, das er mir überließ, während er selbst auf seinem Schoner übernachtete.

Ich wurde nie müde, unter den eleganten Palmen auf Atuana herumzuspazieren. Manchmal saß ich stundenlang und beobachtete die riesigen Palmendiebe, eine Krabbenart, die sich die schlanken Stämme der Kokospalmen hinaufschob. Auf den Plantagen waren die Stämme der Palmen mit Blechmanschetten versehen, ähnlich wie die Taue, die vom Schiff an den Anleger führen, und zwar aus demselben Grund –

um die Ratten fernzuhalten. Auf den Marquesas gab es nicht so viele Vögel wie auf den anderen Inseln. Ich fragte nach und man erklärte mir, Amerikaner seien gekommen und hätten sie geschossen, ob zur Zierde der Damen oder im Dienst der Wissenschaft wussten sie nicht.

Eines Tages kam ich bei einer Wanderung an Gauguins Grab vorbei. Ein Einheimischer, der ein bisschen Englisch sprach, stand auf einem Pfad nicht weit davon. Er fragte mich mehrfach, ob ich eine bestimmte Person in Amerika kennen würde. Ich verstand den Namen nicht richtig, aber schließlich dämmerte mir, dass er Frederick O'Brien meinte, der in seinem Buch *White Shadows in the South Seas* die Marquesas beschrieben hatte.

Die Marquesaner sind aufgrund der Tuberkulose und anderer Krankheiten, die ihnen die Weißen beschert haben, dabei auszusterben. Obwohl sie in diesem herrlichen Klima eigentlich ewig leben müssten. Das Aussehen einiger Einheimischer zwang mich zum Nachdenken. Unter einem wunderbaren Mangobaum sah ich einmal auf einem Stein ein Mädchen sitzen, das sich mit anderen Mädchen unterhielt, ich war erstaunt über ihr Aussehen. Sie unterschied sich von den anderen wie Tag und Nacht. Ich erinnerte mich, Dutzende solcher Mädchen in den Hügeln von Ceylon gesehen zu haben. Natürlich war sie Ceylonesin, obwohl sie es nicht wusste, und Ceylon nie gesehen hatte. Ein Matrose von dort war einer ihrer Vorfahren.

Die Walfänger aus New Bedford machten vor langer Zeit auf diesen Inseln Station und verwässerten das marquesanische Blut. Selbst die tropische Sonne konnte den großzügigen Beitrag des weißen Mannes nicht verhehlen. Übergriffe Einheimischer gegen weiße Frauen sind auf abgelegenen Pazifikinseln wie den Salomonen heutzutage sehr viel stärker verbreitet als noch vor einigen Jahren, aber sie sind nicht schlimmer als die Übergriffe weißer Männer gegen einheimische Frauen. Ich schlenderte in Begleitung von Männern durch Pago Pago und andere Orte und habe Mädchen in einsamen dunklen Straßen gesehen, die sehr verängstigt wirkten. Als ich mich erkundigte weshalb, erklärten sie, es gäbe oft gute Gründe. Auf allen häufig besuchten Inseln meiden die Einheimischen weiße Männer, bis sie sie kennen lernen. Und manchmal bekommt man fürchterliche Geschichten von einheimischen Mädchen zu hören.

Feiernde Forscher

Eines Tages, als ich gerade auf Atuana meine Kleider in einem Bach wusch, kam ein englischer Matrose vorbei und gab mir einen Brief. Er stammte von Kapitän Blair auf der Jacht St. George, die wir bei der Einfahrt in den Hafen gesehen hatten. Der Brief war adressiert an die »amerikanische Dame« von der britischen wissenschaftlichen Expedition und enthielt eine Einladung zum Essen und zu einer Silvesterfeier. Nach einigen gemeinsam mit dem Matrosen angestellten Berechnungen und Überlegungen, wurde mir klar, dass just an diesem Tag Silvester war. Er half mir meine nassen Kleider auszubreiten, so dass sie schnell genug trocknen würden, und ich rechtzeitig zur Party erscheinen konnte.

Der Spaß am Leben besteht zur Hälfte aus Abwechslung. Seit Wochen hatte ich ohne Matratze an Deck geschlafen, weil es dort weniger Kakerlaken gab als in den Kojen. Schreckliche, schreckliche Viecher und gerissener als ein Fuchs. Was ich nicht alles über sie weiß! Körperliche Unannehmlichkeiten tun den Menschen gut. Deshalb muss ich mir niemals Sorgen machen, wenn es irgendwo zieht. Ich bekomme nie einen Schnupfen. Man wird unempfindlich gegen Beschwerden. Doch an jenem Abend, als ich auf der schmucken Jacht bei Cocktails saß und Commander Blair

Geschichten erzählte, vergaß ich all die Beschwerlichkeiten der Reise; vergaß, dass ich mich tagelang nur mit Meerwasser gewaschen hatte, bis meine Lippen anschwollen, wegen des Wassers, der Sonne und dem Wind bluteten und nicht mehr heilen wollten. Oder dass wir Anker hatten werfen müssen und in einem Walfänger an ein Riff abseits gefahren waren, um Fische zum Essen zu fangen. Die ganzen Unannehmlichkeiten verschwanden an jenem Silvesterabend und als die zweitägige Neujahrsfeier ihrem Ende entgegen ging, wurde vereinbart, dass ich mich dem Kapitän und seiner wissenschaftlichen Fracht auf der Jacht anschließen sollte.

Ich verbrachte drei der interessantesten Monate meines Lebens auf der *St. George*. An Bord gab es eine große Bibliothek, Bücher über die Orte, die sie ansteuerten. Als ich mir einige davon ansah, meinte Kapitän Blair »Hier ist eins von einem Landsmann« und reichte mir »Taipi«. Bevor ich abreiste, besuchten wir einige von Melvilles Inseln und auch hier war es gut, zuvor schon darüber gelesen zu haben. Ich las jedes Buch an Bord, mit Ausnahme der streng wissenschaftlichen, die ich nicht verstand.

An manchen Tagen ging ich an Land und unternahm alleine lange Spaziergänge. Unterwegs kamen Marquesanerinnen mit kleinen Geschenken zu mir, übereichten mir Eier, Ananas und Sandelholz. Sie begutachteten meine Kleidung, meine Hände und mein Haar, und ich kam mir vor wie Gulliver. Wir setzten uns unter Bäume und unterhielten uns in Zeichensprache. Manchmal beluden sie mich derartig mit Vorräten, dass ich meinen Spaziergang abbrechen musste. Später gab Kapitän Blair eine Party für ein ganzes Dorf.

An anderen Tagen ging ich mit dem Meeresbiologen Fundstücke sammeln. Es macht Spaß, eigenartige Wasserbewohner in noch nicht überfischten Gewässern aufzuspüren und den Kraken bei ihrem Krakentreiben zuzusehen; und es war faszinierend, mit jemandem unterwegs zu sein, der die fremden Fische kennt – ihre Angewohnheiten und ihre Tricks. Der Meeresbiologe hatte siebzehn Jahre am roten Meer gelebt und gearbeitet. Der arme Mann war auf der Jacht sehr unbeliebt, denn die von ihm gefangenen Meeresbewohner verbreiteten nach einer Weile einen recht unangenehmen Duft. An einer Schnur zog er ein kleines Nesselsäckchen durchs Wasser und freute sich jedes Mal, wenn er es wieder hochzog. Ich entdeckte gar nichts darin, aber er fand einiges unter seinem Mikroskop.

Später machte ich mich mit einem gewöhnlichen Biologen auf, um Feldstudien zu treiben. Mit dem Meer hatte er nichts zu schaffen. Er war jeden Tag viele Meilen zu Fuß unterwegs. Als ich ihn zum letzten Mal sah, schnitt er gerade einen zahmen Affen auf, der an Bord gestorben war. Einem Biologen sind Eingeweide nicht heilig.

Wir warfen Anker vor einem Dorf, in dem ein französischer Priester vierzig Jahre unter Einheimischen verbracht hatte. Sie waren ein zufriedener Haufen. Die Marquesas gehörten zu Frankreich, doch Frankreich hatte sie völlig vergessen.

Bei einer Wanderung gesellte ich mich zu ein paar Einheimischen, die mit einem Netz Krabben fischten. Wir kochten und aßen sie mit Wasserkresse, die wir in der Nähe sammelten. Wie ich das einfache Leben liebe – tun zu können, was man will und wann man will, anstatt das Leben in eine Posse zu verwandeln. Das Wichtigste im Leben ist das Leben.

Sich »den Einheimischen gleichzumachen« war das Glück vieler Menschen gewesen.

Ich hörte von einem ehemaligen amerikanischen Matrosen, dem ein paar Meilen vor Atuana eine Plantage gehört hatte und der angeblich verrückt geworden war. Es hieß, er halte sich für Jehovah. Ich wollte ihn besuchen, traf ihn aber vorher schon im Dorf. Mit ihm gemeinsam ging ich zu seiner Ranch und auf dem Weg fing er an zu schreien: »Ich bin

Jehovah!« Er war Finne und aus der amerikanischen Navy desertiert. Abgesehen davon, dass er hin und wieder laut schreiend behauptete, Jehovah zu sein, war er aber vollkommen klar im Kopf und ziemlich harmlos, ein gutaussehender junger Mann, wie ein Wikinger. Selbst sein dichtes blondes Haar war sonnenverbrannt. Die Einheimischen sagten, er wolle nichts mit ihnen zu tun haben. Vielleicht war er deshalb verrückt geworden. Er war belesen, Major Douglas schenkte ihm einmal *Outline of History* von Wells, um ihn eine Zeitlang von Jehovah abzulenken. Einmal bestand er darauf, dass ich blieb und mit ihm aß. Ich bot an zu kochen, aber er lehnte ab und bereitete selbst das Essen zu, während ich in der kleinen offenen Hütte saß, die er gebaut hatte. Er hatte einen Bruder in San Francisco, lebte aber schon lange auf den Marquesas und hatte keine große Lust, viel von sich zu erzählen. Jahrelang schickte ich ihm Zeitungen und ich glaube, er lebt noch immer dort.

Nachdem die Jacht Autuan verlassen hatte, machte sie noch an vielen anderen Inseln der Gruppe halt, aber nicht an allen. Zahlreiche Inseln konnten von der Jacht gar nicht angesteuert werden, sie wäre im seichten Gewässer auf Grund gelaufen. Einige erreichten wir im Beiboot der Jacht, dem kleinsten Boot, das uns geblieben war, nachdem zwei noch kleinere in der Nähe von Galapagos zerschellt waren.

Auf Omu jagten wir wilde Ziegen, Schweine und Rinder, nachdem wir uns die Erlaubnis vom Häuptling geholt hatten. Der Kameramann machte von der anderen Seite der Schlucht aus Aufnahmen von der Jagd. Wir sahen Ziegen auf Felsvorsprüngen, die sich über den Abgrund beugten. Ich saß unter einem Baum und ruhte mich aus, als plötzlich ein Ziegenbock mit Hörnern und Bart ganz nah an mich herankam. Er glaubte, den Jägern entwischt zu sein. Dann hörte man einen Schuss und er kugelte den Hang hinunter und mir vor die Füße. Wir folgten der Blutspur eines Wildschweins bis zu ihrem Ende an einem Felshang. Als wir im Walfänger zur Jacht zurückfuhren, sah ich oben auf der Klippe am Horizont aufgereiht vier wilde Ziegen stehen. Sie schienen in unser Boot hinunter auf ihre toten Brüder zu schauen. Die Vorräte auf der Jacht waren weitgehend erschöpft und das frische Ziegenfleisch stimmte alle wieder froh. Der Kameramann fand ein Zicklein und ich versteckte es in der Kombüse aus Angst, der Biologe würde es aufschneiden, um zu schauen, wo das Meckern herkam. Ich versuchte es mit Kondensmilch aus der Flasche aufzuziehen, aber es schrie nachts, so dass niemand mehr schlafen konnte. Also übergaben wir es einem Häuptling in Taipi.

Die Menschen auf Omu, Frauen wie Männer, brachten uns einheimisches Essen zur Jacht. Wir sahen, wie sich die lange Prozession über die Berge zu uns herunterschlängelte, alle waren sie braun, fast nackte Polynesier, schwer beladen mit Bananen, Brotfrucht, Tarowurzeln, Zitronen und Orangen.

Die Marquesaner waren einst Kannibalen und wir sahen den einzigen Überlebenden aus jener Zeit; ein sehr alter, von Kopf bis Fuß tätowierter Mann. Er war bescheiden und trug mehr Kleidung als die anderen Eingeborenen, weshalb er den Spott der Jüngeren auf sich zog, auch weil er noch Kannibale gewesen war. Ich brachte seiner Frau Geschenke und erklärte mit Hilfe von Zeichen, dass ich mir gerne die Tätowierungen ihres Ehemanns ansehen würde. Sie verstand und überredete ihn schließlich, sich zu zeigen, was er nach einigem missbilligenden Grunzen auch tat. Seine Tätowierungen waren ein kompliziertes bewegtes Bild.

Taipi war beinahe verlassen, als Melville *Taipi* und *Omu* schrieb, war das vermutlich nicht so. Beide Bücher hatten die Inseln für mich lebendig gemacht.

Ich ging über einen Pfad in den Wald, bis ich zu einer von Kindern umringten Frau vor einer Hütte kam. Sie rief und winkte mich zu sich, ich setzte mich zu ihr und sprach mit ihr in Zeichensprache. Die Kinder kletterten auf den Baum, holten Mangos herunter und sammelten wilde Guaven von den Sträuchern in der Nähe. Wir aßen sie und zogen viele Mücken und andere Insekten damit an.

Ich war noch nicht lange genug in Taipi gewesen, um zu wissen, wie die Mückenstiche aussehen, wenn die Entzündung abgeklungen ist. Als ich entdeckte, dass die Arme der Marquesanerin mit vielen kleinen schwarzen Punkten bedeckt waren, dachte ich mitfühlend: »Die Arme, schau nur, was ihr die Mücken angetan haben.« Ich nahm ihren Arm und untersuchte vorsichtig die Stiche. Nach einer Stunde oder so kam ein Eingeborener vorbei und zeigte aufs Meer. Die Jacht schickte mir Signale. Also verabschiedete ich mich von meiner gastfreundlichen neuen Freundin. Später erfuhr ich, dass sie eine Aussätzige war und ihr auf Taipi niemand freiwillig zu nahe kam, man hatte sie gezwungen, abseits des Dorfes isoliert zu leben. Wären die Mücken nicht gewesen, hätte ich gemerkt, dass sie an der Lepra litt.

Vor Jahren hatte ich in Japan bereits viele nackte Leprakranke gesehen und wusste eigentlich, wie sie aussahen. Einmal übernachtete ich in einem Dorf der heißen Quellen am Hang des Vulkans Asamayama in Japan. Dort gab es rauschende Bergbäche mit medizinisch heißem Wasser. Eines Tages sah ich dutzende fleckiger Männer in einem der Tümpel dort baden. In Japan ist nackt baden nichts Besonderes. Später erfuhr ich, dass es der Teich der Aussätzigen war und sich ganz in der Nähe ein Heim für Aussätzige befand.

Vor den Marquesas gibt es keine Riffs und sie sind einfach zu erreichen, sogar mit einer Jacht. In Tia Hoe bekamen wir von den Bewohnern, die Vanille anbauten, ein wunderbares einheimisches Essen auf der Jacht serviert; Schweine, Taro und Brotfrucht, im Boden gegart und auf großen Taroblättern serviert. Auf Tia Hoe arbeiteten alle tagelang, um unser

Festmahl zuzubereiten, schließlich waren wir fünfundfünfzig Personen auf der Jacht. Frank war der Anlass der Feier-
lichkeit. Sein Vater hatte als amerikanischer Händler dort gelebt, seine marquesanische Freundin verlassen, sein ganzes
Geld mitgenommen, anschließend in den Staaten eine reiche amerikanische Frau geheiratet und eine weitere Familie
dort gegründet. Zweifelsohne ist er eine feste Säule der Kirche und ein leuchtendes Vorbild in seiner eigenen Stadt. Das
Schicksal spielt manchen Menschen übel mit, aber glücklicherweise hatte Frank das gute Herz seiner Mutter und nicht
das eiskalte seines Vaters geerbt. Er war zuständig für die
Frachtabfertigung der wenigen Segelschoner, die mit Tia
Hoe Handel trieben und glücklich mit seiner marquesani-
schen Frau (ein Halbblut wie er selbst) und den drei gemeinsamen Kindern.

In einer Meeresbucht lernten wir drei Brüder kennen,
Nachfahren einer langen Reihe von Häuptlingen. Braunhäu-
tige, prinzenhaft wirkende Männer, aber in ihrem herrlichen
Garten Eden gab es Äpfel und Schlangen im Überfluss. Ihr
Vater, der Häuptling, lud uns zu einem landestypischen Es-
sen unter einem eigens für den Anlass aus Gras gebauten
Vordach ein. Der Tisch war mit Wildblumen geschmückt.
Unser guter Kapitän brachte immer etwas mit zu diesen Ge-
sellschaften und im Gegenzug bekamen wir zahlreiche alte
Tikis, die anderthalb bis knapp zwei Meter hohen Bilder
marquesanischer Götter aus den Tagen des Kannibalismus.
Ich schenkte meine Kapitän Blair und sah sie später im Briti-
schen Museum in London wieder.

Die Hulatänze auf dem Gras und im Mondlicht am Strand
waren ein unvergesslicher Anblick. Die eingeborenen Männer waren bessere Tänzer als die Frauen. Bei einer Party trafen wir einen gutmütigen, dicken Franzosen, der den Pries-
terstand verlassen hatte, um eine Marquesanerin zu heiraten. Der Priester, seine Frau und wir alle gesellten uns zu den

fröhlich Tanzenden. Im Lauf des Abends wurden die Hula-tänzer zunehmend erschöpfter und schieden einer nach dem anderen aus, bis nur noch die Frau des dicken Priesters und ich übrig waren. Dann hörte auch sie auf und ich tanzte al-leine im Mondschein vor den Tikis und unseren Gastgebern.

Aber an Bord der St. George herrschte nicht immer ausge-lassene Partystimmung. Da waren zu viele Wissenschaftler und sie waren sich nie einig. Als dann auch noch die Mittel knapp wurden, hätte die Mannschaft beinahe gemeutert. Ka-pitän Blair lag im Krankenhaus von Papeete, aber niemand konnte ihm helfen und als er auf die Jacht zurückkehrte, wa-ren alle sauer wegen irgendetwas. Das ist der Grund, wes-halb Expeditionen dieser Art schließlich scheitern. Wissen-schaftler denken zu eingleisig und häufig fehlt es ihnen auch an Humor. Als die Männer die Marquesas verließen, waren alle zerstritten – jeder für sich genommen war wunderbar. Ein armer Geologe hatte kurz vor der Abreise geheiratet und war ständig melancholisch. Und jeder erzählte irgendwelche Geschichten über die anderen. Aber sie hätten Kapitän Blair mehr Anerkennung zollen sollen. Ohne ihn wären sie nicht weit gekommen. Er war charmant und freundlich und zu den Einheimischen so gut wie ein König. Er zeigte sich menschlicher als die anderen und es war nicht seine Schuld, dass das Geld ausging. Aber er war Schwierigkeiten gewohnt und beklagte sich nicht.

Wir steuerten das Tuamotu-Archipel an und gingen eini-ge Tage später in der Lagune vor Fakarava vor Anker. Eini-ge eingeborene Frauen luden mich in ihre Hütten ein. Zu dem Zeitpunkt waren meine Beine vom Klettern im Unter-holz müde, so dass es eine Erleichterung war, über den herr-lichen weißen Strand zu laufen. Wir trugen alle lange Groß-mutterkleider, gingen aber barfuß.

Die Strände der Tuamotus sind meist mit einer vier bis fünf Zentimeter dicken Schicht aus kleinen Muscheln bedeckt. Nirgendwo sonst habe ich solche Muschelstrände gesehen, weiß wie Schnee. Das Wasser war sehr klar und als ich darin watete, konnte ich bis zum Grund schauen, wofür ich sehr dankbar war, denn es wimmelte dort nur so vor Bêche-de-mer oder Seegurken. Sie sehen ähnlich aus wie Nacktschnecken, sind schwarz und ziemlich matschig. In China gelten sie als Delikatesse. Die Seegurke liegt im Sand, zieht ihre Nahrung aus ihm. Hebt man sie hoch, sondert sie klebrige weiße Streifen ab, die sich an alles heften, was sie berühren. Mit diesen Ankern wahrt die Seegurke ihr Gleichgewicht, wenn sie von einer Welle oder durch andere Erschütterungen umgeworfen wird.

Auf der kleinen Insel des Tuamotu-Archipels namens Napuka hatte seit zwei Jahren kein Schiff mehr angelegt. Als wir eintrafen, kamen die Häuptlinge in ihren Booten zu uns herausgefahren und lotsten uns zwischen den Sandbänken vor Napuka hindurch. Es ist aufregend zwischen Riffs hindurchzusteuern. Kennt der Bootsmann den Weg nicht genau, landet man im Wasser und das Boot ist verloren. Viele, viele aufregende Versuche waren nötig, bis wir alle an Land gehen konnten. Auch brachten wir ein Gramophon mit. Die Eingeborenen hatten nie zuvor eins gesehen.

Die Tuamoto-Inseln sind so flach, dass einige wie mit Kokospalmen bewachsene Sandbänke aussahen. Wie häufig denke ich an die Menschen auf ihren kleinen trockenen Fleckchen mitten im Pazifik. Schoner, die zu den Tuamotus auslaufen, können nicht versichert werden, weil das Navigieren zwischen den Inseln, wo es vor Riffs nur so wimmelt, zu gefährlich ist.

Alles hat einmal ein Ende. Von Napuka aus fuhren wir zurück nach Tahiti, wo ich nach einem herzlichen Abschied von Bord ging. Die Wissenschaftler setzten die Segel und fuhren nach England und ich buchte eine Passage auf der alten S.S. Tahiti, die aus San Francisco kam und auf dem Weg nach Neuseeland in Papeete angelegt hatte. Ich wollte mir einen Stützpunkt für weitere Inselerkundungen schaffen.

Neuseeland

Wenn man frei ist, ändern sich Pläne oft und plötzlich ist da etwas anderes, das man gerne machen möchte. Bevor die S.S. Tahiti Rarotonga auf den Cookinseln erreichte, lernte ich den Funker kennen. Es war der erste Hafen nach Papeete und wir gingen an Land. Ich erzählte ihm von meinen Reisen und er erzählte mir von seiner Heimat Neuseeland. Er stammte aus Bluff, an der Spitze der Südinsel gelegen, und war so begeistert von seinem Land, dass ich versprach, es mir in nächster Zukunft einmal anzusehen. Als er mir die Weihnachtsausgabe einer Zeitschrift zeigte, in der über seine Insel berichtet wurde, beschloss ich sofort zu fahren. Anstatt also nach einem Schoner Ausschau zu halten, um die Inseln abzuklappern, überquerte ich von Wellington aus die Cookstraße zur Südinsel.

Auch nach Jahren des beinahe ständigen Unterwegsseins finde ich es noch immer bemerkenswert, dass die Reisen, die einem im Gedächtnis bleiben wie ein Leuchtturm im Dunkeln, nicht immer diejenigen sind, die man damals für die wunderbarsten hielt. Ich fand viele Orte und Menschen auf der damals noch nicht allzu häufig besuchten Südinsel schön und interessant, aber das Klima war rau; Orte sind ähnlich wie Menschen nicht immer perfekt. Vermutlich gibt es keine stürmischere See als die vor Neuseeland. Sturmwellen sind im Pazifik an der Tagesordnung und der Rückstrom setzte diesen Inseln zu (wenn ich an die tapfere Amelia Earhart denke, sehe ich sofort den riesigen Ozean und die berghohen Wellen vor mir, die selbst ein großes Dampfschiff zu einer Mücke machen.)

Doch trotz allem ist der berühmte Milford Track auf der Südinsel jederzeit eine Erinnerung wert. Er erstreckt sich über fünfundsechzig Meilen und ich bin ihn abgewandert, auch als meine Schuhe schon nachgaben und ich meine Füße mit Pappe, Sacktuch und Bindfaden umwickeln musste, und ich nur eine Garnitur Wechselwäsche im Gepäck hatte. Häufig regnete es, aber ich hatte das Gefühl, die Welt sei mein, denn ich sah niemanden, außer an den weit auseinandergelegenen Wegstationen.

Dabei handelte es sich um staatliche Hüttenunterkünfte – und zwar Hütten im wahrsten Sinne des Wortes. Teuer waren sie außerdem, bedenkt man den geringen Komfort der Unterbringung. Nachdem man den ganzen Tag gegangen war, tauchte schließlich eine von diesen Hütten auf, man bekam von einem stets mürrischen Ehepaar ein paar Bohnen serviert und legte sich in ein Stockbett. Die Hauswarte waren offensichtlich unzufrieden mit ihrer Aufgabe oder ihrem Lohn und fühlten sich bis zum Ende ihrer Dienstzeit dort angekettet. Aber für fünf Dollar erwartet man zumindest ein freundliches Wort zu den Bohnen und dem Stockbett und vielleicht sogar ein bescheidenes Mittagessen.

Doch durch die Schönheit des Wegs, die herrliche beinahe jungfräuliche Berglandschaft und weil es nirgends einen Wegweiser gab, hatte ich das Gefühl, ich würde mir meinen eigenen Weg bahnen. Teilweise gab es einen Pfad, der dann aber zum Beispiel nach der Überquerung eines Bergbachs nicht mehr weiterzugehen schien, manchmal folgte man auch einfach nur einer schmalen von Schafen ausgetrampelten Spur.

Wunderbare wilde Kreaturen, die man als Maori-Hühner bezeichnet – eine Art Kreuzung zwischen Fasan und javanesischem Wildhuhn –, tauchten aus dem Nichts heraus auf. Ich habe nie verstanden, wie sie so plötzlich auftauchen konnten, und weshalb sie so zahm wirkten, wo sie doch höchstens hin und wieder ein paar Wanderer auf dem Weg sahen. Ob sie das Rascheln des Papiers hörten und wussten, dass ich im Begriff war, mein Essen auszupacken? Oder war das reiner Zufall? Ich bin nie dahinter gekommen, aber jeden Tag um die Mittagszeit tauchten vier oder fünf drollige Maorihühner auf. Sie waren so niedlich und beharrlich, dass sie an einigen Tagen mehr zu essen abbekamen als ich. Den letzten Tag, an dem ich zwanzig Meilen weit gewandert bin, werde ich nie vergessen. Ich war müde, völlig durchnässt, meine Schuhe vollkommen abgelaufen, ich hatte Hunger und es inzwischen eilig, den Milford Track zu verlassen. Ich war fest entschlossen, den Löwenanteil meiner Mauseportion von einem Mittagessen selbst zu verzehren, als sieben Hühner aus dem Unterholz heranliefen. Eines sprang mir leise in den Schoss und pickte Brocken aus meinem Sandwich, während ich noch überlegte, was für mich und was für die Tiere sein sollte. Außer zu den Mahlzeiten sah ich nie mehr als zwei zur gleichen Zeit und sie kamen auch nie näher als bis auf ein paar Meilen an die Hütten heran.

Von Te Anau, am Ende des Milford Track fuhr ich mit dem Zug nach Bluff, wo der Funker herkam. Es diente als Ausgangspunkt für viele Unternehmungen. Von Bluff aus brechen die großen norwegischen Walfänger zum Rossmeer in der Antarktis auf. Es gibt ein interessantes kleines Museum der Südsee und Antarktis und überall findet man alle möglichen Varianten von Pinguinen, die aussehen wie kleine ausgestopfte Menschen. Auch sah ich Keas, eine schreckliche Papageienart, sie töten Schafe, indem sie ihnen bei lebendigem Leib die Nieren herauspicken, und außerdem Dingos, in ganz Australien verbreitete wilde Hunde. Man nimmt an, dass sie von den Hunden abstammen, die die frühen Seefahrer mitgebracht haben.

Als nächstes fuhr ich nach Queenstown und kam gerade rechtzeitig an, um den Duke of York zu erleben, jetzt König von England. Er bereiste mit seiner Frau, der Duchess, die Südinsel. Wegen der Wetterbedingungen war sie in Wellington geblieben.

Von Queenstown aus nahm ich den Postwagen und fuhr durch Schnee und Matsch nach Pembroke und Hermitage in der Nähe des Mount Cook. Die Stürme waren furchterregend. Kurz nach meinem Eintreffen in Hermitage wurde die Leiche einer Bergsteigerin geborgen, die erfroren war bei dem Versuch Mount Cook zu besteigen. Ein herrlicher Sommerkurort für Eisbären, aber berauschend.

Ich begegnete vielen Maoris mit unaussprechlichen Namen. Sie sind nicht mehr primitiv, sondern bekannt für ihre natürliche Lernfähigkeit und Vitalität. Sie sind die aufgeklärtesten unter den Polynesiern und es finden sich zahlreiche Ärzte und Anwälte unter ihnen. Auf dem Schiff zurück nach Wellington unterhielt ich mich ausführlich mit einer Gruppe einheimischer Lehrer.

Das Erste, was ich in Wellington tat, war einen Zoo mit einem Kiwi zu besuchen. Ich hatte von diesem sehr seltenen Vogel gehört. Zunächst konnte ich ihn nicht finden und fragte den Tierpfleger. »Oh«, sagte er, »der Kiwi ist ein Nachtvogel. Am Tag kommt er nicht heraus.«

»Wenn der Zoo nachts schließt«, fragte ich, »und der Kiwi tagsüber nicht herauskommt, wie soll ich ihn dann jemals sehen?«

Da grub er ihn aus, einen großen Vogel ohne Flügel und mit Federn so fein, dass sie eher an Haare erinnerten. Ich verbrachte den ganzen restlichen Tag in diesem schönen Zoo.

Ich dachte, ich sollte mir gleich auch noch die Nordinsel ansehen, so lange ich auf ein Schiff wartete, das mich zu den abgelegeneren Inseln bringen würde. Also fuhr ich mit dem Zug nach Taumarunui und von dort aus auf einem lustigen archeähnlichen Boot den wunderschönen Wanganui hinauf.

Als nächstes fuhr ich nach Rotorua, zu den Geysiren und heißen Quellen. Ich probierte alle Bäder aus, auch das gegen Rheumatismus. Besonders eines amüsierte mich. Das Wasser war herrlich, und das Becken ziemlich groß, aber ich musste mich nackt hineinsetzen, damit der Angestellte sehen konnte, ob ich unter einer Hautkrankheit litt. Ich erklärte ihm, nicht einmal Hollywood könne Rotorua das Wasser reichen. Aber es war nicht so schlimm wie es klingt.

In der Nähe eines Hotels, siebenundvierzig Meilen von Rotorua entfernt, stand auf einem Schild »Fairy Bath«. Ich ging weiter bis zu einem weiteren Schild, darauf stand: »Bei geschlossenem Tor nicht eintreten – das Bad ist besetzt.« Aber das Tor war offen und dahinter befand sich ein kleines Becken mit warmem Quellwasser, in das ein Wasserfall rauschte. Bäume und dichtes Buschwerk ringsum. Es war toll und ich stieg nur ungern wieder heraus. Lange schon hatte ich mich nach einer Gelegenheit gesehnt, ohne medizinische Heilwirkung zu schwimmen, und fand es in der Tat erfrischend, auf dieses hübsche Bad gestoßen zu sein.

Ich hätte ewig auf ein Boot zu den nahegelegenen Neuen Hebriden warten müssen, also fuhr ich ins australische Sydney, wo Schiffe zu den verschiedenen Inselgruppen ausliefen, die ich mir ansehen wollte.

Inseln voller Palmen

Ein Segelschiff, bemannt mit dem üblichen Personal, das entweder schon streikte, oder es noch vorhatte, lief von Sydney in Australien zu den Neuen Hebriden und von dort zu den Santa-Cruz-Inseln aus. Zwei Tage, nachdem wir Sydney hinter uns gelassen hatten, zeigte sich die Lord-Howe-Insel am Horizont. Obwohl sie nur sieben Meilen lang und keine ganze Meile breit ist, verfügt sie über zwei Berge. Daher war sie auch aus der Ferne gut zu erkennen.

Die Einheimischen dieses herrlichen Paradieses leben vom Sammeln und dem Verkauf der Samen der Kentia Palme, die in Cafés und Hotels zu dekorativen Zwecken ausgestellt wird. Die Palmen wachsen im Korallensand dreißig bis sechzig Zentimeter tief und so dicht beieinander, dass sie miteinander um das Sonnenlicht konkurrieren. Der Stärkere überlebt. Die Kentiasamen sind auf der ganzen Welt begehrt und tausende von Scheffeln werden jedes Jahr von der Insel aus verschifft. Sie hat ein Monopol darauf. Außerdem gab es dort große Schirmpalmen und Banyanbäume und Pilze größer als Suppenteller, sowie Orchideen und Farne, die an den Hängen des Mount Lidgbird wuchsen.

Die felsige Korallenküste bot eine üppige Artenvielfalt. Viele »Schlangensterne« griffen mit ihren schlauchartigen »Armen« aus Felsspalten nach der Nahrung, die die Flut heranspülte. In einigen der Muschelschalen, die über die Felsen »spazierten« entdeckte ich Einsiedlerkrebse in herrlichen Farben – grün, dunkelrot und blau – Räuber, die die früheren Bewohner und Bauherren aus der Muschelhülle vertrieben hatten. Auch gab es Venusmuscheln in allen Schattierungen, die kleinen »Vettern« der riesigen Venusmuscheln auf den Salomoneninseln.

Auf Lord Howe hatte niemand ein Motorboot, aber wir fuhren mit »tapferen und ehrlichen Männern« am Ruder unserer Walfänger herum. Drei dieser tapferen und herrlichen Männer begaben sich nach meiner Abreise nach Sydney, um das dringend benötigte Motorboot zu kaufen. Sie kamen in Sydney an, fuhren wieder ab und wurden nie mehr gesehen. Stürmische See.

Als ich sagte, ich wolle unbedingt möglichst nah an Admiralty Island heran, ruderten mich zwölf Männer in einem großen Walfänger, den ich gemietet hatte, dorthin. Die See war auf der Fahrt schon rau genug. Admiralty ist wie ein aus dem Meer herausragender Berggipfel. Ein riesiger Fels von einer phantastischen Form, durch den sich eine riesige Höhle zieht. Die Insel wird ausschließlich von Seevögeln bewohnt; sie leben dort, heiraten und ziehen ihren Seevogelnachwuchs auf. Bei unserer Landung am Ufer sprangen wir buchstäblich in eine dieser Familien (es hieß entweder springen oder ertrinken). Die windgepeitschte Insel wird von hohem gelben Gras bedeckt, durch das wir sehr vorsichtig gingen, da überall Vogeleier in kleinen Häufchen herumlagen und die erschrockenen Mütter uns beim Vorbeigehen beschimpften. Alles befand sich in schönster Harmonie, bis wir kamen und sie aufscheuchten.

Die Kinder der Basstölpel – großer, wunderschöner Seevögel – waren fast schon so groß wie ihre Eltern, doch statt mit Federn waren sie mit flauschigen Daunen bedeckt und trugen eine Art Kranz um die Köpfe. Da gab es Seeschwalben, Fregattvögel, und weiße tropische Exemplare mit roten Schwanzfedern. Dunkelsturmtaucher fischten, flogen dann leise zu ihren Erdlöchern zurück, stießen zum Boden hinab und hockten sich hin als wären ihre Beine zu schwach, um sie zu tragen. Es war witzig, sie watscheln und zu den Löchern flattern zu sehen, die sie Jahr für Jahr aufs Neue benutzten, in denen sie sich paaren, schlafen und den Nachwuchs aufziehen. Als ich in meinen lädierten Schuhen über die Felsen stolperte, hörte ich ein eigenartiges schrilles Geschnatter aus den tiefen Erdhöhlen dringen, das an Lachen erinnerte.

Hin und wieder entdeckte ich Waldrallen und Elstern, einige so zahm, dass ich sie hätte füttern können. Auf Lord Howe gab es einst genauso viele Vögel wie auf Admiralty, aber sie verschwinden zunehmend wegen der Ratten, die ein betrunkener Kapitän aus Versehen einführte. Die Ratten fressen außerdem die Samen der Palmen und sind eine echte Plage.

Von Lord Howe fuhr ich mit einem Burns-Philps-Boot auf die Norfolkinsel, wie alle Schiffe dieser schottischen Reederei in Australien war es völlig überfüllt. »Möglichst wenig für möglichst viel« lautet ihr Motto. Einige der Nachfahren der Matrosen auf der Bounty haben auf der Norfolkinsel gelebt, seit Queen Victoria ihnen dies Privileg einräumte. Auf Raiatea erklärte mir Elsie Christian die Wanderbewegungen der Nachfahren der Meuterer; sie erzählte mir, wie es kam, dass sie auf den Gesellschaftsinseln lebte, während andere Nachfahren von Fletcher Christian auf der Norfolkinsel und wieder andere auf Pitcairn zu finden waren. 1831, sagte sie, habe die britische Regierung die Bewohner von Pitcairn nach Tahiti und auf die Norfolkinsel umgesiedelt, doch einige waren nach Pitcairn zurückgekehrt. Die Norfolkinsel war eine Sträflingsinsel. Heute leben mehrere hundert Menschen auf Norfolk, aber es gibt nur acht unterschiedliche Nachnamen; es gibt vielleicht dreißig Adams, vierzig Christians, außerdem zahlreiche Quintal, McCoys, Evans und so weiter.

Ich sah eine wunderschöne, eine Meile lange Straße mit Norfolktannen; einige der Bäume waren zweihundert Fuß hoch. Darunter wuchsen Baum- und Frauenhaarfarne, hübsche blühende Sträucher um eine Bischofskirche herum. Die Kirche war klein, aber so liebevoll gebaut! Den Altar hatte der Bischof irgendwo aus England mitgebracht; das Tuch ein Geschenk einer Hindu-Dame aus Paris. Byrne-Jones hatte ein herrliches Buntglasfenster beigesteuert. Anstatt zu beten, versuchte ich herauszubekommen, woher die Gebetsbücher stammten.

Einer der Passagiere auf dem Weg zu den Neuen Hebriden und den Santa-Cruz-Inseln war Mr. Mansfield, ein englischer Missionar aus Neuseeland. Das Leben dieses hervorragenden Mannes lohnt es, aufgeschrieben zu werden. Seine Frau und er waren in jungen Jahren als Missionare auf die neuen Hebriden gelangt. Aber seine Frau hatte nicht durchgehalten. Da er außerdem Bautechniker war, kehrten sie nach Australien zurück, wo sie viele Jahre lebten und arbeiteten. Dann starb seine Frau und es zog ihn wieder zur Missionarsarbeit hin und so fuhr er mit inzwischen beinahe siebzig Jahren nach Ambrym. Er und seine halbzivilisierten kannibalistischen Anhänger bauten ein kleines Missionskrankenhaus dort, eine ungeheure Aufgabe. Ich wurde es nie müde, mir Geschichten über seine Erlebnisse anzuhören. Nach einigen Jahren wurde er zurückgerufen. In seiner Abwesenheit aber hatten eine riesige Woge und fünf Vulkanausbrüche Ambrym stark verändert und so kehrte er mit dem Schiff, auf dem auch ich mich befand, nicht in sein Krankenhaus zurück, sondern an einen eine Meile langen See, wo sich einst seine Mission und das Krankenhaus befunden hatten.

Ich sehe ihn noch vor mir – ein freundlicher, zurückhaltender Mann, dessen stille Philosophie wie Balsam auf seiner geplagten Seele wirkte. Seltsam, wie einen manche Menschen auf die Palme bringen und andere einen mit nur einem Wort beruhigen können. Er sprach mit gleichmäßigem, fast teilnahmslosem Tonfall, aber der tiefe Ausdruck seiner Augen, »wie Sterne auf dem Grund eines Brunnens«, verriet, wie tief sein Glaube in ihm verwurzelt war.

Eine Horde wuschelhaariger Wilder nahm uns am Strand in Empfang und folgte uns, während er mir den neuen See zeigte. Nachdem er mir von den entbehrungsreichen Jahren dort erzählt hatte, so schlicht und ungekünstelt, kam mir die Insel beinahe heilig vor und der alte englische Missionar wie ein Gott. Er wollte ein neues Krankenhaus bauen. Ich schlug eine neue Insel vor.

Wenn ich nach Missionaren gefragt werde, denke ich zuerst an ihn und vergesse einige der anderen. Genauso gut könnte man fragen, was man von Menschen hält; auch unter den Missionaren gibt es alle Sorten. Früher waren neun Zehntel aller Ausländer im Orient und der Südsee Missionare. Meiner Meinung nach waren sie grundsätzlich zu politisch. Die wirklich wunderbaren zog es an die schwierigen und abgelegenen Orte, sie wohnten nicht in wunderschönen chinesischen Häusern und ließen sich von den armen einheimischen Teufeln bedienen, denen gegenüber sie sich wie Gott höchstpersönlich aufspielten. Die Besten taten etwas für die Menschen.

Bevor es Goldgräber gab, lebten katholische Brüder bei den Wilden im Dschungel von Neuguinea. Zehn Jahre lang kamen sie nicht mehr heraus. Auf die Religion kommt es nicht an, egal welche, katholisch oder protestantisch, aber sie müssen etwas für die Menschen tun. Wenn sie in Städten wie in Tschifu in China herumsitzen, im Luxus schwelgen und mit der Arbeit der einheimischen Mädchen Tausende verdienen, kommt mir das nicht richtig vor. Vielleicht erreicht man mit dem Geld etwas Gutes. Die Menschen wollen Geld und schöne Sachen sind in Ordnung – aber bei Missionaren scheint mir das seltsam.

Ich habe Missionare unterschiedlicher Glaubensrichtungen einander Schwierigkeiten bereiten sehen. Derzeit steht ein niederländischer Missionar vor Gericht, weil er die Station eines anderen niedergebrannt hat. Sie haben einige schreckliche Dinge getan, Menschen gegeneinander aufgebracht, zwischen denen zuvor Harmonie herrschte.

Die Neuen Hebriden werden zweifach regiert: von den Franzosen und den Briten. Das ist ein riesiges Durcheinander sowohl für die französischen wie auch für die britischen Siedler. Die Einwohner wollten zu den Franzosen gehören, denen es sehr viel besser geht. Auf den Inseln, die von Politikern verwaltet werden, gibt es immer Ärger. Es ist stets dieselbe Geschichte – der Mann auf dem Feld und der am Schreibtisch sind unterschiedliche Typen – und letzterer läßt sich nichts sagen.

Die Santa-Cruz-Inseln werden noch weniger häufig besucht als die Neuen Hebriden. La Perouse, der Naturforscher, erlitt Schiffbruch und verlor seine Gruppe. Als wir in Vanikoro eintrafen, war ein neuseeländisches Unternehmen dabei, Kauribäume, ein sehr hartes Holz, zu fällen und zu verschiffen.

Nie habe ich so viele wunderschöne Orchideenarten gesehen, wie am Rand des Weges, wo die Kaurifichten gefällt und über einen tropischen Strom davongetrieben wurden. Die Einheimischen verwendeten eine bestimmte Orchidee für die Herstellung einer Flechtfaser, mit der sie ihre Speere und Schlagstöcke verzierten. Ich habe viele Orchideen wachsen sehen. In Indochina kletterten Coolies auf Bäume und holten sie, aber diese hier auf Santa Cruz waren noch schöner.

Ein australischer Bezirksverwalter und seine Familie, die als Passagiere mit auf dem Schoner reisten, sollten zwei Jahre in Vanikoro bleiben. Alle zwei Monate würde ein Boot dort festmachen. Als Gesellschaft hatten sie nur die wenigen Männer, die für das Kauriholzunternehmen arbeiteten. Aber der Australier war bereits auf sehr viel gefährlicheren Inseln gewesen. Früher hatte er in Britisch-Neuguinea gelebt und er und seine Frau freuten sich nun auf die beiden Jahre in Vanikoro wie auf einen langen erholsamen Urlaub.

Ich wollte auf die Salomonen-Inseln fahren, eine nahegelegene selten besuchte Inselgruppe, aber direkt von Santa Cruz aus gab es keine Möglichkeit dort hinzugelangen. Ich musste erst hunderte von Meilen zurück nach Sydney und denselben Weg auf einem anderen Schiff mehr oder weniger wieder zurückfahren, um die »von Gott vergessenen Inseln« zu sehen. Sie gehören zu Großbritannien und die durch ihre Seife berühmt gewordenen Gebrüder Lever besitzen viele Plantagen dort.

Die von Gott vergessenen Inseln

Nie unternahm ich eine folgenschwerere Reise, als die zu den Salomonen. Die Gruppe war in jeder Hinsicht vergnüglich, aber ein Mann stach ganz besonders hervor, der Australier George Medford, der zu der Plantage zurückkehrte, die er in Mamara geleitet hatte. Als das Schiff zum ersten Mal auf einer der Salomonen festmachte, in Tulagi (der kleinsten Hauptstadt der Welt), waren George Medford und ich bereits Freunde fürs Leben und ich war eingeladen auf seiner Plantage Station zu machen, bis das Schiff von den ehemals deutschen Inseln zurückkehrte, die jetzt unter australischem Mandat standen. Außerdem lud er noch einen weiteren Geschäftsmann aus Sydney ein, der gerade eine Rundreise unternahm, und als Anstandswauwau fungieren sollte (manchmal bezeichneten wir ihn auch als unsere Geisel).

Das Schicksal spielte uns einen Streich und der Dampfer vergaß uns auf der Rückfahrt abzuholen. Wir verbrachten also Wochen um Wochen auf Mamara, was den Geschäftsmann in äußerste Verlegenheit brachte, da er sich um seine Anstellung und besonders um seine Familie Sorgen machte. Wie würden sie es aufnehmen, wenn er nicht zur verabredeten Zeit zurückkehrte – und das ohne ein Wort der Erklärung. Natürlich gab es keine Post und auch keine Telegramme, wir mussten warten, bis ein anderes Schiff auf seiner Fahrt hier anlegen würde. Er fand, die Insel trage ihren Namen zu Recht, und er selbst wurde zum »von Gott vergessenen Mann.«

Ich war hocherfreut. Denn inzwischen war mir Med so lieb geworden wie nur wenige Menschen in meinem Leben. Er war zwar alt, aber jung in seinem Humor und seiner ganzen Art. Man sah ihm rein äußerlich sein turbulentes Leben nicht an. Er machte eher den Eindruck, als sei sein Haar weit vor der Zeit schneeweiß geworden. Er erinnerte mich ein wenig an Lee Christmas, den ich vor Jahren in Honduras kennengelernt hatte.

Was Med selbst betraf, so waren ihm beinahe alle Gäste willkommen und als sich der Geschäftsmann erst einmal beruhigt und sein Schicksal hingenommen hatte (indem er sehr viel trank), hatten wir eine schöne Zeit. Ich wurde es nie müde, Geschichten mit Med auszutauschen und mir von seinen Unternehmungen erzählen zu lassen.

George Medford (er könnte alleine ein Buch füllen) wurde in Sydney geboren, war aber im Alter von sieben oder acht Jahren auf die Inseln gezogen. Er war kaum noch einmal so alt, als er schon über einen eigenen Schoner verfügte und die Wilden um die Malaita-Inseln herum zur Arbeit verpflichtete. Er lockte die Eingeborenen mit geschenkten Baumwollstoffen oder Perlen an Bord. Dann »küssten sie das Buch«, wie sie es nannten, wenn sie ihr Zeichen unter einen Vertrag setzten, um auf einer der anderen Inseln zu arbeiten. Die meisten von ihnen erhielten keine andere Bezahlung als gerollten schwarzen Tabak aus Virginia. Natürlich hätten sie kein Geld gewollt – ihre eigene Währung waren die Zähne des Schweinswals, die sie in der Jagdsaison bekamen, wenn sie den Schweinswal in seiner Herde durch das seichte Wasser trieben und er im Schlick verendete.

Med verließ die Inseln, um im Weltkrieg zu kämpfen, kehrte aber unmittelbar nach Unterzeichnung der Waffenruhe zurück. Er hatte jede Menge Fieber durchlitten – Weiße bekommen unweigerlich das schwarze Wasserfieber, wenn sie sich nur lange genug auf den Salomonen aufhalten. Aber er führte die Eingeborenen gut und Mamara war die beste Plantage auf den Inseln. Ein paar Mal wurde es brenzlig für ihn – immer mal wieder wird ein Weißer von den Eingeborenen getötet – aber man achtete ihn auch sehr. Ermordet wurden die Weißen vor allem dann, wenn sie zu viel Mitgefühl oder ein zu weiches Herz an den Tag legten. Die meisten Plantagenleiter sind nicht so schlimm wie es den Anschein hat. Vielleicht reden sie ein bisschen grob, aber sie müssen hart bleiben, wenn sie überleben wollen.

Die Plantage verfügte über sechs Meilen Strand, der im Mondlicht wunderschön anzusehen war, besonders wenn die Barkasse vor dem Haus lag. Was den Salomonen an Annehmlichkeiten fehlte, machten sie mit Schönheit wieder wett. Wir verwendeten Petroleumlampen als Lichtquelle und aßen praktisch nichts außer Konserven, wobei diese ungeheuer teuer waren.

Nachdem ich in Tulagi einen stolzen Preis für eine kleine Packung getrocknete kalifornische Pflaumen bezahlt hatte, wusste ich dieses Obst besser zu schätzen, als ich es das nächste Mal im Santa Clara Valley wachsen sah.

Auf der Plantage gab es zwei Flüsse, aber darin zu baden, kam nicht in Frage. Ich sah Alligatoren oder Krokodile darin. Je nachdem, ob sie ihre Mäuler zuerst von oben oder von unten aufklappten.

Die Berge von Guadalcanal hinter der Plantage waren völlig unerforscht. Aber an Wanderungen war nicht zu denken. Die Salomonen sind nicht wie Samoa. Sie sind wild und ungesund und die Eingeborenen, die Melanesier, sind schwarz und hässlich; ganz anders als die Polynesier. Die Hitze und gefährlichen Malariamücken sorgen dafür, dass es abseits der Veranden ungemütlich wird.

Immer wenn die Plantage vergrößert werden musste, wurde der unberührte Dschungel von den siebzig halbwilden Eingeborenen gerodet. Dort wuchsen tausende von alten Kokospalmen und das Geschrei der grünen Sittiche in den Kronen der Palmen war tagsüber unsere Musik, die Nachts vom Quaken der zweieinhalb Pfund schweren Ochsenfrösche abgelöst wurde. Einmal hing ein knapp anderthalb Meter langer Waran am Stamm der Palme neben der

Veranda. Ich fragte mich schon, ob ich ihn mir nur einbildete, bis er plötzlich seinen Schwanz bewegte.

Halbwilde Rinder spazierten überall herum und waren stets bereit, sich auf Fremde zu stürzen. Sie wurden gehalten, damit sie das Gras und Gestrüpp stutzten, trotzdem wurden jede Woche einige davon geschlachtet, um für Abwechslung auf dem hauptsächlich aus Reis bestehenden Speiseplan der Eingeborenen zu sorgen. Auch wir ließen uns natürlich Frischfleisch schmecken, aßen aber für gewöhnlich wilde Tauben, die sich von Früchten ernährten. Das Brustfleisch war eine gute Mahlzeit. Die Eingeborenen bekamen eine gewisse Anzahl an Patronen und jeder von ihnen brachte immer wenigstens eine Taube aus den Mangrovensümpfen zurück, wo die Tiere auf den Bäumen hockten.

Und die Insekten, die um das Haus herumkrochen! Eine riesige Spinne am Scharnier der Tür, die zu einer primitiven Dusche führte, verrenkte sich jedes Mal, wenn ich langsam die Tür öffnete oder schloss. Das Wasser kam aus einem kleinen Tank und sobald er leer war, war auch das Duschbad beendet, meist lange bevor man sich die Seife vom Körper gewaschen hatte. Rohrleitungen waren natürlich unbekannt. Die Außentoilette lag nach den langen Regenfällen inmitten riesiger Pfützen und wir nannten sie »Venedig.«

Wenn es Spinnen und andere Insekten im Überfluss gibt, hat man keine Lust mehr diese zu töten, es ist ohnehin hoffnungslos. Wir dachten uns nichts dabei, große Ameisen aus unserem Kaffee zu fischen und ihn anschließend zu trinken. Eis gab es natürlich auch nicht und wir bewahrten unser Bier in einer Wanne mit Wasser auf. Die Lebensmittel im Fleischschrank waren voller Käfer. Aber ich war Insekten gewohnt. In meinem ersten Jahr in Peking hatte ich ständig entsetzliche Spinnen entdeckt und die Angestellten auf Pidginenglisch angeschrien: »Mach tot, mach tot … Spinne da!« Nach dem ersten Jahr nahm ich sie gar nicht mehr wahr.

Der Hundewelpe auf Meds Plantage fraß die großen Fliegen, die ihn piesackten. Ich wünschte, ich hätte es ebenso machen können. Er war halb Hund, halb Pferd, vermute ich. Er war so groß und grob. Entsprechend groß waren die Knochen, die er bekam und die er die ganze Nacht lang herumwarf.

Der nächste Nachbar wohnte zwanzig Meilen entfernt. Der Mann, der vor Med die Plantage geleitet hatte, war vom Schnaps und der Einsamkeit wahnsinnig geworden und gestorben. Der Plantagenleiter auf der Nachbarinsel hatte sich das Leben genommen, als ihn die britische Inselregierung wegen Sodomie mit einem eingeborenen Dienstbotenjungen vor Gericht stellen wollte. Ich bin vielen Menschen an vielen seltsamen Orten begegnet, die bis an ihr Lebensende niemandem etwas zu leide getan hätten, wären sie in ihren eigenen Ländern geblieben und hätten sie ein gewöhnliches Leben geführt. Warum? Weil sie sich den anderen angepasst hätten, und alles wäre normal gewesen. Wenn Zeitungen und Radio für sie das Denken übernehmen, wären sie wie die Erbsen in der Schote völlig ereignislos durchs Leben gekommen. Originalität ist heutzutage sehr selten geworden auf der Welt. Hunderte unbekannter einsamer Menschen aus allen gesellschaftlichen Schichten und von überall her wurden an abgelegene Orte getrieben, vielleicht weil sie den Alltagstrott zu Hause nicht ertrugen, das Abenteuer liebten oder ihre frühere Umgebung ihnen nicht mehr gefiel. Das Leben ist nicht leicht, egal wie man es betrachtet, weder für einen Farmer, noch für einen Rancher, Plantagenleiter oder Siedler. »Das Land fordert seinen Preis für das, was es zu geben hat.«

Weiße Männer, erschöpft von Schwierigkeiten, wie sie einem auch auf den Salomonen-Inseln begegnen, halbtot aufgrund von Malaria und Lebensmittelknappheit, mental gelähmt, weil es nichts zu lesen gibt (ich habe sie erzählen hören, dass sie wenige Tage bevor ein Schiff anlegt und ihnen die von Freunden geschickten Zeitungen bringt, immer wieder die Etiketten auf den Konservendosen lesen) – ich denke, der Sodomit und all die Selbstmörder und Sonderlinge auf den »von Gott vergessenen Inseln« haben ein bisschen Mitgefühl verdient. Vergessene Männer sind nicht allesamt Krieger – und selbst diese straucheln bisweilen.

Ich habe nie aufgehört über die Eingeborenen auf den Salomonen-Inseln zu staunen. Die meisten sahen scheußlich aus, nicht attraktiv wie die Polynesier, sondern mürrisch, wie große schwarze Rhinozerosse. Die Mischlinge waren ebenfalls hässlich, aber um Mamara herum gab es nicht viele. Med nannte alle Frauen Mary. Charlie war der Chef der eingeborenen »Boys«. Die Diener wurden immer »Boys« genannt, auch wenn sie schon neunzig Jahre alt waren. Charlie musste weißes Blut in sich haben, denn er war ein loyaler, intelligenter und beinahe schon zu ehrlicher junger Mann. Was haben wir manchmal hinter seinem Rücken gelacht! Trotz all der abertausende von Kokospalmen ringsum kam er dennoch zu Med gelaufen, um zu berichten, dass er gesehen habe, wie ein anderer eine Kokosnuss gestohlen hatte. Mit einem Stock zeichnete er eine Karte mit den verschiedenen Pfaden und zeigte uns schließlich genau den Baum, von dem der arme durstige Eingeborene die Kokosnuss um ihrer Milch Willen »geklaut« hatte.

Charlie glaubte, alle Menschen auf der Welt kämen aus Australien. Als es mir endlich gelang, zu erklären, dass ich aus Amerika stammte, strahlte sein schwarzes Gesicht und er grinste: »Ich weiß. Da wo die Bootsmotoren herkommen.« Und tatsächlich, der Motor der Barkasse war hergestellt in »Buffalo, U.S.A.«

Der Boy, der den Barkassenmotor bediente, war ein Mann mit rot gefärbtem Wuschelhaar, das bei den Eingeborenen verbreitet war. Bevor er für die Arbeit auf der Plantage anheuerte, hatte er als Wilder im Busch gelebt. Aber wie er den Motor und das Boot zu bedienen verstand! Er hielt alles, was sich bewegte, für lebendig, auch den Motor. Vielleicht war er das auch, so wie er manchmal stotterte. Eines Tages saß ich in der Barkasse mit Eingeborenen, die nach Kreiselschnecken tauchen sollten, welche später nach Ecuador zur Herstellung von Perlmuttknöpfen verschickt wurden

An dem Tag auf der Barkasse sahen wir ein japanisches Schiff, aber als wir in Sichtweite kamen, fuhr es weiter, denn es fischte unerlaubt in diesen Gewässern nach Kreiselschnecken. Hier war ein solches Niemandsland, dass es keine Regierungsboote gab, die solche Aktionen hätten kontrollieren können und außerdem hatten die Japaner sowieso immer das schnellere Schiff.

Korallenvergiftungen führen bei den Bewohnern der Salomonen-Inseln häufig zu Leid und Elend. Das kommt von den Kratzern der Tierchen, die in der Koralle leben.

Häufig stammen die Weihwasserbehälter in katholischen Kirchen von den Salomonen. Sie werden aus Muscheln hergestellt, die sich manchmal in unserem Anker verfangen.

Unser Geschäftsfreund war so erfreut wie beunruhigt, als endlich ein Schiff anlegte. Erneut machte er sich Sorgen, was wohl seine Frau denken würde. Und was war mit seiner Anstellung? Dreißig Jahre hatte er seinen Posten nun schon inne. Überall auf der Welt ist es dasselbe mit den Briten – Arbeit, Arbeit, Arbeit. Selbst noch an so weit abgelegenen Orten versuchen sie sich einander ihre Posten abzujagen.

Med war krank und ließ uns nicht gerne gehen. Er ist in Ordnung – sein einziger Fehler ist, dass er zu viel trinkt, wie alle Iren. Und auf den Inseln trinken sowieso alle. Der Abschied schmerzte mich sehr. Ich hatte ihn die ganze vorangegangene Woche gepflegt, weil er mit Malaria im Bett lag, hatte seinen wilden Rasereien gelauscht, als ihn das Fieber niederstreckte und jetzt war mir bewusst, wie unglücklich er war. Ich musste fort und sehen wie es Pa in den zwei Jahren ergangen war, die ich ihn alleine gelassen hatte. Med versprach innerhalb eines Jahres nach San Francisco zu kommen. Mit einem Brief bewarb er sich um eine Stelle, und dieser wurde auf demselben Schiff transportiert, mit dem wir nach Sydney fuhren. Trotzdem ließ ich ihn ungern mit den wilden Bullen, den Ameisen, den Krokodilen, den Wilden und der unerträglichen Hitze und den Schwärmen von Malaria übertragenden Mücken allein. Er war halb tot – und George Medford gehörte zu denen, die ich mir tot lieber nicht vorstellen wollte.

Bei meiner Ankunft in Sydney fand ich einen Brief von Dad. Er dachte, ich würde nie wieder nach Hause kommen und hatte zweitausend Dollar für die Rückreise nach San Francisco geschickt, falls ich pleite war. Es klingt schrecklich, wenn einen der eigene Vater bestechen muss, damit man ihn besuchen kommt. Aber ich fuhr natürlich trotzdem zu ihm hin.

XII

MED KOMMT IN DIE USA

George Medford brach alle Brücken ab, als er die Salomonen-Inseln verließ, um in die Vereinigten Staaten zu reisen. Als er erfuhr, dass er sieben Jahre auf eine permanente Aufenthaltserlaubnis und damit auch eine Anstellung würde warten müssen, kam er trotzdem. Als Besucher durfte er sechs Monate bleiben, bekam danach eine Verlängerung für ein halbes Jahr und würde vielleicht auch noch ein drittes Mal eine Verlängerung für weitere sechs Monate bekommen. Das war Zukunftsplanung genug für jemanden, der auf den Salomonen-Inseln gelebt hatte. Und als Pa und ich ihn in unserem Heim in San Francisco willkommen hießen, schienen anderthalb Jahre eine lange Zeit zu sein.

Sein ganzes Leben hatte mein lieber alter Dad davon geträumt, dass ich sesshaft werde und obwohl ich inzwischen den fünfzig näher war als den vierzig, hoffte er, dass ich durch Meds Ankunft häuslich werden, eine Familie gründen und bis zum Ende meiner Tage glücklich werden würde. Er freute sich, mich so glücklich zu sehen. Wir unternahmen kleine Ausflüge zusammen, in den Süden des Staates und zu den alten Goldgräberstätten. Aber oh weh, Sturmwellen brachen über uns zusammen. Das Schicksal spielt einem seltsame Streiche.

Zuerst starb Pa, ganz plötzlich eines Abends, als wir aus waren. Ich merkte es erst eine Stunde nach unserer Rückkehr, als ich in sein Zimmer ging, um das Licht auszuschalten. Trotz seiner fünfundsiebzig Jahre war er bei guter Gesundheit gewesen und mir nie alt vorgekommen. Ich hatte ihm sogar eine Fahrkarte für eine Weltreise gekauft und Freunden auf verschiedenen Kontinenten davon erzählt, so dass es fast in jedem Hafen jemand gegeben hätte, der ihn erwartete. Er hatte sich auf die Reise gefreut, aber – »der Mensch denkt und Gott lenkt.«

Eines Tages kam ein Mann von der Einwanderungsbehörde und fragte nach »Mrs. Parrish aus Kalifornien« (damals lebten Med und ich als Mr. und Mrs. Parrish). Doch als ich die Tür öffnete, erkundigte er sich nach George Medford. Ich sagte, er sei in Kanada und hatte das Gefühl, man sähe mir mein schlechtes Gewissen an der Nasenspitze an. Es gäbe ein neues Einwanderungsgesetz, erklärte der Mann (was uns nicht neu war), das jedem zwei Jahre Gefängnis bescherte, der das Land trotz einer entsprechenden Aufforderung nicht verließ. Obwohl seine Botschaft sich für uns wie ein Todesurteil anhörte, klang er freundlich und höflich.

Freunde rieten mir, Med zu verlassen. Sich um eine Person sorgen zu müssen, meinten sie, sei schon schlimm genug, aber um zwei sei noch viel schlimmer. Alleine würde ich mich viel leichter aus Schwierigkeiten befreien können – oder gar nicht erst in solche geraten. Aber ich bin keine, die ein sinkendes Schiff verlässt. Darüber hinaus fühlten wir uns zwar manchmal wie unschuldige Lämmchen im Wald, hilf- und hoffnungslos, trotzdem schweißten uns Widerstände immer noch mehr zusammen. Ich hatte Med in guten wie in schlechten Zeiten ins Herz geschlossen und großes Vertrauen zu ihm, dabei schenke ich mein Vertrauen selten jemandem, der es nicht verdient. Wir hatten bereits verdammt viel miteinander durchgestanden. Er ähnelte zu sehr einem Poeten mit verträumtem Geist, so wie alle Iren, auch wenn sie rothaarig und hitzig sein mögen, und bisweilen mit Sachen werfen. Ich hätte ihn nicht dem Gesetz ausliefern können.

Zum Abschied aßen wir in der Fisherman's Wharf in San Francisco. Hunderte von Möwen segelten über den blauen Fischerbooten in der stillen kleinen Bucht, die Gerüche des Meers lagen in der Luft, Krabben, Hummer und Shrimps wurden auf Kochstellen auf dem Bürgersteig zubereitet. Es war Weihnachten. Überall standen Bäume in den Gärten, mit bunten elektrischen Lichtern geschmückt, als wären sie für alle bestimmt – auch für uns.

»Die Mühlen Gottes mahlen langsam« – aber stetig. Die Einwanderungsgesetze entpuppten sich für uns schließlich doch als unüberwindbares Hindernis. Und Med kehrte auf die Salomonen-Inseln zurück.

XIII

Zwangsjacke

Als das Schiff ablegte, fing ich an zu zittern. Mich packte eine größere Angst, als ich sie je verspürt hatte, dabei hatte ich schon so manches Mal in der Klemme gesessen. Ich konnte es nicht benennen, aber mich überkam eine wogende Angst, sie kam über mich wie ein Schreckgespenst, benennen konnte ich sie nicht. Dass Med abgereist war und mich alleine gelassen hatte, kam als Grund nicht in Frage. Gott weiß, ich hatte ihn nicht gerne gehen lassen, aber ich war zu viele Jahre als Einzelgängerin unterwegs gewesen, als dass mich Einsamkeit hätte schrecken können.

Ich fasste mich so gut ich konnte und begriff, dass es daran lag, dass ich nun anscheinend bis zu meinem Tode zur Sesshaftigkeit verdammt war. Mit der Wirtschaftskrise waren auch Pas und meine sämtlichen Investitionen wertlos geworden. Die untere Wohnung war nicht vermietet. Ich besaß keinen einzigen Dollar Bares, da Med jeden Cent gebraucht hatte, um nach Hause zu kommen.

Aber dann lachte ich. Ach, was habe ich gelacht. Dabei war es gar nicht so witzig – auch wenn ich durchaus den Witz darin sah. Die arme Ma und mein armer Pa hatten ihr gesamtes Leben gewünscht, ich würde zur Ruhe kommen und nun lebten sie nicht mehr und jetzt war ich so weit! Weil ich musste. Und sie würden es nicht einmal mehr mitbekommen und sagen können: »Schau, jetzt ist doch noch eine Lady aus ihr geworden.«

Mit dem Gedanken beruhigte ich mich und ging nach Hause. In Mas altmodischem Garten betrachtete ich die Bäume. Einer war ein kleiner Mammutbaum, den sie nach dem Erdbeben aus dem Wald geholt hatte, »damit er sich aus der Asche der Vergangenheit erhebt und in die glorreiche Zukunft hineinwachsen« würde, hatte sie erklärt. Jetzt überragte er schon das Haus. Außerdem der Pfefferbaum, an den ich mich aus meiner Kindheit als kränkliches kleines Ding erinnern konnte. Jetzt war er so herrlich und riesengroß, dass er auf beiden Seiten in die Gärten unserer Nachbarn spähte. Dieser und der Fliederbusch waren meine Lieblinge in unserem Garten, und natürlich die alte, von Kolibris umschwirrte Heckenkirsche.

Aber im Haus gab es Gespenster. Vorübergehend wurde ich wieder panisch, dann stellte ich mich ihnen, versuchte ihnen und mir vorzumachen, ich wolle »sesshaft« werden.

»Sanfte, liebe, freundliche Geister, lebensfroh, lebendig und erleuchtet«, sagte ich, »ihr werdet meine widerspenstige Seele beruhigen. Hier werde ich eine Weile Frieden finden und all die Jahre des Umherziehens werden nichts anderes sein, als ein Kaleidoskop der seltsamen Farben und eigenartigen Formen.« Es funktionierte und ich fuhr fort, schöpfte allmählich Hoffnung. »Wie oft habe ich mich danach gesehnt, nach Hause zu kommen. Wie oft habe ich eine Wolke nach der anderen vorüberziehen sehen und jede einzelne angefleht, meine Erinnerungen nach Hause zu tragen.«

Ist man bekümmert, hilft Beschäftigung und so arbeitete ich wie besessen im Garten. Dabei wurde ich aber des Denkens nie müde, nur manchmal, wenn ich so so erschöpft war, dass ich nicht mehr klar denken konnte. Ich betrachtete die Stelle, an der ich eine Katze unter dem Haus hindurchgejagt hatte. Zuvor hatte ich ihr die besten Kleider meiner Puppe (einschließlich Korsett) angezogen, wenige Minuten später kam sie ohne alles, auch ohne Korsett, wieder heraus. Ich fragte mich erneut, wie die Katze der Zwangsjacke entkommen war und bevor ich es mich versah, hatte ich das Gefühl, selbst in einer zu stecken. Eingesperrt, fast wie zusammengeschnürt, saß ich an einem Ort fest, wo doch zuvor die ganze Welt mein Garten war.

»Du hast Glück«, sagte ich, »dass du in Zeiten wie diesen ein Dach über dem Kopf hast.«

Und es stimmte – aber es half mir nicht viel. Und auch die Erkenntnis, selbst schuld daran zu sein, dass ich pleite war, nutzte nichts. Schon immer war ich an allem, was mir mein Leben schwer gemacht hatte, selbst schuld gewesen. Ich bin zu kess, zu impulsiv, denke nicht weit genug voraus. Das ist wie eine Krankheit. Schon früher hatte ich mich gefragt, ob ich vielleicht einmal im Irrenhaus landen und schreckliche Dinge tun würde.

»Es sind die Erinnerungen hier«, dachte ich, »ich werde mir einen kleinen Ort am Meer suchen.« Also stellte ich ein Schild vors Haus »zu vermieten« und setzte eine Anzeige in die Zeitung: »Haus mit stillem Charme etc.«

Es funktionierte. Ein Lehrer mietete das Haus für siebzig Dollar im Monat. Den Wagen verkaufte ich ihm gleich mit. Um mich davon zu überzeugen, dass ich endlich zur Ruhe kommen musste und um nicht in einer Zwangsjacke zu enden, fuhr ich in den Süden und besuchte eine Freundin in einem Sanatorium. Alle Patienten dort wirkten eingeschüchtert und als ich sah, was diese für den faulen Zauber auch noch bezahlten, sagte ich zu meiner Freundin: »Oh Gott, von dem Geld könntest du nach New York und wieder zurückfliegen. Das wäre wenigstens eine Kur, die ihr Geld wert ist.« Eine ihrer Bekannten dort wollte nur ein paar Pfund verlieren und ich dachte, was ist das für eine schräge Welt in der Tausende nicht genug zu essen haben und Menschen, die

Tausende besitzen, diese dafür ausgeben, nicht zu viel zu essen.

Bei meiner Rückkehr nach San Francisco fühlte ich mich besser. »Wenn die Herumtreiberei für mich schon ein Ende hat«, versuchte ich mir einzureden, »dann sollte ich wenigstens das Beste daraus machen, so wie Tom Sawyer, als er den Gartenzaun strich.« Denn von den Mieteinnahmen konnte ich mir mehr leisten, als nur die kleine Dachkammerwohnung in Sausalito.

Der erste Stock bestand nur aus dem Wohnzimmer. Wie ein Heuboden, auf den man von der kleinen Küche durch eine Luke gelangte, überall Dachsparren und unverputzte Wände. Durch die Risse drang Tageslicht. Und wie auf einer Burg gab es zwei kleine Türmchen, jeweils mit drei Fenstern und dazwischen noch zwei, durch die man einen herrlichen Blick auf die Bucht hatte. Jack London schrieb seine erste Geschichte auf jenem Dachboden und die schäbigen Möbel und roten Plüschpolster waren schon da, als der Dichter Daniel O'Connell hier gelebt hatte. »Wenn ich daran denke«, sagte ich, »werden die sanften Wellen mit ihren weißen Händen die Fußabdrücke im Sand auslöschen und ich kann Frieden finden.«

Überall im Raum stellte ich Eimer mit Rosen auf, die ich von den struppigen Büschen im Garten geschnitten hatte, und wenn ich beim Blick aufs Wasser aus meinem Fenster heraus unruhig wurde, ging ich so lange wandern, bis ich müde wurde. Bei Fort Baker gab es einen kleinen Strand und frühmorgens, wenn nur die freundlichen Möwen ihn bevölkerten, ging ich dorthin.

Manchmal hatte ich Gesellschaft und fegte mit dem Besen um die Sparren herum; ich hasste es, die Spinnen und seltsamen großen schwarzen Motten stören zu müssen, die nachts zum Tanzen vorbeikamen. Ich kam mir vor wie die Gefangene von Chillon, freundete mich mit ihnen an.

Natürlich erhielt ich auch von überall her Briefe. Med war es bislang nicht gelungen, die Salomonen zu erreichen, denn während der Wirtschaftskrise brauchte man 500 Dollar, nur um an Land zu gehen, und obwohl niemand auf den Inseln mehr von Kokosnüssen verstand, als Med, wenn er nüchtern war, hatten die Plantagenleiter Verträge und er musste warten. Er bekam Anstellungen in der Nähe von Sydney als Fahrer, Fischer, oder was auch immer er ergattern konnte und behielt nur das nötigste von seinem Lohn. Den Rest schickte er seiner Mutter, und sie schickte mir die Hälfte davon mit wunderschönen Briefen weiter.

Wenn ich mir selbst zu viel wurde, unternahm ich kleine Ausflüge nach Trinity County, wo Pa seine Anteile gehabt hatte. Dort oben ist es immer noch sehr ursprünglich – keine Schienen oder Bürgersteige. Manchmal fuhr ich mit dem Bus nach Südkalifornien und von Santa Barbara aus ein paar Mal zu den Kanalinseln hinaus. Wie war ich entsetzt, als ich sah, dass Santa Cruz völlig überlaufen war mit urlaubenden Polizisten. Es schien, als wäre die Insel von der Zivilisation doch endlich eingeholt worden. Beim letzten Mal war ich der einzige fröhliche Mensch an Bord eines Schiffes, das drei Tage lang durch dichten Nebel irrte, bis schließlich vor Trancas Beach alle gerettet und in Krankenwagen nach Santa Monica gebracht wurden. Einige verspürten Angst, ich jedoch heimliche Vorfreude bei dem Gedanken, dass wir mit etwas Glück vielleicht auf einer pazifischen Inselgruppe landen würden. Aber das ist ein bisschen übertrieben, in Wirklichkeit war ich reumütig, denn ich hatte die Reisegesellschaft animiert – nette, ruhige Menschen – sich von mir die kalifornischen Kanalinseln zeigen zu lassen. Wir konnten die Seelöwen hören, aber nicht sehen.

Dann bekam ich Geld von Med zurückbezahlt. Erneut hatte er eine Anstellung als Leiter einer Plantage auf den Salomonen gefunden. Sein Vorgänger hatte sich umgebracht und Med wurde sofort auf seinen Posten berufen. Ich freute mich für ihn – dachte dabei mit einem Seufzen an den armen Kerl, den es »erwischt« hatte. Ungefähr zur selben Zeit sah ich eine Anzeige für einen Flug nach Osten. Unverzüglich packte ich Wechselwäsche ein und kaufte ein Flugticket nach Chicago zur Weltausstellung. Das mag unklug klingen, doch teurer als ein Aufenthalt in einer Nervenheilanstalt war es auch nicht – dafür aber die schnellere und angenehmere Therapie.

Von dort aus fuhr ich weiter nach New York und anschließend mit der unglückseligen *Morro Castle* nach Kuba. Vor vielen Jahren war ich schon einmal in Havanna gewesen, aber inzwischen hatte es sich zu einem beliebten Touristenziel entwickelt. Ich überquerte den Golf nach Progreso in Yucatan, wo ich mir die Ruinen der Maja ansehen wollte; angeblich durften nur Leute mit einem Erster-Klasse-Ticket sich diese anschauen und damals reiste ich dritter, aber ich war wild entschlossen. Ich sagte, ich wollte die Indios sehen – und dass ich extra deshalb gekommen sei – aber man erklärte mir, das sei »tabu«. Dann sah ich einen jungen Indio an einem alten Lieferwagen stehen. Ich zeigte ihm Postkartenbilder von den Ruinen und machte Zeichen. Er grinste und nahm mich mit dorthin (sie waren noch nicht ausgegraben, so wie jetzt). Ich sah sehr viel mehr vom Land und den sichtbaren Überresten einer uralten Zivilisation als die Touristen, die erster Klasse reisten – und ich musste nicht in einem Camp sitzen, das von einem desertierten Amerikaner geleitet wurde, und der dafür fünfzehn Dollar die Nacht kassierte.

Mein Reiseführer brachte mich zurück nach Merida und ich stieg in den Zug nach Progreso, um das Schiff nach Vera Cruz in Mexiko zu erwischen. Dieses Mal blieb ich nicht lange in Mexiko City – aber ich erinnerte mich noch gut an frühere Zeiten. Ich hatte ein kleines Fischerdorf am Golf von Kalifornien im Auge, wo ich vielleicht den Rest des Winters von meinem wenigen Bargeld leben könnte. Also kaufte ich vorsorglich eine Fahrkarte nach Los Angeles, damit ich notfalls verschwinden konnte, sollte es hart auf hart kommen, allerdings mit der Möglichkeit bis zum Frühjahr in Guaymas Zwischenstation machen zu können. 1933 war der Ort charmant und ist es vermutlich immer noch, auch wenn die Filmbevölkerung von Hollywood und die Fischer aus dem ganzen Südwesten ihn inzwischen für sich entdeckt haben und ein großes neues Hotel dort gebaut wurde. Aber damals war das Dorf idyllisch und träge, und die meisten Fischer waren Yaqui-Indianer. Ich erinnerte mich an Geschichten über Kannibalen auf Tiburon im Golf und fragte mich, ob die Seris immer noch Besucher verspeisten oder Matrosen mit der Aussicht auf einen Festschmaus an Land lockten.

Eines Abends fragte ich den Betreiber und Barmann des Hotels am Hafen danach. Er glaubte nicht, dass sie heute noch häufig Menschenfleisch verzehrten (oder irgendein anderes abgesehen von Rind) und erklärte mir, dass es nur noch ein paar Boote im Privatbesitz und einige wenige Schifferkähne im Golf gäbe. Anscheinend sollte es mir nicht gelingen, mein Wissen über die Seri-Indianer, Tiburon und den Golf über das hinaus zu erweitern, was ich vom Strand aus sehen konnte und was mir von Pas Geschichten über wilde und haarige Kannibalen im Gedächtnis geblieben war.

Dennoch hörte ich eines Abends amerikanische Stimmen aus der Bar unter meinem Zimmer. Am nächsten Tag erzählte mir der brave Hotelbetreiber, dass einige junge Amerikaner vorhatten, in einem vierzehn Meter langen Fischerboot den Golf hinaufzufahren. Sie wollten versuchen, kommerziell in diesen Gewässern zu fischen. Er hatte ihnen von meinem Wunsch erzählt, nach Tiburon zu gelangen und einer hatte versprochen, sich bei mir zu melden. Das tat er und wir unterhielten uns lange. Obwohl er noch jung war, hatte er Reisen um die Welt unternommen und es war, als würden zwei Menschen derselben Loge ihre Abzeichen oder Ringe vergleichen. Einmal hatte er sogar als Reporter für eine Zeitung in Shanghai gearbeitet. Die Idee mit der Fischerei war das Ergebnis von Arbeitslosigkeit und Wirtschaftskrise.

Er sagte (mit Blick auf mein ergrautes Haar): »Ich glaube nicht, dass Sie den Entbehrungen gewachsen sind, die mit der Reise auf einem so kleinen Boot im Golf von Kalifornien einhergehen. Der Golf ist siebenhundert Meilen lang. Abgesehen von einem Leuchtturm vor Guaymas, gibt es keinerlei Navigationshilfen zwischen den Untiefen, Felsen und Inseln hindurch. Aber«, setzte er hinzu, »kommen Sie und sehen Sie sich das Boot an. Wenn Sie dann immer noch mitkommen wollen, bitte schön.«

Ich erzählte ihm, ich hätte tausende von Meilen auf Handelsschiffen in der Südsee zurückgelegt – von den Marquesas zu den Salomonen und wir sollten keine Zeit mit Bootsbesichtigungen verschwenden. Wenn sie an diesem Abend auslaufen wollten, hätte ich noch viel zu tun. Da sie keine Lizenz zur Beförderung von Passagieren hatten, mußte ich mich als Besatzungsmitglied registrieren lassen. Wie die mexikanischen Stenographen im Hafenbüro kicherten und lachten, weil ich mit vier Amerikanern und einem Yaqui-Koch auf einem Fischerboot anheuerte.

Wie aufregend es ist, wenn der Anker eingeholt wird und man sich auf eine neue Welt einzustellen beginnt, eine Welt, die Erinnerungen an andere kleine Boote in anderen Gewässern weckt – stets weit weit entfernt. Die nun folgenden sechs Tage waren hart und schmutzig, aber nicht ein einziges Mal wünschte ich, anderswo zu sein. Wir alle schliefen in einer Reihe an Deck und wurden mehr als einmal von einer Welle überrollt. Es gab auch eine kleine Kabine, aber sie war voller Ausrüstung und stickig. Im Lagerraum befanden sich drei Tonnen Eis (erstaunlich, was man auf einem kleinen Boot alles unterbringen kann).

Der Indianer fing nachts Schildkröten und an seiner Schildkrötensuppe war nichts falsch. Selbst der Waschraum war voller Schildkröten und wenn ich im Dunkeln, über die armen Kreaturen stolperte, hoffte ich, dass ich ihnen nicht auf die Köpfe trat. Oh, wie sie zuschnappen konnten!

An der Küste von Tiburon trafen wir auf Seri-Indianer und obwohl der Yaqui übersetzen konnte, unterhielten wir uns mit ihnen in Zeichensprache. Die Jungs schenkten ihnen Zigaretten und wir beschlossen, auf Tiburon an Land zu gehen.

Die armen Seris auf der trostlosen Kaktusinsel Tiburon! Kein einziges Haus, und frisches Wasser war so knapp wie Lebensmittel. Kein Wunder, dass sie rohe Meeresschildkröten mitsamt den Innereien aßen. Als Kannibalen musste es ihnen besser ergangen sein. Esel konnte ich keine entdecken, weder tot noch lebendig, aber der Strand lag voller Schildkrötenpanzer, Haufen von Innereien darin. Zweifellos ihr Mittagessen. Die Seris waren so zerlumpt wie das Segel einer chinesischen Dschunke. Ich schenkte einer alten Frau meinen Samtmantel, und verkniff mir ein Lachen, als die Alte damit auf einem Kaktus herumkletterte. Eigentlich hätte sie eine Hose und einen warmen Rock gebraucht, aber die hatte ich selbst nicht. Als ich meine Jacht in Kalifornien noch besaß, hatten Ma und Pa die Wochenenden häufig in meinem Haus am Strand verbracht. Sie bekamen nie mehr als ein einziges Hemd zu Gesicht, nass oder trocken. Ich hatte nur das eine. Das Geld ging für Benzin und anderen Blödsinn drauf. Eines Tages brachte Ma mir mehrere Hemden und sagte: »Eine Lady mit einer Jacht und nur einem einzigen Hemd, das passt nicht zusammen!«

Acht Seri-Indianer zogen wir einmal in zweien ihrer Boote zum Fischen hinter uns her. Nachts schliefen sie in der Nähe des Strandes, an dem wir in diesem Fischerparadies vorher gefischt hatten. Eines Tages hatten wir in ein paar Stunden eine Tonne Viyas gefangen. Viyas sind eine Art Steinbarsch, die man tief unten mit Haken und Angelschnüren fängt. Man muss den Fisch töten, bevor man ihn ins Boot zieht und die Männer verwendeten dazu einen mit Blei gefüllten Baseballschläger. Die dumpfen Schläge ließen über Stunden mein Blut gefrieren. Die armen Fische sterben nicht leicht.

In sechs Tagen sahen wir nur ein einziges anderes Boot und zwar in Ananias Bay, vor der Küste von Madre de Dios, unweit der niederkalifornischen Küste. Es war ebenfalls ein amerikanisches Fischerboot mit einer Besatzung von zehn Mexikanern. Wie wir waren sie vor dem Sturm dorthin geflüchtet.

Am ersten Abend schenkten wir den Indios mexikanische Zigaretten und der Yaqui machte Tortillas für sie, alle waren fröhlich und freundlich, obwohl wir sie nicht an Bord ließen. Sie aßen auf ihrem eigenen Boot, das neben unserem herfuhr. Am zweiten Abend, wir waren schon recht entspannt, kam ein Indio an unser Boot herangefahren und äußerte lauthals seine Beschwerden, damit alle es hörten. Wie ein Redner verlangte er mit tiefer eindringlicher Stimme Farinah (Mehl) und bekam es. Dann stocherte er mit seinem Boot an die Stelle, an der ich gerade vor mich hindöste und erklärte mir mit ausholenden Gesten, er habe keine Pantalones. Seine Handbewegung verriet mir, dass er Hose meinte. Dann sagte er, er habe auch kein Hemd. Aufgrund seiner spärlichen Lumpen glaubte ich, er wollte mir sagen, dass er kein Hemd habe. Da ich weder das eine noch das andere besaß und mir der Zeitpunkt ungünstig gewählt schien, mich damit zu bedrängen, erwiderte ich »Manana«. Ein sehr nützliches Wort, egal in welcher Sprache.

Aber es ärgerte ihn. Später, als alles still geworden war und viele schöne Sterne am Himmel standen, glaubte ich, Bootspaddel und Schreie zu hören, und ich dachte, das wä-

ren die Indios. Später aber stellte sich heraus, dass Schildkröten die Paddelgeräusche gemacht und Kojoten geschrien
hatten.

Der alte Amerikaner, dem das andere Boot gehörte, erklärte uns, niemand der sich im Golf auskenne, wolle mit
den Seris etwas zu tun haben. Sie seien zu ihm gepaddelt und
hätten ihm erzählt, wir hätten ihnen nicht genug zu essen
und nicht genügend Zigaretten gegeben. Kaum ein Jahr zuvor hätten sie alle Mann auf einem mexikanischen Fischerboot ermordet, seien nach Tiburon zurückgefahren und hätten sich dort betrunken. Daraufhin wurde ein Boot nach Tiburon geschickt, man erschoss ein paar Seris und ließ mit Po-
ckenerregern verseuchte Kleider am Strand liegen, in der
Hoffnung, die Indianer auf diese Weise auszurotten. Ich erinnere mich, einen blinden alten Mann gesehen zu haben,
vielleicht auch eine Folge der Pocken, andere hatten Pocken-
narben.

Am nächsten Abend schleppten wir die Indios, die mit uns
gefischt hatten, zurück über den Golf. Die Fahrt auf unserem
Boot war furchtbar unruhig, wie muss es erst für die Indios
gewesen sein. Die Jungs schenkten ihnen Kleider und Vorräte – Geld kannten sie nicht – und der Yaqui durchschnitt kurz
vor ihrer Insel das Schlepptau. Anstatt nach China zu gehen
und Seelen zu retten, die lange vor der Entdeckung Europas
oder Amerikas schon gerettet worden waren, sollten Menschen mit einem wahren Christenherz lieber etwas für die
Mägen und das Wohlbefinden dieser mutigen und zerlump-
ten Seri-Indianer tun. Ich glaube, es sind nur noch ein paar
Hundert von ihnen übrig.

Zurück in Guaymas lernte ich einen amerikanischen Arzt
kennen, der vierzig Jahre lang Erfahrungen in Mexiko gesammelt hatte. Eines Abends, als wir uns Geschichten erzählten, sagte er: »Ich habe eine Idee. Ich gebe dir Medikamente und du fungierst dann als Medizinmann im Yaqui-Re-

servat. Die Regierung besticht sie mit einem bestimmten Betrag pro Person, damit sie den Mund halten. Aber sie konnten sie nie wirklich unterwerfen.« Ich erklärte ihm, eines Tages würde ich vielleicht auf sein Angebot zurückkommen. Die Häuptlinge sind mit dem Arzt gut befreundet und es ließe sich arrangieren. Das mit den Pillen interessierte mich nur als eine Möglichkeit, diesen herrlichen, und ungezähmten Stamm besser kennenzulernen. Wer will schon gezähmt werden? Aber ich musste zurück nach Kalifornien und mich um die Vermietung kümmern.

Ich verließ Guaymas und wartete sechzehn Stunden in Emballe, einem Eisenbahnknotenpunkt außerhalb von Guaymas. Ein Tunnel war eingestürzt und als der Zug kam, erklärte mir der Schaffner, der erste Mensch, den ich an der Westküste Mexikos Englisch sprechen hörte, meine Fahrkarte sei nicht gültig. Er setzte mich mitten in der Nacht in Hermosillo ab. Es dauerte eine Weile, bis ich die Stadt überhaupt fand. Und noch länger um die Telegrafenstation aufzusuchen. Niemand sprach Englisch, aber dass ich wütend war, begriffen sie und konnten auch englische Nachrichten entgegennehmen. Ich schrieb einen zweiseitigen Eilbrief an den Agenten von General Passenger in Mexiko City, das Porto vom Empfänger zu bezahlen, und erklärte ihm in allen Einzelheiten, was vorgefallen war. Meine energische Mitteilung wurde schon am nächsten Tag mit einer neuen Fahrkarte belohnt. Schwarz gebrannt von der Sonne und hundemüde nahm ich den nächsten Zug.

XIV

ENTKOMMEN

Französische Hölle

Acht weitere Monate wartete ich darauf, dass es wieder bergauf ging. Inzwischen war nicht mehr die Rede davon, dass schon bald mit großem Wohlstand zu rechnen war.

Mit der nächsten Mieteinnahme fuhr ich mit einem kleinen Dampfschiff nach Martinique. Zwölf Stunden lang nahm es vor St. Thomas auf den Jungfraueninseln Kohle auf. Einige der westindischen Inseln gehören inzwischen zu anderen Nationen und haben teilweise sogar neue Namen, seitdem ich sie das letzte Mal besucht habe. Aber es ist wie bei den Leoparden: die schönsten Flecken bleiben. St. Thomas war früher dänisch gewesen, wie alle Welt weiß. Ich hatte den Turm namens Blaubarts Burg gesehen und erinnerte mich, wie überrascht ich war, dass man ihn nicht nach einer Märchenfigur, sondern nach einem Piraten benannt hat. Um die Burg herum, die jetzt als Touristenhotel diente, waren kleine Häuschen entstanden. In den zwölf Stunden, die ich zur Verfügung hatte, wanderte ich überall herum.

In einem kleinen Fischerdorf stieß ich auf eine Kolonie von Weißen, die sich *Chachas* nannten und ebenso ärmlich lebten wie die schwarzen Einheimischen, aber ihre kleinen Hütten waren sauber und sie waren freundlich. Ein barfüßiges kleines Mädchen führte mich auf einen Hügel, um mir eine kleine Kirche zu zeigen, wie man sie in jedem Dorf in Frankreich findet. Die Vorfahren der *Chachas* kamen mit der Vertreibung der Hugenotten aus Frankreich und hatten seither so häufig untereinander geheiratet, dass es ihnen nicht nur finanziell, sondern auch gesundheitlich schlecht ging.

Fort de France, die Hauptstadt von Martinique ist ein Dreckloch, überall offene Abflussrinnen, in denen Jauche schwimmt. Aber Gott ist gnädig mit den Schmutzigen und schickt ihnen regelmäßig Regenschauer, die ihre Häuser gewissermaßen reinhalten. Die Frauen haben eine fröhliche, kecke Art, durch die sie sich von den anderen Westindern unterscheiden.

Eines Tages hörte ich wie sich zwei Schwarze, die auf der Veranda eines Häuschens an einer Landstraße saßen, auf Französisch fragten: »Wo kommt sie wohl her? Sie muss eine Chacha sein.«

Zwei Wochen blieb ich dort, dann fuhr ich mit einem kleinen französischen Schiff nach Cayenne – interessante Wochen. Einige der einheimischen Frauen kleideten sich wie Josephine, Napoleons Frau, die hier geboren worden war – sie hatten sich ein Taschentuch um den Kopf gebunden wie Aunt Jemima, dazu trugen sie seidene Rüschenkleider. Die Franzosen haben so häufig Schwarze und Braune geheiratet, dass ein rein Weißer schwer zu finden ist. Im ersten Hotel, das ich betrat, gab es so viele Schwarze, dass es dort aussah wie bei einer Minstrel-Show. Ich verschwand wieder und landete in einem noch schwärzeren Lokal. Endlich fand ich einen weißen Hotelbetreiber, auch wenn ich in Bezug auf die Gäste nicht so sicher war.

In der Gegend um St. Pierre, einem kleinen Dorf mit vielen Ruinen, war die Landschaft selbst für die Tropen außergewöhnlich schön, abgesehen von Mount Pelee, von dessen Gipfel sich ein Strom kalter Lava wie eine Narbe zum Meer herunterzog, als wolle er an sein schlechtes Benehmen von 1902 erinnern.

Mit weniger als vier Kilo Gepäck fuhr ich auf dem kleinen Schiff, der *Antilles*, ab. Die Zollbeamten rissen bei ihren Kontrollen das Futter aus meiner straußenledernen Reisetasche. Abgesehen von Handschuhen und Schuhen hatte ich jeweils nur eine Ersatzgarnitur dabei, außerdem meine Klaviernoten, die alleine ein Kilo wiegen – ich hatte sie aus Gewohnheit mitgenommen (ein Relikt aus der Zeit, als ich unterwegs auftreten musste, weil ich pleite war) – dazwischen lagen meine Socken, Unterwäsche und ein bunter Schal, den ich um eine Schnur mit glückbringenden Göttern aus Niederländisch-Indien gewickelt hatte. Manchmal bekam ich monatelang kein Klavier zu Gesicht. Aber welch eine Freude, wenn doch!

Es ist eine große Erleichterung, wenn man am Zoll nicht lange aufgehalten wird und man sich nicht in einer fremden Sprache mit Kofferträgern streiten muss. Manchmal kommt man sich aber auch schon mit einer kleinen Reisetasche wie Atlas vor. Natürlich ist es schwierig, ohne all die »notwendigen« Dinge auszukommen. Aber sind sie wirklich so wichtig? »Was das Auge nicht sieht, vermisst man auch mit dem Herzen nicht.« Am schlimmsten war es in regnerischen Gebieten. Wenn ich nass wurde, musste ich häufig in meinen nassen Kleidern bleiben. Ich profitierte vom Wechselkurs in den französischen Orten – kaufte aber trotzdem keine Kleidung dort.

Wir waren zu siebt in einer Kabine und die Farbpalette, die zum Vorschein kam, wenn wir uns wuschen, war sehr aufschlussreich – schwarz, weiß und gelb. Ungefähr hundert Polizisten fuhren mit ihren Familien nach Französisch-Guayana, außerdem Soldaten und Sträflinge ohne Anhang. Die anderen waren Schwarze.

Der erste Zwischenhalt war St. Lucia, dann kamen Barbados und Trinidad. In Trinidad wurde Angosturabitter hergestellt, der nach einer Stadt am Orinoco in Venezuela benannt wurde, die heute Bolivar heißt. In Georgetown, in Britisch-Guayana, befanden wir uns außerhalb des französischen Hoheitsgebiets und die Hälfte der 300 000 Einwohner der gesamten Kolonie waren Hindus aus Indien, ebenso in Paramaribo (ein recht langer Aufenthalt dort) zwölf Meilen den Surinam in Niederländisch-Guayana hinauf. Es ist ein idyllisches kleines Dorf. Ich erinnere mich an den Verkehrspolizisten (natürlich schwarz), der an einer stark befahrenen Ecke stand. Er kam sich so wichtig vor. Beim Überqueren der Straße zählte ich den Verkehr: drei Fahrräder und zwei Wasserbüffel.

Über einen Fluss, der den französischen vom niederländischen Teil Guayanas trennt, erreichten wir St. Laurent de Maroni. Dort stiegen die meisten Polizisten aus. Die gesamte Stadt bestand aus Gefängnissen und Polizisten, Schwarze und Mischlinge. Einige der Sträflinge rissen die Straße auf, andere saßen einfach auf Bänken im Hof. Einer der Gefangenen, der am Fluss arbeitete, war sehr freundlich, nachdem ich ihm Zigaretten geschenkt hatte. Ihre armen müden Augen strahlten so, wenn sie Zigaretten bekamen. Der arme Mann – er stotterte vor Nervosität, weil er so lange stumm gewesen war, wie er mir erzählte. Seinen Gefängniskumpel hatte man in einen Käfig gesteckt, wie ein wildes Tier, weil er einen Wärter geschlagen hatte.

In St. Laurent hörte ich von einem anderen Sträfling, der gerade freigelassen worden war. Angeblich sei er sehr zuverlässig, sogar so vertrauenswürdig, dass einer der niederen französischen Beamten ihm die Führung seines Haushalts überlassen hatte. Doch dann, kurz vor unserer Ankunft, brach der Teufel in ihm durch. Er hatte den Freund, den er gefunden hatte, ermordet, sich die Ehefrau geschnappt und diese gefangen gehalten, bis er schließlich noch während meines Aufenthalts in St. Laurent festgenommen wurde.

Natürlich hatten es die guten Gefangenen danach noch schwerer.

Ich werde immer gefragt, ob ich denn von den Gefangenen keine schönen Berichte über ihr Leben gehört habe. Manchmal erzählten sie welche, aber ich frage Menschen nicht gerne nach ihren Geschichten. Die armen Teufel. Wenn mich andere wegen meiner Vergangenheit bedrängen, mache ich dicht wie eine Venusmuschel und möchte selbst auch niemanden aushorchen. Es ist ihr Leben. Wenn sie reden wollen, schön; wenn nicht, ist das für mich in Ordnung. Alle sagen, es gibt keinen gefährlicheren Ort auf der Welt, als die Gesellschaft schlechter Menschen. So viele Bücher wurden über diese sogenannten schlimmen Orte verfasst und sie stecken voller Lügen. Prügeleien? Ja. Man hält sich raus. Ich habe zu viele Prügeleien auf der ganzen Welt miterlebt. Wenn man alt ist, wird man von niemandem belästigt, aber ich habe auch schon in jungen Jahren gelernt, auf mich aufzupassen. Doch selbst wenn man jung ist, sind diese Orte nicht die gefährlichsten. Religiöse Aufstände und Feindschaften können viel schlimmer sein, das weiß ich – wenn Mohammedaner Hindus töten oder Juden und umgekehrt. Auch Christen sind in dieser Hinsicht keinesfalls unschuldig.

Die Teufelsinsel gehört zu den Iles de Salut, siebenundzwanzig Meilen von Cayenne entfernt. Unser Schiff war das einzige, das sie ansteuerte. Es sind sehr kleine Inseln, überraschend schön, grün und hügelig, mit ein paar Palmen und anderen Bäumen bewachsen. Wir warfen kurz davor Anker und blieben acht Stunden. Ein schwarzes Boot kam zu uns herausgefahren, gelenkt von sechs Mördern mit Stangen. Einige kamen an Bord, um das Gepäck der Polizisten zu holen. Einer war jung, blond und sah gut aus. Er hätte auch Engländer, Amerikaner oder Franzose sein können. In seinem intelligenten Gesicht konnte ich nichts Gemeines entdecken und als er behutsam die große Puppe eines kleinen Mädchens von Bord trug, hätte ich am liebsten geweint. Einige der anderen allerdings wirkten verhärmt – französisch kolonisierte Araber und ein Franzose, dessen Kopf und Gesicht entsetzlich vernarbt waren. Und die Narben sahen nicht aus, als hätte er sie sich in Heidelberg bei Säbelkämpfen eingehandelt. Alle waren sie barfuß und trugen Hosen aus Mehlsackleinen, an manchen Stellen war noch der Markenaufdruck zu sehen. Es war sehr traurig.

Nächster Halt war ein schrecklicher Ort – Cayenne. Selbst der Ozean wirkte schmutzig, heiß und aufgewühlt. Die Stadt war voller ehemaliger Sträflinge und auch Gefangene sah man überall. Nur die schlimmsten Verbrecher werden hierher gebracht. Die Guillotine, die Streckbank und andere mittelalterliche Foltermethoden werden hier immer noch angewendet. China ist alt, ja, aber milde. Cayenne wirkte, als wäre es rasch während irgendeines Goldfiebers aus dem Boden gestampft und dann über fünfhundert Jahre bewohnt worden, ohne dass je etwas neu gestrichen oder repariert worden wäre.

Es gab ein paar tausend ehemalige Sträflinge hier, die als *libérés* bezeichnet wurden. Man hatte sie auf freien Fuß gesetzt, um sie verhungern zu lassen. Sie hatten kein Geld und durften Französisch-Guayana nicht verlassen, sie lebten von der Wohltätigkeit (eine Brotkruste) der Schwarzen. Einige wenige zogen in den Dschungel, wo sie sich notdürftig mit Goldwaschen über Wasser hielten. Sie boten den erbärmlichsten Anblick, dessen ich je gewahr wurde, schlurften barfuß in schmutzigen Hosen und den großen Strohhüten der Einheimischen umher, wirkten ausgestoßen und hoffnungslos, jeglicher Menschenwürde beraubt. Kein Wunder, dass sie sich bisweilen gegenseitig in den Latrinen der Stadt umbrachten. Dabei handelt es sich um eine andere Form der Güte, nicht um Mord. In den Geschichtsbüchern liest man vom

Steinzeitalter und der Eisenzeit. Cayenne mit all seinen Schrecken schien aus der Schlammzeit zu stammen. Das Gefängnis hatte über die Jahrhunderte hinweg einen so schlimmen Ruf, dass ein flüchtender Gefangener sofort erschossen wird, wenn er die Grenze zu Venezuela erreicht.

Häufig sind abgelegene Plätze nicht nur als Ort, sondern auch wegen der dort lebenden Menschen interessant. Später erfuhr ich, dass Cayenne dahingehend keine Ausnahme bildete. Ursprünglich war ich nur deshalb nach Cayenne gefahren, weil ich schon so gut wie überall sonst auf der Welt gewesen war und nicht zur Ruhe kommen konnte, bevor ich nicht auch an den wenigen mir noch unbekannten Orten war. Mein Motto lautete stets »Tapetenwechsel«. Ich glaube wirklich, dass ich durch einen schlichten »Tapetenwechsel« von der Lepra genesen könnte, so glücklich macht es mich – zumindest vorübergehend, wenn ich an fremde Orte reise. In Cayenne blieb ich drei Wochen.

Aber Cayenne in der Regenzeit ist nicht der beste Ort, um ein fröhliches Weihnachtsfest zu verbringen. Ich ging an einen Platz mit vielen hohen zerzausten Palmen, weil ich sehen wollte, ob dort Weihnachten gefeiert wurde, doch in den Kronen der Palmen hockten nur geierartige Vögel, die an Totengräber erinnerten und auf die elenden Einwohner warteten. Stundenlang lauerten sie auch auf den Gefängnismauern.

Die Sträflinge trugen gestreifte Anzüge, die sie wie verblichene Zuckerstangen aussehen ließen. Einige waren paarweise an den dürren Beinen aneinander gekettet. Ein armer alter Mann saß auf dem Gehweg und schimpfte. Die hässlichen großen schwarzen Aasfresser, dreiste Tiere, die stets mit irgendjemandes Leber im Schnabel herumliefen, umringten ihn. Ich dachte, er würde sie beschimpfen. Dann begriff ich, dass er verrückt war und rannte davon, fühlte mich elend.

Nirgends erinnerte etwas an die christliche Zivilisation oder an Weihnachten. Mag sein, dass der Gouverneur in Cayenne eine Toilette hatte, außer ihm aber gewiss niemand sonst und selbst die Luft roch faulig. Ich muss schmunzeln, wenn ich daran denke, dass vielerorts auf der Welt solche Einrichtungen fehlen und ich einhundertachtzig Dollar für den Einbau von zwei neuen Toiletten in meinem Haus gezahlt habe, eine sehr blaue und eine sehr rosafarbene, um es besser vermieten zu können, und mich so sehr darüber gefreut habe, dass ich lange an nichts anderes denken konnte. Es ist gut – oder vielleicht auch schlecht – für die Einwohner von Cayenne, dass der Regen, der die Stadt täglich durchspült, sie am Leben erhält.

Wenn es nicht regnete, und auch wenn es regnete, ließ die sengende Hitze alles verdorren. Es war anstrengend, auch nur zum Postamt zu gehen und die Post abzuholen. Am Schalter wurde auf jeden erhaltenen Brief eine Steuer erhoben. Und was bekam ich für Post! Im ersten Brief wurde mir mitgeteilt, dass meine Mieter ausgezogen waren. Ich war erfüllt von Fieber und Chinin und nach dem Erhalt der Nachricht noch viel mehr. In Cayenne wurde sämtliche Post gelesen, bevor man sie ausgehändigt bekam und ich wünschte, der Zensor hätte diesen Teil herausgeschnitten. Ich ging in mein »Zimmer«, um darüber nachzudenken, was zu tun war.

Der Vertreter von Pan American in San Juan, Porto Rico, hatte mich vor der Reise nach Cayenne gewarnt. »Sie werden nirgends übernachten können«, sagte er. »Höchstens bei den Nonnen kommen Sie unter.«

Davor hatte ich größere Angst, als vor all den anderen Schrecken, die er mir ankündigte. Ein guter Amerikaner hatte vor Jahren gesagt: »Gebt mir Freiheit oder den Tod.« So empfinde ich auch. Ich wollte nicht bei den Nonnen eingesperrt sein. Also suchte ich mir eine Schlafgelegenheit auf einem Schoner. Ich kümmerte mich selbst um mein Essen, brachte eine Hängematte mit, immer bereit, mit dem nächstbesten Schiff den Hafen zu verlassen. Schließlich kam eines, aber ich ließ es wieder ziehen – es war keine fünfzehn Meter lang, die Besatzung bestand ausschließlich aus nackten Schwarzen und die Fracht aus lebendigen Stieren. Auf Cayenne wird praktisch nichts angebaut und das Leben ist teuer und ärmlich. Ich hörte, dass ein besseres Schiff, die Brazilian, erwartet wurde und als es eintraf, zog ich mit meinem »Bett« um, so dass ich die Abfahrt nicht verpassen würde.

Vor meiner Abreise aß ich noch mit einer sehr gastfreundlichen Familie zu Abend. Der Mann lebte seit siebenunddreißig Jahren auf Cayenne. Er war französischer Jude und als Soldat hergekommen. Als seine zweijährige Dienstzeit vorüber war, blieb er als Kaufmann.

Ein Kaufmann in Cayenne handelt mit bunten Baumwoll- und anderen Stoffen in kräftigen Farben für die Schwarzen und fast Schwarzen. Er, seine Frau und seine Tochter waren für die Verhältnisse auf der Insel wohlhabend. Hinter dem zweistöckigen Haus lag ein Hof mit einigen schattenspendenden tropischen Bäumen, außerdem gab es Enten, Hühner, Schweine und einen kleinen Teich für die Gänse. Beim Essen erklärte er mir herzergreifend: »Ja, wir sind hier gut eingesessen und auch irgendwie glücklich, aber etwas bekümmert mich doch sehr. In Cayenne gibt es für meine Tochter niemanden zum Heiraten. Kein erstrebenswerter Franzose ist unverheiratet und ich werde meine Tochter keinem Schwarzen geben.« Sie war ein hübsches Mädchen, mit für diese Region vergleichsweise heller Haut. Ihre Mutter wirkte weiß und französisch, sie erzählte mir aber, sie sei auf Cayenne geboren, was wohl die Lockenpracht ihrer Tochter erklärte. Als wir nach einem ausgezeichneten Essen beim Kaffee angelangt waren, kam ein kohlrabenschwarzer Mann herein und küsste zu meiner Verwunderung die Gastgeberin. Die Dame stellte mir den Nachzügler als ihren Bruder vor.

Der Abend verlief vergnüglich, zumindest für mich, denn als Likör floss, wurden meine Lebensgeister geweckt. Ich hörte mir Geschichten von früher und von ausgerissenen Sträflingen an, und auch in diesem freundlichen Heim begegnete ich Gefangenen der besseren Sorte. Damit meine ich, sie genossen eine Menge Freiheit und man konnte sie Besuche machen lassen. Einer schenkte mir eine kleine Guillotine mit einer Rasierklinge, die er gebastelt hatte. Wird der Tag jemals kommen, an dem Verbrecher betrachtet werden wie kranke Menschen, wie Epileptiker, Trinker oder Drogenabhängige? Vielleicht können sie geheilt werden. Es ist erstaunlich wie viele gute Menschen sich überall auf der Welt unter den »schlechten« befinden und oh je, wie viele schlechte unter den guten. Gier und Selbstsucht sind zwei Seiten desselben Übels. Die Traurigkeit des Umherziehenden rührt nicht zuletzt daher, dass er über die Beweggründe der Menschen ins Grübeln gerät, ebenso wie über die Unbeständigkeit einer gewissen Dame namens Schicksal. Aber ich beschwere mich nicht. Nachdem ich die Überfahrt nach Para auf dem Schoner bezahlt hatte, blieben mir noch zwanzig Dollar für den Monat, denn die untere Wohnung stand nun leer. Aber manchmal ist es sogar besser, nicht so viel zu essen. Vielleicht bin ich deshalb so gesund.

XV

EIN JAHR AM ÄQUATOR

Para

Auf Para erzählt man sich keine Geschichten über Fische, sondern über Schlangen. Ich sah einen Mann in der Nähe des Marktplatzes mit einer sehr großen, wunderschönen toten Schlange. Die Haut war so bunt und der Mann so geheimnisvoll, dass ich den beiden an einen kleinen Strandabschnitt folgte, wo er die Schlange auf der Bauchseite aufschlitzte und ihr die Haut abzog, so behände wie bei einem langgestreckten Kaninchen. Er ließ das Innere fast vollständig am Strand liegen, wusch die Haut, rollte sie zusammen und kehrte zum Markt zurück, um sie zu verkaufen. Danach hatte ich genug von dem Mann und der Schlange gesehen.

Wird man mit Dingen, vor denen man sich fürchtet, langsam vertraut, wird ihnen schon dadurch der Schrecken genommen. Überall in Para, in jedem zweiten oder dritten Geschäft, lagen Leopardenfelle, Schlangenhäute und Stockfisch aufgestapelt. Diesen Bakalau habe ich nie gegessen, zumindest nicht, wenn ich ihn vorher zu Gesicht bekommen hatte. Häufig wurde er tonnenweise unverpackt im Hof gelagert – und dann wundern sich die Leute, warum die Sterberate so erschreckend hoch ist. Man schreibt es dem Tropenklima zu, aber es ist der Schmutz, den sie essen. Mehr als einmal dachte ich auf einem Schiff auf dem Amazonas, ich hätte die Pocken, dabei ging es mir nur infolge des minderwertigen Essens und zu vieler Mückenstiche schlecht. Vermutlich sind sie in Brasilien verbreiteter als in jedem anderen Land der Welt. In Zeitschriften und auf Tafeln wurde für Heilmittel geworben. Ich sah Elephantiasiskranke und Aussätzige, die ihre riesigen Beine über die Straße schleppten.

Fünfundsiebzig Prozent der Menschen im tropischen Brasilien können weder lesen noch schreiben und leiden unter allen Problemen, die mit solchen Defiziten einhergehen. In Rio de Janeiro und den Städten im Süden ist das natürlich anders. Aber der Amazonas verkörpert Brasilien in Reinform. Negerblut ist so weit verbreitet, dass Schwarze, fast Schwarze, Weiße und fast Weiße alle zu einer Familie verschmelzen. Das war sehr interessant zu sehen. Der Anblick einer weißen Frau mit einem kohlrabenschwarzen Kind oder einer Negerin mit einem blonden Sohn war nichts Ungewöhnliches. Zuerst hielt ich diese Negerinnen für Kindermädchen. Dabei war es nur die Natur im Rückwärtsgang. Einige Weiße waren aufgrund des Fiebers gelb wie Senf.

Im Zoo in Para gab es keine ausländischen Tiere, nur welche aus dem Amazonas, zum Beispiel einen goldenen Papagei mit Federbüschel auf dem Kopf, und ich wusste, dass er sehr selten sein musste, denn der Pfleger fütterte ihn mit der Hand. Alle Namen waren auf Portugiesisch angeschrieben. Es gab einen sehr großen marineblauen Ara, so viel schöner, als die grellbunten mit den tätowierten Gesichtern. Außerdem ein Capybara oder Wasserschwein, das aussah wie eine Ratte, aber so groß war wie sein Vetter das Schwein. Es lief frei herum und die Kinder schubsten es hin und her wie einen Hund. Auch ein Tapir lief frei herum und auch er war harmlos. In einem Käfig wurde ein Maracaja gehalten, ein kleiner Leopard mit gemeinem Blick, der sich aber trotzdem von einem Brasilianer den Rücken kraulen ließ. Am besten waren die Vögel der Kranich- und Reiherfamilie. Ein Guara hatte blaue Füße, einen blauen Schnabel und flauschige weiße Federn und kam dem Besucher so nah, wie es ihm in seinem Drahtgehege möglich war. Er schnatterte und verneigte sich drei Mal mit ausgebreiteten Federn, wie ein Mädchen beim Tanzknicks. Immer wieder machte er das, erinnerte an einen Schauspieler, der noch einmal vor den Vorhang gerufen wurde, bis es schließlich peinlich wurde und ich Lust bekam, den eleganten Knicks zu erwidern. Stattdessen aber ging ich zu einem langen braunen, kranichartigen Vogel, der wie ein Kranker stöhnte.

Und da waren Affen, kleine Seidenaffen, einige davon blond und nicht größer als Ratten. Im Museum des Zoos waren einige der kleinsten ausgestopft zu besichtigen, sie hatten lange weiße Schnurrbärte, die sich an den Enden kräuselten.

Als es heftig regnete, und das tat es die meiste Zeit über, bewegten sich die riesigen Schlangen und die Zitteraale ständig in ihren Behausungen und die Fischotter weinten wie Kinder. Einer – ein schreckliches Ding – bekam ein Baby. Daraufhin wurde ein Fisch hineingeworfen, die Mutter packte ihn mit den Pfoten, biss ihm den Kopf ab und fraß ihn auf. Mehr Fische wurden hineingeworfen, sie erfuhren dieselbe Behandlung. Der Babyfischotter mühte sich unterdessen immer noch mit seinem ersten Fisch ab und als keine weiteren nachkamen, nahm die Mutter ihn ihm weg.

Die Pfleger waren so interessant wie die Tiere. Einer begrüßte den Maracaja stets auf Portugiesisch mit »Guten Morgen«, wenn er zu ihm in den Käfig ging, ganz so als wäre er ein Freund. Ein anderer wollte das Gehege der Emus fegen – jedenfalls sahen sie wie Emus aus – als einer auf ihn losging. Er stieß ihn viele Male weg, sagte dabei »spara, spara« (»warte«). Schließlich ging der Pfleger hinaus und schnitt eine Rute zurecht, aber der Emu ging trotzdem wieder auf ihn los. Inzwischen war der Mann wütend geworden, packte den

Emu jetzt an seinem langen Hals und peitschte ihm sachte die Beine. Das war witzig, denn er redete die ganze Zeit über mit dem Emu wie mit einem ungezogenen Kind, das alles verstand.

Im Museum hatte das Krokodil keine Beine mehr und der Tiger verlor seine Füllung, aber auch da fanden sich wunderbare Kreaturen und Dinge, wenn man nur das Gute vom Schlechten zu unterscheiden wusste. Zum Beispiel ein *terrese telefono* oder Bodentelegraf – das war ein großer Baumstamm, den man so ausgehöhlt hatte, dass verschiedene Klangräume entstanden, er lag auf vier Pfeiler gestützt horizontal über dem Boden, wie bei den Javari früher. Die Indios hatten wie auf eine Trommel darauf geschlagen und verschlüsselte Nachrichten an andere Stämme telegrafiert, manchmal sogar über Berge hinweg. Die Straßen waren voller Kautschuk, der mit Lastern in Lager gebracht wurde und trotzdem war es mir nicht möglich, einen Absatz aus Gummi zu kaufen. Der Kautschuk wuchs wild und war völlig unverarbeitet – und sah auch so aus. Ich dachte an eine Reise viele Jahre zuvor, damals war ich vor dem Boom in Para und der Amazonas war die einzige bekannte Quelle für Kautschuk. Ein Engländer schmuggelte Samen aus Brasilien heraus und brachte sie nach Kew Gardens bei London und dieser Samen bildete den Anfang der großen malaysischen Kautschukplantagen. Während des Kautschukbooms befand ich mich auf einem Schiff von Para nach Rio. Die meisten Passagiere waren indianische Kautschuksammler auf der Heimreise. Täglich starben vier oder fünf von ihnen an Beriberi. Ihre Beine schwollen an, wenig später waren sie tot und wurden noch in der Mittagspause in Säcke verschnürt, damit die Passagiere der ersten Klasse nichts von der hohen Sterblichkeit an Bord mitbekamen. Ich erinnere mich noch an Mangobäume und den Fluss von Para, und dass es klein und schmutzig war, an sonst nichts. Heute ist die Stadt eigentlich ganz schön.

Als ich im Wind über die von alten Mangobäumen gesäumten Straßen spazierte, hörte ich geräuschvoll die reifen
Früchte zu Boden fallen. Der herrliche Geschmack dieser
wunderbaren Frucht! Oft war sie mein Abendessen.

Kein Wunder, dass ich zu Fuß ging. Auf jedem Bus fand
sich ein Bild der Madonna mit Kind, meist in der Nähe des
Fahrers. Wenn das klapprige Fahrzeug die Endstation erreichte, handelte es sich in Anbetracht des Regens, der holp-
rig gepflasterten Straßen und der kaum dafür ausgebildeten
Fahrer in der Tat um ein Wunder.

Ein kurzer Spaziergang aus Para hinaus führt direkt in
den Dschungel. Der berühmte Bosch-Amüsierpark war ein
Stück bereinigter, ausgedünnter Dschungel, als hätte man zu
dichtes Haar ausgedünnt. Ständig musste man den *cargadoes*
(Trägern) mit ihren entsetzlich schweren Lasten ausweichen.
Einer hatte eine Bettfeder auf dem Kopf, ein anderer einen
Tisch und zehn Stühle, alle schief aufeinandergestapelt.

Oft dachte ich an das alte Theaterstück »Charlies Tante«,
dessen Heldin wie die Paranüsse aus Brasilien stammte. Natürlich wusste ich, dass letztere aus der Gegend um den
Äquator kamen, konnte aber nie welche finden. Ich sah die
leeren Schalen an der Küste und im Musée de Commerce
Kisten mit entsprechender Aufschrift. Ich erkundigte mich
in den Geschäften. Alle hatten Importware, aber keine Nüs-
se aus Brasilien. Endlich fand ich sie auf einem Markt, so wie
sie von den Bäumen in den Wäldern gepflückt wurden: Dutzende in Hüllen so groß wie Kokosnüsse. Da ich keinen Vor-
schlaghammer hatte und der Marktverkäufer sich nicht auf-
raffen konnte, sie mir zu öffnen, kam kein Nussgeschäft zu-
stande. Es hätte sonst zu viel von einer Katze im Sack gehabt.
Es war riskant genug, eine Nuss zu öffnen, ohne die gesamte Familie anzugehen. Was habe ich geflucht.

In Helena hatte ich manchmal Gesellschaft, eine Frau von
fünfunddreißig Jahren, die ursprünglich aus Ungarn stamm-

te. Zum ersten Mal sah ich sie, als ich auf einer der Guyanas an Bord ging, wo sie mit einem vereiterten Zahn in einem Negerkrankenhaus gelegen hatte. Ihr Gesicht war mit einem schmutzigen Taschentuch umwickelt gewesen und sie hatte jämmerlich ausgesehen. Helenas Ehemann, ein sehr alter Buckliger, war ihr gefolgt, er sah aus wie ein Hofnarr aus einem Stück von Shakespeare. Er trug eine alte europäische Militäruniform, wie aus einem kleinen, im Krieg verloren gegangenen Land. Helena malte Landschaftsbilder und Seestücke und ging damit in Para von Tür zu Tür, um sie zu verkaufen. Da sie kaum mehr als fünfundzwanzig Cent für ein Bild bekam, malte und verkaufte sie ständig neue, um genug zu Essen zu haben. Sie bewegte sich stets auf möglichst billige Art von einem Ort zum anderen. Ich saß bei ihr, während sie malte. Sie holte eine große Landkarte hervor und ich erzählte ihr in gebrochenem Französisch und noch gebrochenerem Spanisch mit ein paar eingestreuten Brocken Portugiesisch von meinem China. Ich konnte mich kaum von ihr verabschieden, denn auf dieser Welt gibt es Menschen, die allein aufgrund der Schönheit ihres Charakters obenauf sitzen sollten, aber nie wirklich die Sonne sehen. So jemand war die kleine Helena.

Die Frauen in den herrlichen Vereinigten Staaten genießen größere Unabhängigkeit als Frauen sonst wo auf der Welt. In Brasilien hatten Gentlemen stets den Vorrang. Sie waren die Herren der brasilianischen Schöpfung. Mehr als einmal sah ich ein schwarzes Mädchen, das einem schwarzen Mann auf der Straße die Hand küsste und zwar auf eine Weise, die verriet, dass dies wohl so Brauch war, ein Überbleibsel aus der Blütezeit der Ritterlichkeit, nur verkehrt herum.

Ich vermute, diese wunderbaren portugiesischen Seefahrer aus dem fünfzehnten Jahrhundert hatten im tropischen Brasilien keine Familien groß gezogen, denn niemand schien dort deren Eigenschaften geerbt zu haben. Ich war entschlossen, mir alles anzusehen und plante, auf Teufel komm raus, den südamerikanischen Äquator zu überqueren.

Meine Fahrkarte für die Reise auf dem Amazonas nach Iquitos – erster Klasse, was ein Witz war – kostete nur 33,50 Dollar. Aber es gab Schwierigkeiten. Lateinamerikanische Frauen reisen selten alleine durch ihren Kontinent und stets lautete die brennende Frage: »Wo ist ihr Mann?« Oder: »Wie viele Kinder haben Sie?« Ich dachte mir jedes Mal eine andere Lüge aus. Die Frage war nach einer Weile so entsetzlich ermüdend.

Es schien mir nicht vergönnt, diese Reise anzutreten. Alle waren dagegen. Dann wurde mein Geld so knapp, dass mir gerade genug für die Flussfahrt blieb und ich wusste, es würde Monate dauern, bis mich meine schmalen Mieteinnahmen in Manaos erreichten, wo ich würde warten müssen. Und ich stellte fest, dass Steuern für die Überfahrt von einem Staat zum anderen erhoben wurden und beim Verlassen Brasiliens noch einmal sehr viel höhere. All das erfuhr ich von einem Franzosen, der mit viertausend Tropenfischen hergekommen war, darunter auch einigen neuen Arten, die er zusammengetragen hatte und nach Frankreich bringen wollte. Ich hatte keine Lust, in Manaos hängen zu bleiben und niemals wieder herauszukommen, also schrieb ich einem alten Freund in San Francisco und bat ihn um eine kleine Leihgabe. Er hatte die USA nie verlassen, war aber immer mein Freund geblieben, und hatte sich sehr für meine Reisen interessiert. Elf andere hatten mir Geld für die Heimreise angeboten, aber wie hätte ich die Fahrt über den Amazonas abbrechen können, wo ich doch so kurz davor stand? Ich hasste es, mir etwas leihen zu müssen – aber ich wusste, dass er es sich leisten konnte.

Er schickte schließlich das Geld, erklärte dazu, der Brief habe vier Tage unbemerkt zwischen seinen Weihnachtskarten gelegen. Er hätte auch tausend Dollar geschickt, wenn ich sie gebraucht hätte. Zwei Monate war ich in Para gewesen, als sein Brief per Luftpost eintraf. Inzwischen fieberte ich – aber reisen wirkt Wunder im Kampf gegen das Fieber, das ich sowieso nicht sehr ernst nehme.

An dem Morgen, an dem das Schiff ablegen sollte, ging ich um fünf Uhr früh zum Hafen – nur um zu erfahren, dass es nicht auslaufen würde. Man weigerte sich, meine kleine, neun Pfund schwere Reisetasche an Bord zu nehmen (sie war mit mir geschrumpft – ich war wirklich sehr leicht unterzubringen). Die Aussicht weiter warten zu müssen, ließ die Fieberbakterien erneut aufflammen und so setzte ich mich ans Wasser, und beschloss, dort zu warten oder zu sterben. Komfort ist im tropischen Brasilien rar, denn es schlägt China in Hinblick auf Armut und Schmutz um Längen – trotz all der kostenlosen Früchte – die mir fürs Frühstück zu suchen ich zu müde war.

Amazonasreisende beklagen, dass es keine korrekten Landkarten des Landesinneren gibt. Man könnte meinen, man sei auf dem Mars, so schwer war es, verlässliche Informationen zu erhalten. Selbst der sehr nette und ungewöhnlich hilfsbereite amerikanische Konsul in Para, ein selbst von Brasilianern äußerst geschätzter Herr, was selten ist – wir haben uns in Lateinamerika mit unserem Gefühl vermeintlicher Überlegenheit unbeliebt gemacht – riet mir, »nur sehr gut ausgestattete Forschungsreisende sollten versuchen, den Äquator in Südamerika zu überqueren. Die Pfade seien bisweilen unpassierbar.«

Dennoch beschloss ich, mich selbst davon zu überzeugen, was genau unpassierbar bedeutete. Auch die Pan-American Union machte mir keinen Mut. »Die Reise ist mit Entbehrungen, Fieber und Gefahren verbunden, die nur wenige zivilisierte Menschen auf sich zu nehmen bereit wären.«

Dass die zweitausendzweihundert Meilen den Amazonas stromaufwärts und über den Ucayali nach Iquitos in Peru nicht einfach sein würden, wusste ich bereits, glaubte aber, es schaffen zu können, um anschließend mit Maultieren über schmale abschüssige Pfade an rauschenden Schluchten entlang in wenigen Tagen Lima in Peru erreichen zu können. Die Anden sind dort, wo die Pfade verlaufen, über sechstausend Meter hoch.

Zwei Amerikaner rissen mich aus meiner Trübsal, ich schaute auf und wurde von einem Frachter aus mit »Guten Morgen, Madam« begrüßt und wäre vor Freude fast ohnmächtig geworden. In den Monaten in Para hatte ich keine amerikanische Flagge mehr auf einem Schiff gesehen, bis dieses in den Hafen fuhr und neben dem, auf das ich wartete, Anker warf. Die Amerikaner luden mich ein, zu ihnen an Bord zu kommen. Der Kapitän stammte aus Virginia. Einer kam aus New York und viele andere aus Maine. Aber in dieser glücklichen Familie tobte kein Bürgerkrieg. Das Frühstück bestand aus Speck und Eiern und war, zusammen mit der Geistesverwandtschaft, nach so vielen Monaten in Brasilien wundervoll. Auch die Mittag- und Abendessen waren herrlich. Zum ersten Mal seit Monaten rauchte ich drei amerikanische Zigaretten. Während sie das Beladen ihres Schiffes überwachten, Tonkabohnen, die man zum Parfümieren von Zigaretten braucht, überließen sie mir das Logbuch und ich setzte mich lesend auf die Brücke. Abends erzählten wir uns Geschichten.

Der erste Offizier sagte: »Schauen Sie mal in unseren Medizinschrank. Vielleicht haben wir etwas für Sie, was Sie auf Ihrer langen Reise gebrauchen können.«

Er schenkte mir Husten- und Fiebermedizin. Die feine, fürsorgliche Frachterbesatzung. Spät nachts liefen sie aus. Auch meine Fahrt sollte beginnen, doch ich musste mich noch bis zum frühen Morgen gedulden.

Großvaterfluss

In Para ist der Amazonas schmutzig gelb und als wir ausliefen, langsam, fast schon vorsichtig, hoffte ich vergeblich, dass das Wasser aufklaren würde. Aber das geschah die ganze Reise über nicht. Hunderte von Inseln lassen den Fluss eng erscheinen und über zweitausend Meilen gab es keine andere Landschaft zu sehen, als den immer gleichen Dschungel. Der Rio Magdalena in Kolumbien ist schöner und an vielen Stellen voller Leben. Der Nil ist aufregender. Trotzdem sehe ich kaum je eine dschungelbewachsene Insel, auf der ich nicht herumstromern möchte, auch wenn dort alles Mögliche Gemeine umherkreucht und -fleucht. In dieser Hinsicht ist der Amazonas faszinierend.

Wir schleppten ein Boot neben uns her, das von uns abhielt, was es an frischer Brise gab. Anstatt die Landschaft aus meiner Kabine heraus zu bewundern, stierte ich immer nur auf das andere Boot – eine Aussicht wie aus einer Hinterhofwohnung. Die Besatzung wusch ihre Arbeitskleidung im Waschraum der Damen. Nicht heimlich. Das war der dafür vorgesehene Ort.

Am ersten Reisetag hatte ich, was der Arzt als Malariagrippe bezeichnete. Einfach ein tropischer Schnupfen (der immer lange dauert und den man nur schwer wieder loswird) gepaart mit Malaria. Aber es gab keinen Platz zum Krank sein, keinen Salon, nur ein Deck, auf dem überall Fracht untergebracht war und wir hockten zu fünft in einem winzigen Privatabteil. Der fünfte schlief in einer Hängematte, die quer in der Kabine hing. Ansonsten gab es nichts: keine Bettwäsche. Da ich weniger als neun Pfund Gepäck bei mir hatte, besaß ich natürlich keine eigene Decke. Als mein Schnupfen zur Grippe wurde, konnte ich dort nicht einmal in Ruhe husten. Und im Übrigen goss es unablässig in Strömen.

Ich habe mich oft gefragt, weshalb Reiseschriftsteller so häufig von Krankheiten berichten. Auf jener Amazonasreise begriff ich es. Sie werden zum Wichtigsten im Leben, denn man fährt und fährt immer weiter wie gegen den Strom. Eine eiserne Konstitution ist die unerlässliche Voraussetzung für Reisen abseits der bekannten Pfade und selbst eine solche lässt einen irgendwann im Stich.

Am dritten Tag ging ein Teil des Motors kaputt (das Schiff war eine alte Dschunke) und darauf folgten Dutzende kleinere Missgeschicke. Wir blieben auf einer Sandbank hängen. Neun Tage lang waren wir darauf zu gekrochen und nun befanden wir uns in Sichtweite der Stadt Santarem, der zweitgrößten in jenem Staat und zwei Tage lang kam uns niemand zu Hilfe. Ich lief Gefahr, das Boot von Manaos nach Iquitos zu verpassen, das nur einmal im Monat von Manaos nach Iquitos ablegte, und für solche Verzögerungen hatte ich nur sieben Tage eingeplant. Ich hätte lieber siebzig rechnen sollen. Fünfunddreißig Tage hatte man mir erklärt, sollte man schon einplanen für eine Reise über den Fluss nach Iquitos, trotz häufiger Unterbrechungen, weil Holz an Bord genommen werden musste. Santarem befindet sich an der Stelle, wo der Tapajos in den Amazonas fließt.

Erst als wir etwas von der Fracht löschten, konnten wir weiterfahren, saßen aber gleich wieder auf einer anderen Sandbank auf. Die Besatzung fuhr in einem kleinen Boot an die gefährliche, versandete Stelle, um eine Boje als Warnung für das nächste Mal aufzustellen. Wenige Minuten später kenterte das kleine Boot und alle lagen sie im Wasser. Zu sehen war nur noch die Boje.

Unser Motor brummte Stunde um Stunde, ohne dass sich das Boot bewegte – wie eine gackernde Henne, die niemals ein Ei legt. Als wir uns endlich wieder in Bewegung setzten, kam ich mir vor wie die Erfinder des ersten Dampfboots, so mussten sie sich gefühlt haben, als das Boot nach vielen Ver-

219

suchen tatsächlich fuhr. Ich war so müde, als hätte ich das Schiff höchstpersönlich gezogen. Später erfuhr ich, dass Schiffe auf dem Amazonas bisweilen Wochen und sogar Monate auf Sandbänken liegen blieben. Anderen wurde der Kiel aufgerissen oder sie wurden durch umherschwimmende oder unter der Wasseroberfläche verborgene Baumstämme schwer beschädigt.

An Deck bekam ich einen Platz bei vier Nonnen an einem der kleinen Esstische zugewiesen. Eine war ein reizendes junges Mädchen – sie stammte aus einer Familie mit achtzehn Geschwistern, allesamt Nonnen und Priester. Ich muss nicht erwähnen, dass ich mir wie ein Spaßvogel vorkam. Doch wir freundeten uns schon bald an, schoben die Bohnen auf unseren Tellern herum. Die Mahlzeiten waren ohnehin gesegnet, wurden von ihnen noch einmal gesegnet und insgeheim von mir wieder entsegnet. Suppe aus gesalzenen Shrimps, in der Schale gekocht. Köpfe, Fühler und alles Mögliche schwamm darin herum und sah einen an. Außerdem natürlich getrockneter Fisch voller getrockneter Insekten. Man musste es essen, sonst wäre man verhungert, aber es war, als würde man einen Zoo verspeisen. Der Kaffee war stark wie Lauge und niemals gab es gekochtes oder auch nicht gekochtes grünes Gemüse. Wenn ein Bulle getötet wurde, lag er zwei Stunden später auf dem Teller. Fast als würde man ihn sich lebendig einverleiben. Der Rest des Bullen hing dann voller Insekten über dem Tisch. Am Äquator und ohne Eisschrank.

An vielen Abenden, an denen wir nicht schlafen konnten, saßen wir zusammen an Deck, die armen Nonnen in ihren schweren schwarzen Gewändern, und meditierten im Licht der Freudenfeuer am Ufer und zum Klang des Regens und polternder Baumstämme, die gerade verladen wurden. Die Ratten kamen aus ihren Löchern und musterten uns schelmisch.

Wie froh war ich in Obidos auf ein größeres Schiff umzu-
steigen. Jetzt fuhren wir schneller und ich fühlte mich sicherer als auf dem kleinen Kahn.

Am Nachmittag sahen wir die ersten Affen der Reise, sie
sprangen in den Bäumen herum, die an einen riesigen botanischen Garten erinnerten. Wie ich sie um ihre sorglosen
Sprünge beneidete. Die Amazonas-Indianer essen gebratene
Affen. Sie schmeckten nicht schlecht, hätten aber besser ge-
schmeckt, hätte man mir beim Verzehr die Augen verbunden. Die nach dem Braten zusammengekrümmten Körper
erinnerten mich an die in Alkohol eingelegten Embryos, die
ich 1933 auf der Weltausstellung in Chicago gesehen hatte.

Bei meinem ersten Landgang, sah ich gerade mal einen
Kolibri, dafür hatte ich mich im Dschungel überall aufge-
schürft und schmutzig gemacht. Der brasilianische Dschungel ist voller sichtbarer und unsichtbarer Insekten. Sie ste-
chen und man bekommt schrecklich große Pickel davon, die
sich über den ganzen Körper verbreiten. Wie bei Eisbergen
liegen Vierfünftel der Hubbel unter der Haut. Ich sah einen
gelbschwarzen Vogel, der lange Nester baut, gleich mehrere
davon hängen im Baum und sehen aus wie herunterhängen-
de Babysocken. Viele Paranussbäume wuchsen hier wild und
viele teure Orchideen konnte man einfach so pflücken. Die
Blüten sieht man nicht immer, so hoch wachsen sie in den
Bäumen. Es heißt, die Rothschilds hätten ein Vermögen für
ihre Sammlung bezahlt und die Amazonas-Orchideen gehörten zu den schönsten in ihrem Besitz. Im Amazonas-
dschungel wachsen tausende bekannte Arten in den Bäumen
und zweifelsohne ebenso viele noch unbekannte.

In den dreiundzwanzig Tagen, die ich auf dem zweiten
Schiff verbrachte, fuhren wir an zahlreichen Nebenarmen
des Amazonas vorbei, sahen aber kein einziges anderes Schiff.

Eines Tages entdeckten wir Indianer, die aus dem hohen
Ufergras spähten. Wir tuteten und hielten an. Nach einer

Weile kam ein Kanu mit zwei gutaussehenden Indianern auf uns zu. Sie trugen Lendenschurz und Ponyfrisuren. Später kamen noch weitere Indianer heraus. Bei unzivilisierten Stämmen bekommt man selten die Frauen zu Gesicht, aber wir gingen zu ihrem Lager am Ufer und sahen zwei fast nackte Mädchen. Die Männer hatten lange Blasrohre dabei, mit denen sie nie je einen Vogel verfehlten, egal wie weit oben er im Baum saß. Sie kochten die Rinde einer Schling-pflanze aus, um daraus das Gift zu gewinnen, das sie in ihren Blasrohren verwendeten. Geld kannten sie nicht. Einer hatte ein hübsches Armband aus Affenzähnen, das eine Kost-barkeit war, weil man ungefähr dreißig Äffchen fangen musste, um genug Zähne für ein solches Armband zusammen zu bekommen. Und es ist sehr schwierig, mit primiti-ven Werkzeugen Löcher in die harten Zähne zu bohren, um sie an einer Schnur aufzureihen.

Am nächsten Tag kamen wir an einem kleinen Dorf vor-bei, dessen Bewohner allesamt von einem Indianerstamm überfallen und getötet worden waren. Anschließend waren die Indianer einfach wieder im Dschungel verschwunden. Aber die Dorfbewohner hatten es verdient. Sie hatten India-nerkinder gestohlen und sie als Sklaven verkauft. Selbst auf unserem Schiff arbeitete ein kleiner Indianersklave vom Pu-tumayo und auf dem ersten Boot, mit dem ich gefahren war, hatte ein Indianersklave vom Rio Madeira gearbeitet. In ei-ner Indianersiedlung fand ich ein Wildschwein in einem Ge-hege und auf einem Floß aus Grünzeug kam wie auf einer schwimmenden Insel ein Alligator angesegelt. Selbst auf dem oberen Jangtse habe ich keine solch eigenartigen Fort-bewegungsmittel gesehen, wie auf dem Rio Ucayali.

Hin und wieder begegnet man an fremden Orten Weißen, die unter seltsamen Bedingungen dort leben. Hier war es ein junger Pole, der in einem winzigen Dorf lebte, ein feiner Mensch, der jahrelang in Polen Landwirtschaft studiert hatte. Wirtschaftliche Not hatte ihn hierher verschlagen und ich nehme an, auch die Liebe zum Abenteuer. Er hatte zwei Kinder, ein schwarzes und ein weißes und eine Indianerin mit Steinzeitgesicht zur Frau. Bodenschätze wollte er suchen und in wenigen Jahren als reicher Mann zurückkehren (sagte er). In ein paar Jahren wirst du noch mehr Kinder haben und niemals zurückkehren (sagte ich). Armer Kerl.

Auf dem Boot befand sich ein Amerikaner, den ich zunächst für einen Peruaner hielt, obwohl er eigentlich zu groß war. Er war dunkelbraungebrannt, seine Schuhe hingen in Fetzen und er trug keine Socken, er war schmutzig und in Lumpen. Ich machte mir Gedanken über ihn, als ich ihn ebenso mühelos mit den wilden Indianern in den Kanus sprechen hörte, wie mit den Indios an Bord. Ich unterhielt mich mit ihm und er erzählte mir auf Spanisch, dass er aus Allentown in Pennsylvania stammte. Er war fünfundzwanzig Jahre zuvor mit William Jennings Bryan nach Peru gereist. Dort hatte es ihn ins Hinterland verschlagen, wo er sich auf einer Plantage niedergelassen und geheiratet hatte. Kein Peruaner kannte sich im Hinterland so gut aus wie er.

Er erzählte mir von einer deutschen Kolonie meilenweit von allem anderen entfernt, auch von den Indianern, irgendwo hinter den Bergen. Ursprünglich hatten die religiösen Deutschen die Idee gehabt, so weit zu gehen, dass sie nicht mehr zurückkonnten und dann dort zu bleiben und niemals in die sogenannte Zivilisation zurückzukehren. Er meinte, sie seien noch fauler als die Peruaner. Nachdem er einige Wochen Kanu gefahren und gewandert war, hatte er die Kolonie besucht. Er bat eine blonde Frau mit vierzehn Kindern um etwas zu essen und bot an, dafür zu bezahlen. Sie erklärte ihm, sie habe gerade genug, um ihre Familie zu ernähren und könne nicht auch noch einen Fremden versorgen. Er sei seit zwei Jahren der erste Besucher. Eine andere Familie behandelte ihn freundlicher.

223

Obwohl er eine peruanische Familie hatte, hatte er sich nie wirklich zur Ruhe gesetzt. Er zog mit indianischen Trägern los und suchte wochenlang nach Bodenschätzen. Sein größter Kummer war, dass er zwar wusste, wo es sehr viel Gold zu finden gab, dort oben an dem kleinen Flusslauf aber auch feindlich gesonnene Indianer lebten und ihn kein Träger dorthin begleiten wollte. Natürlich konnte er nicht alleine und ohne Lebensmittel dorthin. Als ich ihn kennenlernte, war er unterwegs an einen Ort, an dem er fest überzeugt war, Gold zu finden. Die indianischen Passagiere auf dem Boot waren seine Träger. Nachdem sie das Schiff verlassen hatten, rechneten sie damit, tagelang stromaufwärts zu fahren. Am liebsten wäre ich mit ihnen gekommen. Mir fiel aber gerade noch rechtzeitig ein, dass ich schon zu oft dem Regenbogen gefolgt war und bereits viel zu viele Tropenflüsse gesehen hatte. Also sagte ich: »Satan, weiche von mir und bring mich an die Pazifikküste.«

Auch erzählte er mir von einer belgischen Kolonie, die es einst in diesen Gegenden Perus gegeben hatte. Ein belgischer Graf hatte vom peruanischen Präsidenten unerforschtes Land bekommen. Der Präsident hatte es einfach auf einer Karte eingezeichnet, der Graf war losgezogen und hatte es gefunden. Er kehrte nach Belgien zurück und nahm ein paar Dutzend Träumer, darunter viele Adlige mit. Außerdem kassierte er ihr Geld und investierte es in teure Gerätschaften für Sägewerke, die in die Kolonie zu verfrachten ein Vermögen kosteten. Sie arbeiteten sich dumm und dämlich, wie eine Ameisenarmee und nach einigen Monaten der Krankheit, der Todesfälle, Streitereien und Auseinandersetzungen war der Traum von der neuen Welt ausgeträumt. Die Maschinen liegen jetzt dort und verrotten wie seltsame Gottesanbeter, müde und verlassen.

Hinter mir an Deck schlief ein weißes, sauber gekleidetes Mädchen, das sehr gut aussah und liebreizende Manieren hatte. Ich fragte mich, mehr als einmal, was sie in diese »Niederungen« verschlagen hatte. Am ersten Abend hörte ich sie leise auf Spanisch über die Insekten und die Bullen fluchen. Mit dem Herzen war ich ganz bei ihr. Elend lässt sich in Gesellschaft leichter ertragen. Sie stamme aus Iquitos und wolle einen Onkel besuchen, der Vieh züchte und ein Haus am Ufer des Ucayali besitze. Beim nächsten Halt kam der Onkel an Bord und nahm sie mit an Land, ihre Kleider eingerollt in ihr Bettzeug. Der Onkel und all ihre Cousinen waren schwarz. Sie winkte uns zum Abschied vom Ufer aus zu, während wir langsam davonschipperten.

Masisea in Peru war eine Stadt aus Grashütten, in denen Menschen mit ihren Schweinen lebten. Die Frauen trugen das Wasser auf den Köpfen vom Fluss zur Siedlung. Wie auch immer, hier endete meine Flussfahrt. Ich war froh, wieder Boden unter den Füßen zu haben.

Sprung über die Anden

Allmählich erfuhr ich mehr über den Weg über die Anden, hörte Geschichten von Maultieren, die bis zum Bauch im Schlamm stecken blieben und dass es so häufig zu Erdrutschen kam, und der Weg praktisch unpassierbar war. Vielleicht war das gut so, denn inzwischen war ich so erschöpft und schwach, dass das Maultier, wie das von Absalom, ebenso gut zwischen meinen Schenkeln hätte entwischen können. Ich war wie eine in die Enge getriebene Ratte. Aber ganz gewiss würde ich nicht zurückfahren.

Keine Scheune in den Staaten hat je so schlimm ausgesehen wie das Hotel in Masisea, das gebaut worden war, nachdem die peruanische Regierung einen Flugdienst (militärisch) von Masisea nach San Ramon in den Anden eingerichtet hatte. Statt Bettfedern gab es nur Bretter und wo Fenster hätten sein sollen, waren die Öffnungen vernagelt. Statt einer Toilette benutzte man das Flussufer und in Ermangelung einer Lampe musste man eine Million Moskitos im flackernden Licht einer Kerze töten. Aber es gab eine Flugverbindung – wenn ich sie mir leisten konnte.

Ein junger amerikanischer Pilot in Para hatte mich vor dem peruanischen Flugdienst über die Anden gewarnt. Er sagte, die Maschinen seien alt, die Organisation ganz durcheinander, die Motoren zu schwer für die Maschinen, die peruanischen Piloten unerfahren, die Flugbedingungen schrecklich und das Wetter in den Höhen über den Bergpässen entsetzlich. Ständig käme es zu Unfällen, Passagiere und Piloten würden verletzt. Laut seiner Aussage würde das Flugzeug mitten in der Luft auseinanderfallen. Angesichts seiner professionellen Ansicht hatte ich gelacht, denn er war Leistung auf höchstem Niveau gewohnt (Pan-American Airways, hurra!). Er war zu jung, um sich wie ich an die Anfangszeit der Luftfahrt zu erinnern, als ständig irgendwo jemand abstürzte.

In Masisea gab es kein Flugfeld, nur den Boden. Nachdem man mich auf einer Art Lebensmittelwaage gewogen hatte, stellte sich heraus, dass ich in der Regierungsmaschine mitfliegen durfte. Es war ein kleines Flugzeug, gebaut in den Vereinigten Staaten, und es verfügte über nur einen Motor auf dem gefährlichen Flug über die Anden. Als ich im strömenden Regen an Bord ging, fühlte ich mich gar nicht reiselustig.

Später wurde das Wetter besser und ich sah hinunter auf eine Lichtung im Dschungel, meilenweit von allem entfernt und entdeckte ein wildes Indianerlager. Niemand konnte es je anders als von einem Flugzeug aus gesehen haben. Ich fragte mich, was die Indianer von der Luftfahrt hielten.

Der Anblick der schneebedeckten Berge und die kalte Luft waren herrlich, und ließen mich nach dem krankmachenden

Amazonas erneut von guter Gesundheit träumen. Als wir aus der Höhe abstiegen und uns San Ramon näherten, einem kleinen Andendorf an einem wunderhübschen Bergstrom in einer Schlucht gelegen, war das wie Kunstfliegen im Kino, aber wir landeten erfolgreich auf einer schönen Wiese. Am Morgen fuhren wir nach Tarma auf einer Straße, die gerade breit genug für unseren klapprigen Wagen war. Die Berge waren herrlich und jedes Mal, wenn wir eine der winzigen peruanischen Hängebrücken überquerten, von derselben Art wie Pizarro sie vorgefunden haben musste, als er in Peru an Land ging, wünschte ich, ich hätte noch ein paar Pfund mehr verloren, um das Gesamtgewicht möglichst gering zu halten und nicht im reißenden Strom unten zu landen. Auf einem Abschnitt war gerade genug Stein aus dem Felsen gehauen worden, so dass ein Absatz entstanden war, auf den gerade so ein Auto passte. Direkt darunter toste ein Wasserfall.

Überall in den Bergen traf man auf Cholos, die Nachfahren der Inkas. Die ursprünglichen Landbewohner hier, die Lamas, grasten im Hochland. Die Cholofrauen sponnen ihre Wolle und stellten daraus ihre eigenen Kleider her. Ich wünschte, ich könnte das auch. Sie sponnen auf die einfachste Weise – ein bisschen Wolle, ein Stock, um den sie sich ein paar Mal drehten.

Die Dörfer sahen aus, als hätte es sie seit Anbeginn der Welt gegeben und die Friedhöfe waren idyllisch. Jeder Leichnam hatte ein eigenes Miniaturhaus statt eines Grabsteins und an diesem Haus ließ sich der Status des Verstorbenen ablesen. Ein armer Toter hatte nicht mehr als eine Art Vordach aus einem Stück verrosteten Wellblech. Ein anderer hatte eine Hütte. Ein wieder anderer hatte ein zweistöckiges Haus mit Fenstern und Türen.

Nach einer Mahlzeit in Tarma, fuhr ich in einem weiteren klapprigen Wagen nach Oroya. Der Pass lag in über viertausend Metern Höhe und führte über kahle schneebedeckte Berge. Am nächsten Tag nahm ich den Zug nach Lima. Die Serpentinenstraße war von US-amerikanischen Ingenieuren gebaut worden und eine der landschaftlich herrlichsten Straßen der Welt. Der Pass führte viertausendfünfhundert Meter weit hinauf. Kondore flogen über uns hinweg, noch höher. Zwanzig Jahre zuvor war ich schon einmal auf dieser Strecke gereist. Damals war die Bespannung meines Banjos in der Höhenluft gerissen. Jetzt hatte ich das Gefühl, mein Kopf und meine Augen würden bersten und es war sehr kalt. Dabei macht mir Höhe selten etwas aus.

Der Bericht über die Amazonasreise liest sich wie eine einzige Leidensgeschichte, aber ich erzähle einfach, wie es war: Ohne auszuschmücken oder zu beschönigen, einfach nur die Fakten. Manchmal denke ich dabei an eine Bemerkung in *Fables in Slang* von George Ade, wo es heißt: »Drei Wochen nach dem Auspacken ist die Reise immer am schönsten.«

Eines Tages werde ich mich vielleicht gerne an den Amazonas erinnern und merke allmählich, dass die Reise auch ihre guten Seiten hatte. Manchmal fuhren wir dicht an eine Insel oder das Flussufer heran und konnten meilenweit die Halbschwester des Drachenwurz in den Sümpfen wachsen sehen, und über uns Tausende von Kranichen und Aras, die von Insel zu Insel flogen. Eines Tages stand ich direkt unter einem Baum voller rotbauchiger und orangebrüstiger Tukane, ihre Kehlen und Hälse glänzend in grünstichigem Schwarz. Die Weibchen nisteten in Baumlöchern, verteidigten die Eingänge mit ihren großen Schnäbeln. In der Nähe war ein wilder Bienenstock. Ja, und Indianer gab es dort auch.

In dieser alten Welt ist nichts umsonst. Aber ja, das war es wert!

Acht Stunden nachdem ich Oroya verlassen hatte, erreichte ich Lima. Ich ging früh zu Bett. Ich war sehr müde.

Ich hatte den Äquator überquert und über dreitausend-fünfhundert Meilen zurückgelegt, war in fünfundfünfzig Tagen vom Atlantik zum Pazifik gereist und hatte dabei fünfundzwanzig Pfund an Gewicht verloren. Ich war so schwach vor Erschöpfung, dass ich sogar meine Stimme verlor. Die Hälfte von mir, die noch am Leben war, hätte von der Herumtreiberei auf immer geheilt sein müssen. Aber schon bald erwachte die andere Hälfte erneut zum Leben.

Am nächsten Tag in Lima kaufte ich eine Schachtel Seifen-flocken und Karbolseife und unterzog mich und meine Hab-seligkeiten einer gründlichen Wäsche. In zwei oder drei Tagen wollte ich weiter auf die Galapagosinseln und fuhr des-halb die Küste hinauf nach Guayaquil. Vielleicht würde ich nicht auf die Inseln gelangen, aber ich wusste, dass ich in Ecuador, wo der Wechselkurs günstig war, sehr billig wür-de leben können. »Ich bleibe, bis ein Schiff nach Galapagos ausläuft«, dachte ich, »oder bis ich meine Schulden zurück-gezahlt habe.«

Ecuador

Das Leben in Guayaquil kostete mich 1935 nicht mehr als dreißig Cent pro Tag. Wenn ich daran denke, dass ich Jahre zuvor noch in der Blüte meiner Jugend in Pariser Kleidern und mit Musikinstrumenten dort gewesen war, ist das ein Witz. Bei meiner Ankunft jetzt, hatte ich meine Lebensgeis-ter wieder ziemlich gut im Griff, aber Kleidung hatte ich nicht viel – ein warmes Kostüm, das ich in Ecuador nicht brauchte und ein Kleid. Ich stieg im Hotel Espagna ab, wo Kost und Logis dreißig Cent pro Tag betrugen.

Das Zimmer? Ein weiß verputzter Kasten mit einem schmalen Schlitz direkt unter der Decke, durch den Luft hät-te zirkulieren sollen, der aber nur den Ratten als Rennstrecke diente. Mit einem Auge behielt ich die Tiere im Blick, während ich das andere schloss und zu schlafen versuchte, von Kiplings »Phantom Riksha« träumte. Ich wünschte, ein Rattenfänger mit Flöte würde kommen.

Häufig wachte ich auf vom Lärm der Hahnenkämpfe, die Tag und Nacht nebenan stattfanden. Einmal sah ich mir einen an. Ob jubelnde Gewinner, murrende Verlierer oder die siegreichen Hähne mit ihren kleinen Klingen an den Beinen, alle machten sie einen Riesenkrach.

Die Mahlzeiten? Manchmal eine schöne Illusion. Shorty, der Koch war ein alter Spanier, der in einigen der besten Hotels der Vereinigten Staaten gearbeitet hatte. Während der Wirtschaftskrise war er nach Spanien gefahren, um die Familie zu besuchen, die er zurückgelassen hatte. Doch schon bald wurde er, wie so viele Ausländer, die nach dem Börsensturz auf Regierungskosten in die Heimat zurückgekehrt waren, dieser überdrüssig und wollte in die Vereinigten Staaten zurück. Aber ohne Erfolg. Er kam nicht wieder hinein. Also zog er nach Ecuador ... was große Einschränkungen für ihn mit sich brachte! Während wir das Essen aßen, das er praktisch aus dem Nichts gezaubert hatte, machte er uns allen den Mund wässrig, indem er von den Gerichten sprach, die er zubereiten würde, hätte er nur die entsprechenden Zutaten. Wenn man vergessen konnte, was man in Wirklichkeit aß und sich ganz auf Shortys begeisterte Ausführungen einließ, konnte man festlich tafeln.

Kurz bevor ich von der *Espagna* ging, erzählte Shorty uns, er habe eine bessere Anstellung gefunden. Wir freuten uns für ihn. Doch, oh je, er kam schon sehr bald zurück. Es waren nicht die mageren fünfzig Cent Lohn pro Tag, die ihn verärgerten; der wirklich große Tiefschlag kam, als er bei seinem neuen Arbeitgeber den Schrank aufmachte. Nichts außer ein paar Chilifäden, Bohnen, Reis und Kochbananen. Er hatte sich Gewürze und Aromen gewünscht, die für ihn dasselbe waren, wie für einen Geiger eine Stradivari.

Die *Espagna* hatte einst ein Orchester in ihrem Speisesaal gehabt, aber 1935 gab es nur noch die Attrappe einer Kapelle auf dem Podest und ein Schild auf dem in Spanisch geschrieben stand: »Das Orchester der La Espagna ruht während der Wirtschaftskrise.«

Die Polizei zwang den Betreiber, das Podest abzubauen, nachdem in Guayaquil die Pest ausgebrochen war, um die Rattenplage einzudämmen. Trotz der Verbesserungen, die mir in Ecuador aufgefallen waren (während meines ersten Besuchs war ein Präsident auf einem öffentlichen Platz in Stücke zerhackt worden), gab es doch noch sehr viel Schmutz in der Stadt. Ich fragte einen Geschäftsmann, weshalb er sich nicht mit anderen zusammentat und in Guayaquil aufräumte und er sagte, er wolle nicht noch mehr Händler hier haben, die ihm Konkurrenz machten; so lange alles beim Alten bliebe, ließe sich mehr Profit machen. Kakao, Panamahüte und Bananenexporte bedeuteten riesige Gewinne für die Ausländer hier – und dabei wollten sie es auch belassen!

Ich lernte ein paar interessante Menschen kennen, abgesehen von den Geschäftsleuten. Besonders zwei Amerikaner, Oscar und Ted. Sie gehörten einer neuen Sekte an und verkauften kleine spanische Bücher über ihre Religion. Oscar war fünfundfünfzig Jahre alt und hatte seinen Glauben auf einer Farm in Iowa über das Radio gefunden. Ich bin sicher, es war das reine Fernweh, aber er hielt es für Religion. Er verkaufte seine Farm und kam nach Ecuador. Ich hatte den Eindruck, dass sich sein Glaube in diesem tropischen Land nicht lange würde halten können. Aber Ted war anders. Er hatte etwas Christusartiges. Er war kaum älter als achtzehn und hatte an den Bergarbeiterstreiks in Pennsylvania teilgenommen, wo er auch geboren worden war. Seine polnischen Eltern konnten kaum Englisch, aber er war genial und wusste sich auf jedem Aufgabengebiet zu behaupten. Ich gab ihm den Spitznamen Parsifal, weil er so idealistisch und ernst war. Häufig sah ich ihn mit seinen kleinen Büchern hinausgehen. Außer den zehn Cent, die er für die Bücher bekam, erhielt er keinerlei Bezahlung. Er besuchte die schmutzigen Hütten, in denen die Pest tobte. In mehr als einer wurden Hunde auf ihn gehetzt. Ted, Oscar und ich aßen abends zusammen und ich sagte: »Ted, wenn du schon nicht an dich selbst denkst, denk wenigstens an uns, du darfst keine Pesterreger hier einschleppen. Geh morgen in eine saubere Straße und bekehre die Menschen dort.«

Teds Gesichtsausdruck, als er sagte »der Herr hat es mir aufgetragen«, weckte in mir den Wunsch, mir einen Schellenkranz zu besorgen und mit ihm mitzuziehen.

Kaum verging ein Tag, an dem ich nicht etwas wirklich Witziges sah. Guayaquil ist eine Stadt der Beerdigungen und die ärmeren Schichten (neunundneunzig Prozent sind arm) waren herzergreifend lustig. Selbst die Toten mussten in ihren grob gezimmerten Holzsärgen gelacht haben, als Männer in allen möglichen Größen und allesamt betrunken sie auf den Schultern trugen. Das Hauptproblem schien darin zu bestehen, dem jeweils nächsten die Last zu übertragen, und sie blieben stehen und stritten darüber, so dass es ein Wunder war, dass die Leichen nicht auf die Straße purzelten. In der kleinen Bibliothek fand ich ein paar alte Bücher in englischer Sprache (eines aus dem Jahr 1730) mit echten Bücherwürmern darin. Ein ganz normaler Wurm, der sich drehte und wand, steckte in *Gullivers Reisen* und mehrere Seiten von *Gil Blas* waren ebenfalls mit der Arbeit von Würmern verziert.

Das US-amerikanische Kreuzfahrtschiff Trenton traf eines Tages in Guayaquil ein, obwohl die meisten großen Schiffe vor La Libertad anlegten, dem Ozeanhafen von Guayaquil. In dem schmutzigen Fluss wirkte es wie aus dem Ei gepellt

und riesengroß. Tagelang steuerte kein einziges Dampfschiff
Guayaquil an und wenn doch eines kam, ging es meist
weit draußen vor Anker, weil es in der Stadt keinen richtigen
Kai gab.

Das Hauptbestreben der meisten Schiffe bestand darin, so
schnell wie möglich wieder wegzukommen. Dennoch schickte man von der Trenton aus Einladungen an alle Schulkinder
und lud sie ein, an Bord zu kommen. Auch ich besuchte sie.

Anschließend bestieg ich einen klapprigen grünen Schoner. Er sah aus, wie eines der Segelschiffe, die im Kino immer untergehen. »Möglicherweise« würde er zu den Galapagos-Inseln übersetzen. Außer privaten US-amerikanischen
Jachten und wissenschaftlichen Expeditionen fuhr sonst
nichts zu den Galapagos-Inseln. Ich verabredete mit dem Kapitän für 200 Sucres oder 19,05 Dollar mitfahren zu dürfen.
Er war Chilene, wäre er Ecuadorianer gewesen, hätte die
Reederei das Schiff nicht versichern können. Dieser Umstand
allein spricht Bände. Vor Jahren bestand die ecuadorianische
Marine aus genau einem Schiff, das die zu Ecuador gehörenden Galapagos-Inseln ansteuerte. Nachdem er dreißig Tage
lang umhergeirrt war, ohne die Inseln zu finden, fuhr der
Kapitän zurück und berichtete, die Inseln seien im Meer ver-
sunken. Der Kapitän ist noch immer im Amt.

Der des Schoners dagegen war ein freundlicher alter Kerl,
der sagte, ich könne sofort eine Kabine an Bord beziehen, in
der ich zumindest ein bisschen frische Luft vom Fluss her bekommen würde. Doch sobald man die ausgetretenen Pfade
verlässt, gibt es keine Konkurrenz mehr und es geht um einiges ruppiger zu. So auch auf diesem Schoner. Es war so
heiß wie in einem türkischen Bad und ich beklagte mich insgeheim, bis mir wieder einfiel, wie viel ich schon für ein türkisches Bad bezahlt hatte!

An Bord gab es kein Licht, aber ein indianischer Matrose
lieh mir seine Sturmlaterne. Damit konnte ich eine zehn

Zentimeter große Spinne sehen, die eines Nachts von der Koje über mir herunterhing. Im Dämmerlicht hatte es den Anschein, als wäre sie einen Meter groß. Wie der Blitz sprang ich von der Pritsche. Ein rollender Stein setzt kein Moos an, aber er fängt sich alles Mögliche andere ein. Dank allerhand Blessuren und Insektenstichen sah ich unbekleidet bereits aus wie »Sitting Bull« und auf Spinnenbisse war ich nicht auch noch erpicht. Neben mir stand der Ingenieur, als ich mir an Deck eine lange Kakerlake vom Rücken klaubte und in den Fluss warf. Er zeigte mir seine Zehen, die die Ratten blutig gebissen hatten. Er war Indianer und auf Galapagos geboren, aber alle indianischen Ecuadorianer sind schmutzig, es scheint ihnen egal zu sein. Er hatte halb vergammeltes Obst in seiner Kajüte, die neben meiner lag. Im Boden zwischen den Zimmern waren Löcher und deshalb trug ich fortan nachts stets einen Pullover. Ich steckte die Füße in die Ärmel, so dass die Ratten durch den Tunnel mussten, wenn sie mich beißen wollten. Natürlich legte ich mein Obst in meine Tasche oder aß es so schnell, dass es nicht faulig werden konnte. Zweifelsohne handelte es sich um Landratten.

So mancher hätte das Leben auf dem Schoner als romantisch bezeichnet – und auch ich empfand einiges daran so. Es gibt gute Hotels, aber für Müßiggang wollte ich kein Geld ausgeben und an Bord wurde man durch einiges entschädigt. Ich liebte das Schauspiel auf dem Wasser mit den vielen Bambusflößen, auf denen die größten und besten Bananen der Welt transportiert wurden. Ich aß welche davon, warf die Schalen in den Fluss und wünschte, auch ich wäre eine Schale und könnte mich so schwerelos treiben lassen.

Einmal als ich an Land ging, kam ein Mann mit einem Buch auf mich zu. Beinahe wäre ich bei dem Versuch ihm auszuweichen ins Wasser gefallen. Ich dachte, er wollte mir etwas verkaufen, aber nein, in dem Buch hatte er Zeitungsartikel über sich selbst gesammelt. Er war ein eingebildeter

Langweiler, aber einige seiner Geschichten waren außergewöhnlich und zweifellos wahr. Er hatte in der Nähe der
Grenze von Niederländisch-Guayana etwas gebaut und ent-
flohene Sträflinge für sich arbeiten lassen (St. Laurent in
Französisch-Guayana liegt genau auf der anderen Seite der
Grenze). Die Sträflinge arbeiteten gut, bis eines Tages einer
von ihnen etwas falsch machte, was dazu führte, dass der
Langweiler zu den anderen sagte: »Bringt mir den Schuldi-
gen, sonst werdet ihr alle gefeuert.« Am nächsten Tag brachten sie ihm die beiden Ohren des Übeltäters auf ein Brett ge-
nagelt.

Eines Tages saß ich auf der Plaza und schlug die Zeit tot,
als ein fünfzehnjähriger Schuljunge, den ich auf der Trenton
gesehen hatte, an mich herantrat und fragte, ob ich ihm Englisch beibringen würde. Wir verabredeten uns zu täglichen
Treffen und im Lauf der Zeit brachte er immer mehr Freunde mit auf die heiße Plaza. Ich beantwortete so viele Fragen,
die mir entgegen geschleudert wurden, und die sich lange in
den Köpfen der Kinder aufgestaut hatten, und hatte so viel
Spaß dabei, dass eigentlich eher ich die Lektion erhielt.

»Liegt die Wall Street in Washington?«, war eine Frage.
»Habt ihr einen Park so wie die Plaza hier?«, lautete eine andere. Die arme kleine Plaza! Ein winziger quadratischer
Platz mit nicht einmal genug Vegetation, dass Ratten sich
verstecken konnten. Als ich ihnen den Central Park in New
York und den Golden Gate Park in San Francisco beschrieb,
staunten sie, blieben aber eher skeptisch. Sie waren so schlau,
und ich wollte ihnen so viel wie möglich erzählen. Ich kannte ihre Sprache nicht gut, deshalb arbeiteten wir teilweise
mit Gesten. Ich habe mir nie die Mühe gemacht, mehr als
nur ein paar Worte in einer ausländischen Sprache zu lernen. Immer habe ich gedacht: »Ich kann sie nicht alle lernen
und wenn ich eine lerne, werde ich nicht weit damit kommen.«

235

Als wir ausliefen, gab es keinen einzigen freien Zentimeter mehr auf dem grünen Schoner. Er war achtundzwanzig Meter lang, aber wäre er doppelt so lang gewesen, hätte das immer noch nicht gereicht. Sieben Skandinavier fuhren mit uns um die Galapagosinseln zu besiedeln, auf denen sie kostenlos Land zur Verfügung gestellt bekommen sollten. Dann trafen in letzter Minute noch elf weitere auf einem Frachter ein und kamen mit zu uns an Bord. Jeder brachte von allem zwei Exemplare mit: zwei Gänse in einer Kiste, die die ganze Nacht schnatterten, weil die Ratten sie plagten. Bei den Tieren der Siedler würde es keine Dreiecksverhältnisse geben. Alle reisten sie paarweise; niemand war zu dritt.

Doch selbst als alles geladen war, stachen wir nicht in See. Die Zeit zog sich hin, während wir darauf warteten, dass der Motor repariert wurde.

Ich zahlte das Geld zurück, das ich elf Wochen zuvor in Para geborgt hatte, wo ich vor meiner Reise nach Galapagos auf dem Schiff gewohnt hatte, außerdem hatte ich noch ein bisschen was nebenher gespart. Durch die vermietete Wohnung kam ich mir reich vor.

Reise nach Eden

Der Koch warf nur einen einzigen Blick auf die großen Schweden an Bord und kündigte, kurz bevor wir nach Galapagos auslaufen konnten. Ein neuer wurde gefunden und ich war sicher, dass man ihn gekidnappt hatte, so ängstlich schaute er drein. Er war die ganze Reise über todsterbenskrank und an den ersten sieben Tagen gab es nichts außer Reis – bis wir Chatham Island erreichten. Ein Einheimischer hustete sich die Lungen aus dem Leib, als er über die aufgewühlte See ruderte, und wurde kurz darauf in einem Sack anstelle eines Leichentuchs darin bestattet.

Die Siedler schienen ihr Vorhaben recht blauäugig anzugehen. Viele hatten ihre Häuser in Schweden verkauft, in der Absicht nie wieder zurückzukehren.

Ein Mann mit zwei wunderbaren Söhnen sagte: »Jederzeit kann ein neuer Krieg ausbrechen und ich sehe in der Zukunft nichts Vielversprechendes für meine Söhne.« Mit dieser Familie reiste eine außergewöhnlich nette Dame, weißhaarig, aber mit jungem Gesicht. Sie hatte im norwegischen Oslo als Krankenschwester gearbeitet und hatte die langen Arbeitszeiten ebenso satt wie die noch längeren dunklen Wintertage in jenem Land. Ihr Verlobter war gestorben, erzählte sie mir und einen anderen hatte sie nicht heiraten wollen. Sie wollte ihr eigenes Land bestellen. Ich sehe die mutige kleine Dame noch am Kai von Santa Cruz stehen, eine ihrer riesigen Packkisten war leer und lag auf der Seite (die Männer hatten sie ausgepackt) und sie legte sich hinein, eine gespenstisch kleine und elende Gestalt, die wochenlang an Bord unter der Ruhr gelitten hatte.

»Auf Galapagos können Sie Leguane essen«, hatte mir der schwarze Maschinist erklärt.

»Meinen Sie die hässlichen Dinger?« fragte ich und bewegte den Kopf hin und her wie eine Echse.

»Ja«, sagte er.

Sie mochten hässlich sein, doch nach all dem Reis erwiesen sie sich als zart und ebenso gut wie Hühnchen. Seither esse ich jeden Leguan, der mir vorgesetzt wird, und würde ihn auch nicht mehr wegen seines Aussehens kritisieren.

Die Galapagosinseln liegen fünfhundertsiebzig Meilen westlich von Ecuador und einige der Inseln sind sehr eigenartig. Eine Ansammlung von Felsen mit dem Namen »Devil's Throne« besteht aus einer riesigen Vulkanmasse, die sich wie ein Thron aus dem Ozean erhebt.

Die Inseln sind einzigartig; obwohl sie genau auf dem Äquator liegen, ist das Klima herrlich und nicht tropisch, was

237

dem Humboldt-Strom zu verdanken ist. Dreimal fuhren wir nach Chatham Island, beim letzten Mal blieben wir sechs Tage. Es gab dreihundertfünfzig Menschen dort auf der Insel (hauptsächlich Ecuadorianer) und die meisten hatten in irgendeiner Weise mit der Kaffeeplantage des Unternehmens zu tun, dem auch der Schoner gehörte. Die großen alten Kaffeesträucher waren wunderschön, einige davon so groß wie Bäume.

Ich habe viele schöne Erinnerungen an die Insel, auch wenn ich alle meine Wanderungen alleine unternahm, manchmal vierzehn Meilen am Tag zu Fuß lief. Der Schoner lag immer ein Stück weiter draußen vor Anker und ich ging um sechs Uhr früh an Land und kehrte um sechs Uhr abends zurück, um zu schlafen und zu essen, denn auf der Insel konnte ich nirgendwo unterkommen. Normalerweise fand ich mein Mittagessen unterwegs und manchmal auch an unerwarteten Orten. Ich stieß auf Orangenbäume – ein Hain in der Nähe eines Flussbetts, zweifelsohne von einem der drei erfolglosen norwegischen Kolonialisierungsversuche vor vielen Jahren. Die Bäume waren so alt, dass grünes Moos darauf wuchs. Ich aß die wunderbaren süßen Orangen zu Mittag und wischte mir den Mund am Moos ab. Von den dreißig oder vierzig Bäumen, die ich sah, hingen alle voll mit Orangen, hunderte lagen auf dem Boden und verfaulten.

In anderen Gegenden von Chatham fand ich wunderschöne Zitronen auf Bäumen und auch faulende auf dem Boden, außerdem unzählige Hektar mit wilden Guavenbäumen. Auch von ihnen habe ich gegessen. Wildschweine hatten den Boden aufgewühlt und ich sah wilde dicke Esel, die davon liefen, als ich »Buh!« machte. Und auf keiner der Inseln gab es Autos.

Auf Chatham führte eine felsige Schotterstraße vom Strand zur Plantagenstadt drei Meilen weiter. Abgesehen davon gab es nur noch ein paar schmale dreißig Zentimeter breite Pfade und sonst nichts. Ich hörte von einer sieben Meilen weit entfernt gelegenen Lagune. Man malte mir eine Karte auf. »Vorbei an den beiden Bergen, einen dritten hinauf, Le Junga und dann ist da die Lagune.« Ich kam ziemlich erschöpft an Le Junga an. Plötzlich sah ich zwischen den wilden Guavenbäumen ganz viele wedelnde Schwänze, und dann sah ich einen großen weißen Bullen. Heimlich betrachtete ich die Tiere, sie sahen mich nicht. Wilde Büffel kann man nicht mit einem »Buh« vertreiben, wie Esel. Wenn man sie erschreckt, erschrecken sie einen zurück.

Ungern kehrte ich um. Ich musste der Lagune ganz nah sein. Aber ich war alleine und zu Fuß, Nebel zog auf und es gab keine Bäume, auf die ich hätte steigen können, dafür aber überall Tiere. Vor langer Zeit hatte Chatham Island einem Ecuadorianer gehört, einem gewissen Cobos. Es hieß, er sei ein grober Mann gewesen, der mit Sträflingen arbeitete, die ebenso grob waren, und diese hatten ihn getötet. Sein Schwiegersohn hatte seine Erbschaft in Paris verschleudert, sich so sehr bei der Company (dem Unternehmen) verschuldet, dass die Insel in ihren Besitz überging. Aus purer Gemeinheit ließ er alle Tiere frei. Daher die wilden Rinder, Pferde und Hunde (die ich in der Ferne hörte). Sie mussten eine aufregende Zeit gemeinsam in den Vulkangebirgen erlebt haben. Ich lernte den Schwiegersohn kennen, er war fünfundsiebzig Jahre alt und wirkte relativ geläutert. Er führte einen kleinen Laden mit Baumwollstoffen. Und ich verbrachte einen angenehmen Tag mit Cobos, einem der alten norwegischen Siedler, die nicht nach Norwegen zurückkehren wollten, dem Sohn, und seiner Frau.

Galapagos ist der Name einer riesigen Landschildkröte mit Hinterbeinen so groß wie die eines Elefanten. Und auf einer Insel wie dieser brauchen sie das auch. Meine fühlten sich nach drei Wochen Wandern ebenso an. Die Schildkröten wogen hunderte von Pfund und lebten hunderte von Jahren. Darwin hatte die Insel vor langer Zeit besucht und die Tiere studiert.

Alle haben von dem deutschen Paar gehört, das Floreana als Garten Eden bezeichnete – bis eine andere Frau kam und alles verdorben hat. Die Inselbewohner glaubten, dass Doktor Ritters Frau Dora ihn ermordet habe, da sie ständig »geboxt« hätten, wie eine Einheimische erklärte. Sie meinte wohl gestritten. Aber Dora behauptete, Doktor Ritter sei gestorben, weil er ein Huhn gegessen habe, das vor dem Garen schon längst tot war, aber ein Deutscher habe eine Frau getötet, die sich als Baronin ausgegeben habe, weswegen man ihn als Satan bezeichnete. Zwischen den Insulanern gibt es keine Möglichkeit der Kommunikation, abgesehen von dem Schoner auf dem ich mich befand und vielleicht der ein oder anderen Jacht im Winter. Die Menschen konnten auf ihrer jeweiligen Insel also ewig leben oder unbemerkt sterben, obwohl sie nur zwanzig oder dreißig Meilen voneinander entfernt lagen. Die Strömung ist sehr stark. Eine Jachtbesatzung fand zwei verdurstete Männer auf einer Insel, einer hatte den Schmuck der Baronin dabei. Einige vermuteten, dass er sie ermordet hatte. Auf der ganzen Insel gab es nur sechs oder sieben Bewohner und alle waren stinksauer aufeinander.

Auf Santa Cruz gab es nicht einmal ein Geschäft. Einschließlich der siebzehn Siedler, die wir dort absetzten, betrug die Bevölkerung fünfzig Personen. Einige der Schweden machten einen jämmerlichen Eindruck. Die meisten hatten Schweden nie verlassen und sprachen keine andere Sprache. Das einzig bestellbare Land befand sich hoch oben in den Bergen, und war nur über einen schrecklichen Pfad aus scharfem vulkanischen Felsgestein zu erreichen. Die Landschaft war gespenstisch – riesige Kakteen und verworrenes Dornengestrüpp. Das Gepäck der Siedler war teilweise fünf Mal so breit wie der Pfad (die großen Bettgestelle). Das Was-

240

ser (abgesehen vom Regenwasser) befand sich meilenweit von dem Land entfernt, das sie besiedeln sollten.

Zwei Wochen später kehrten wir zu der Insel zurück und trafen dort auf ein junges Paar, das am Strand zurückgeblieben war und hocherfreut war, uns unerwartet zurückkehren zu sehen. Sie kamen sofort zu uns an Bord. Er war in Schweden Zimmermann gewesen, hatte im Jahr aber nur drei kleine Häuser gebaut. Seine Schwester blieb mit ihrem Mann und ihrem Kind auf Santa Cruz. Sie hatten in den Vereinigten Staaten gelebt und sprachen ein kleines bisschen Englisch. Der Zimmermann aber konnte in Santa Cruz ohne Holz nichts zimmern. Seine Frau, ein typisches Dienstmädchen, stark genug für alles, fürchtete sich vor den Buschratten und den Wildschweinen. Mumm ist ein ordinärer Begriff, aber er sagt viel aus. Menschen, denen es daran fehlt, sollten sich auf eine solche Unternehmung nicht einlassen. Wir nahmen sie mit zurück nach Chatham, wo man ihnen eine Hütte zum Wohnen überließ. Sie war von einem früheren Siedler gebaut und auch wieder verlassen worden.

Ich wanderte einen Pfad hinauf und verlor anschließend drei Fußnägel, sie liefen schwarz an und fielen Wochen später ab. Als ich drei Meilen hoch aufgestiegen war, begegnete ich einem alten Mann mit einem langen weißen Bart.

»Hallo«, rief ich und fragte mich, in welcher Sprache er wohl antworten würde. Es war Englisch. Obwohl er ursprünglich aus Island stammte, hatte er viele Jahre in San Francisco gelebt. Sein Haus war das erste in einer Gruppe von Häusern dort oben und ich machte ihm einen netten Besuch. Er baute seinen eigenen Tabak an. Vor vier Jahren hatte er als armer alter Mann den Mut besessen, das Land zu bestellen. Er war ein großartiger alter Junge mit »roten« Ideen und die Leute auf den Jachten mochten ihn. Er zeigte mir die Wildschweine, die er in einem Gehege hielt und die von Tag zu Tag zahmer wurden. Er hatte sogar ein Pferd in den Hü-

geln gefangen und Maggie, einen kleinen Esel gezähmt, den
er als sehr junges Wildtier zu sich genommen hatte. In einem
Brief, den ich kürzlich von ihm erhalten habe, teilte er mir
mit, dass Maggie gestorben sei.

Meine Füße waren von meiner Wanderung durch den
Morast auf Chatham in schlechtem Zustand. Wie immer war
ich mit leichtem Gepäck unterwegs und hatte deshalb nicht
die richtigen Schuhe dabei, und ich war dem Isländer dankbar, dass er mir die Füße verband und mich auf dem Rückweg auf einem seiner Wildpferde reiten ließ. Er trug keine
Schuhe und sein Pferd keine Eisen. Seine eigenen Füße hatte er mit Leder umwickelt und dieses mit Lumpen festgebun-
den. Der Rückweg gestaltet sich an einigen Stellen so, als
wollte man eine Treppe hinunterreiten, aber er brachte mich
sicher zum Haus eines dänischen Freundes am Strand, wo
wir Wildschwein und Leguan aßen.

Auf einer der Inseln erzählte mir eine Frau, dass so viele
skandinavische Siedler nach Galapagos wollen, weil das Gerücht umgehe, die Vereinigten Staaten würden die Inseln
übernehmen wollen.

»Sie liegen direkt vor Panama und Ecuador«, erklärte sie.
»Wenn es zum Krieg kommt, brauchen sie diese als Stützpunkt. Das stand in einer Zeitung in Skandinavien.«

Ich erklärte ihr, ich wisse nichts davon.

Isabela und Espagnola liegen hoch und sind für gewöhnlich unbewohnt, weil es dort kein Wasser gibt. Ein Angestellter einer ecuadorianischen Firma, der fünfundzwanzig Jahre mit einer Einheimischen und der ganzen Familie in Südamerika gelebt hatte, befand sich gerade mit siebzehn Eingeborenen auf Espagnola auf der Jagd nach Seelöwen (wegen
der Felle und des Öls), nebenbei trockneten sie Fisch und das
Fleisch der Wildziegen. Aufgrund unserer verspäteten Abreise aus Guayaquil herrschte bei ihnen Wassermangel. Er hatte fünf Männer die dreißig Meilen nach Chatham in einem

Ruderboot übersetzen lassen, wo es ein Funkgerät gab. Als die Trenton erfuhr, dass die Männer in Not waren, wurden sie gerettet. Jones ging auf Chatham an Bord unseres Schoners, er wollte seine Zelte abbrechen, die Felle, den Fisch und vier lebendige Galapagos-Schildkröten abholen. Wir brachten alles nach Chatham und fuhren nach Santiago, wo wir sechs Tage verbrachten – die glücklichsten meines Lebens.

Santiago ist unbewohnt. Wir ankerten wie gewöhnlich weit draußen, aber ich setzte zu Erkundungsausflügen über. Zunächst machte ich mich auf zum Krater eines alten Vulkans, in dem es Kristallsalz gab. Indios hatten über hundert Säcke davon auf den Rücken heruntergeschleppt, deshalb war der Pfad gar nicht so schlecht. Aber als ich um sechs Uhr früh in den Krater hinabstieg, fand ich dreißig Zentimeter Regenwasser auf dem Salz und der Wind ließ kleine Wellen entstehen. Auf der anderen Seite hockten zwei große rosa Vögel. Nachdem ich dorthin gewatet war, stellte ich fest, dass es Flamingos waren. Auf einem Felsen lagen zwei Eier und ich hatte so einen Appetit darauf, dass ich sie am liebsten genommen hätte, aber ich fand, dass dies einer Kindesentführung gleichgekommen wäre und ließ sie liegen.

Später an jenem Nachmittag saß ich am Strand, betrachtete meine Kratzer und Schrammen (Socken hatte ich schon lange keine mehr, Schlingpflanzen machen sie kaputt), als ein Seelöwe auf mich zu kam und mich anstarrte. Vor Freude wäre ich beinahe verrückt geworden. Er war sehr neugierig und ich verhielt mich ruhig, so dass er mich für einen Felsen halten musste. Noch später, sah ich einen Salzarbeiter verschwinden und mit einem nassen Seelöwenfell wiederkommen. Ich hoffte nur, dass er nicht meine freundliche Kreatur erwischt hatte.

Das nächste, was mich vom Wasser aus ansah, war ein kleiner Pinguin, der mit dem Humboldt-Strom aus der Antarktis gekommen sein musste.

243

Einer der Hunde der Salzarbeiter verschwand auf Nimmerwiedersehen im Busch. Dort gab es jede Menge wilder Hunde. Vielleicht hatten sie ihn gerufen.

An einem anderen Tag, als ich einen sehr hohen Berg bestieg, zählte ich siebenundzwanzig Ziegen. Sie klangen, als würden sie sich miteinander unterhalten. An jenen sechs Tagen ernährten wir uns von wilden Zicklein und nahmen fünfundzwanzig lebende für Chatham mit an Bord. Außerdem sah ich wilde Esel, die ausgelassen und unbekümmert wirkten. Keine Lastentiere. Und die Insel war voller hübscher kleiner Täubchen mit blauen Glasaugen wie die von einer Puppe. Sie waren so zahm und starrten einen nur an. Die Besatzung tötete, bevor sie die Zicklein fingen, hundert Stück und nachdem es wochenlang nichts als Reis gegeben hatte, schmeckten sie herrlich. Die armen kleinen Dinger – sie wurden mit Stöcken erschlagen. Die Hunde töteten Ziegen, die Männer knüppelten Robben nieder. Kugeln wurden hier keine verwendet.

Eines Tages hörte ich auf einem einsamen sandigen Pfad aber doch einen Schuss und wunderte mich. Wenn ich an fremden Orten wandere, verhalte ich mich immer sehr ruhig – erstens damit ich selbst andere Geräusche höre und zweitens, damit ich nicht gehört werde. Wenn man den Großteil seines Lebens alleine verbracht hat, verlässt man sich sozusagen auf sich selbst. Ich stieß auf eine sterbende Ziege, der Blut über das verletzte Bein hinunterlief, während der Gouverneur von Galapagos daneben hockte und die Milch direkt aus dem Tier trank. Vielleicht ein alter spanischer Brauch. Ein Soldat mit einem Gewehr stand dicht daneben. Danach nannte ich ihn den Gouverneur der Ziegen und Esel. Er lebte eigentlich mit seinen Soldaten auf Chatham, war aber wegen des Salzes nach Santiago aufgebrochen und hatte seine Männer mitgebracht. Sie schossen viele Ziegen und pökelten sie hinterher mit dem Vulkansalz ein, das sie mit Steinen fein rieben.

An einem anderen Tag sah ich Meerechsen. Sie rannten davon, blieben stehen und drehten sich wie kleine Clowns. Ich fand das so aufregend, dass ich ans Wasser rannte, um sie besser sehen zu können. Die Wellen schlugen mir auf den Rücken, ich wurde in all meinen Kleidern pitschnass und Dutzende futuristischer, knallbunter Felsenkrebse kamen von allen Seiten angerannt, klapperten mit ihren Scheren. Überall waren Tümpel voller Fische, die die Flut zurückgelassen hatte und auf einem Felsen, so nah, dass ich ihn hätte streicheln können, saß ein wunderschöner, grauer, aber nicht allzu großer Seelöwe, schlief friedlich wie ein kleines Kind. Hätte ich ihn berührt, wäre er ungehalten aufgewacht und hätte mich angegriffen, so dass ich auf den rutschigen Felsen gar nicht schnell genug hätte weglaufen können. Also ging ich ein Stückchen auf Abstand und rief leise, aber er schlief weiter. Am nächsten Tag kehrte ich zurück, und da schliefen dort schon zwei, ein großer mit einer kreuzförmigen Narbe auf der Brust (Jones erklärte uns, sie kämpften auch untereinander). Sie hörten mich, bellten wütend und schwammen davon. Es tat mir sehr leid, als wir wieder zurück nach Ecuador fuhren. Besonders als sich ein Tau von einem Segel löste und mir aufs Auge schlug, so dass es blau wurde!

Dem Kapitän wurden von seinem ersten Offizier zweihundert Sucres unter dem Kopfkissen weg gestohlen, wo er das Geld für die Bezahlung der Belader aufbewahrte. Ich wusste, dass der Offizier den armen alten Kapitän hasste und fürchtete stets, dass sich unterwegs noch eine Tragödie ereignete. Jedes Mal, wenn er den Kapitän betrachtete, funkelten seine Augen. Manchmal hatten wir in den Wochen in Guayaquil, bevor wir in See stachen, zu dritt zusammen gegessen. Der Kapitän erklärte mir auf Englisch, dass ich neben seinem schlimmsten Feind säße. Ich musste unbesorgt schauen. Der Vater des Offiziers war Kapitän eines Schoners gewesen, der ihm auch gehört hatte. Aber sein Sohn hatte ihn kaputtgefahren und musste sich nun als Maat verdingen. Der Kapitän dagegen war mit allen Wassern gewaschen! Er war ein Charakter, das wusste ich, aber es war nicht seine Art viel über sich selbst zu sprechen. Kaum hatten wir angelegt, kam die Polizei an Bord. Der Offizier wurde ins Gefängnis gebracht – aber am nächsten Tag sah ich ihn schon wieder. Nachdem die Reise nun zu Ende war, konnte ich nicht mehr auf dem Schoner wohnen.

Die Fahrt hatte mich alles in allem – Essen, Kabine und Transport – an fünfunddreißig Tagen weniger als fünfzig Cent pro Tag gekostet. Das kriegt jeder hin, aber man muss bereit sein, wochenlang zu warten, Bequemlichkeiten zu entbehren, und vor allem darf man nicht mit einem Überlegenheitsgefühl an die Sache herangehen. Männer wie jener Kapitän wissen einen insgeheim genau einzuschätzen und wenn man den normalen Leuten gegenüber nicht den Überlegenen spielt, wird man sehr viel mehr zu sehen bekommen, als von der *Queen Mary* aus. Ich bedauerte, nicht länger auf dem Schoner bleiben zu können und zog mit meinen neun Pfund Gepäck zurück auf die Espagna.

Der Präsident war in Quito inhaftiert worden. Außerdem war die Pest ausgebrochen, was mich mehr beunruhigte. Neue Präsidenten gibt es in Südamerika zur Genüge. Fast alle Menschen, die auf der anderen Seite in der Gasse gegenüber dem Hotel Espagna lebten, starben an der Pest. Außerhalb Chinas habe ich nie eine solche Gasse gesehen. Die Hütten wurden abgerissen (was nicht schwierig war, da sie altersschwach zusammenfielen) und alles wurde mitten auf die Straße geworfen. Dutzende von Kindern versammelten sich auf den Haufen mit gammligem Holz und die Stadt war voller Flöhe, bissiger Pestratten und Menschen.

Es war ein einziges Chaos, jede Nacht kam es zu politischen Aufständen. Diese werden immer in Zeiten der Pestilenz inszeniert. Es war schrecklich nachts aus dem Fenster zu schauen und zu sehen, wie Menschen erschlagen und mit Steinen beworfen wurden. Nachts wurde ununterbrochen geschossen. Die Polizisten sahen aus wie aufrecht gehende Würmer, rückgratlos und klein und für einen Großteil des Schadens verantwortlich. Sechzig Menschen mussten ins Krankenhaus, nachdem sie vor meinem Fenster mit Steinen beworfen worden waren. Unzählige starben, wurden erschlagen oder erschossen.

Wegen der ständigen Beerdigungen und der langen Gesichter überall wurde mir Ecuador zu traurig. Als ich hörte, dass das größte Schiff, das an der Westküste entlangfuhr, die *Reina de Pacifico*, jeden Tag anlegen sollte, fuhr ich nach La Libertad, um es auf jeden Fall zu erwischen. Ich stellte fest, dass ich auf der *Reina* für 90 Dollar nach Spanien fahren konnte und kaufte eine Fahrkarte. Am folgenden Tag fuhr ich meilenweit in einer Barkasse aufs Meer und wurde mit einem Stuhl, der vom Ausleger heruntergelassen wurde, an Bord gezogen. Auf der Fahrt nach Spanien hatte ich eine wunderbare Zeit an Bord des Schiffs. Ich lernte gleich mehrere Leute kennen, die schon lange um die Welt zogen und wir tauschten die ganze Zeit Geschichten aus. Sie alle waren interessante Menschen – jung und alt. So viele denken Schlechtes über Männer, die an abgelegenen Orten Abenteuer suchen – vielleicht haben sie ihre Familien verlassen, dabei sind es oft arme Teufel und niemand weiß, was den Ausschlag für ihre Unruhe gab. Sie sind nicht verrückt – möglicherweise trinken sie zu viel – aber sie sind sehr bodenständig.

XVI

»Unbekannt verzogen«

Als ich das Schiff im spanischen Santander verließ, kam ich mir vor wie ein in Zellophan gewickelter Eisberg. Nach einem langen Aufenthalt in den Tropen würde man glauben, das Winterklima sei wohltuend, aber ich empfand es so nicht. In meiner Tropenkleidung war mir einfach nur kalt. In Spanien gibt es große beheizte Hotels, aber von vierzig Dollar im Monat kann man sich keine Vorliebe für Kaviar beim Essen oder Luxus bei der Übernachtung leisten, auch nicht, wenn der Wechselkurs günstig steht.

Außerdem lernt man ein Land am besten kennen, wenn man »für, neben und mit den Menschen« dort lebt. Als ich an der Biscaya entlangspazierte, gelangte ich an eine kleine Pension, die nett aussah und trat ein. Die Bar und das Esszimmer – »Speisesaal« wäre übertrieben – waren eins. Ich bestellte etwas zu trinken, um mein dünnflüssiges Äquatorblut zu wärmen.

Die wunderschöne Barfrau unterbrach mich in meinem ungestümen, gebrochen spanischen Redefluss und schrie in einer meiner Atempausen freudig auf.

»Oh, Sie sind Amerikanerin!«

Ich grinste und sie fuhr fort: »Erzählen sie mir von zu Hause.«

Viel hatte ich nicht zu erzählen, aber Joaquina durchaus. Als sie zwei Jahre alt war, hatte sie mit ihren Eltern Spanien verlassen und war nach New York übergesiedelt, wo sie ein Geschäft für spanische Lebensmittel eröffneten. Joaquina hatte dort erst die Mittelschule und dann sogar die Oberschule besucht. Vom Herzen, vom Kopf und ihrem ganzen Wesen her, war sie Amerikanerin, nur dass ihr die Unabhängigkeit unserer Mädchen fehlte. Während der Wirtschaftskrise hatte ihr Vater es für das Beste gehalten, nach Spanien zurückzukehren. Sie zitierte ihre Mutter, die die missliche Lage ihrer Tochter so beschrieb: »Joaquina ist in den Vereinigten Staaten aufgewachsen wie reiche Mädchen in Spanien, sie hatte Musik- und Zeichenunterricht.« Offenkundig war diese Erziehung bei Joaquina auf fruchtbaren Boden gefallen. Aber mit ihren zweiundzwanzig Jahren stand sie nun siebzehn Stunden täglich hinter der Bar, schenkte Kofferträgern und Hafenarbeitern Getränke aus und kurbelte mit ihrer Schönheit das Geschäft an – während Papa Karten spielte.

Am liebsten hätte ich Böller unter ihrem Hintern gezündet, damit sie aufwachte und ihrem Vater sagte, er möge seine verdammten Getränke selbst ausschenken, und anschließend in die Staaten zurückkehren, wo sie hingehörte. Nachdem ich ihr zehn Tage lang beim Arbeiten zugesehen hatte, niemals machte sie eine Pause, lud ich sie ins Kino ein. Sie erklärte, sie müsse zuerst ihren Vater um Erlaubnis fragen. Das übernahm ich für sie, doch er war nicht einverstanden, weil »vielleicht jemand kommt, der essen will.«

Schließlich überredete ich ihn jedoch, Joaquina zwei Stunden täglich mit mir an die frische Luft gehen zu lassen. Ich blieb siebzehn Tage in der Pension und versuchte sie aufzurütteln. Wir unternahmen viele nette Spaziergänge zusammen, wanderten und sangen im Novemberregen.

Spanien ist idyllisch und sehr hübsch auf irgendwie altertümliche Art – zumindest damals war es das. In Santander schlenderten wir über herrliche Strände, durch von Eseln verstopfte Gassen, stiegen Hügel hinauf, folgten den Klippen oder erkundeten staubige Pfade in die grüne Landschaft hinein. Und waren immer in der Nähe der Biscaya mit ihren heimtückisch verborgenen Sandbänken und Schiffswracks!

Wir gingen durch den Sommerpalast der ehemaligen königlichen Familie von Spanien. Hinter uns schneebedeckte Berge und felsige Klippen, am Fuße des Palastes ein Strand. An einigen Tagen saßen wir unsere zwei Stunden lang einfach nur im Sand, sahen zu, wie sich die Möwen gegenseitig Essen abjagten.

Als wir aufgeregtes Glockenläuten hörten, folgten wir der Melodie bis zu der scheinbar ältesten Kathedrale der Welt. Die Glocken waren brandneu und luden uns fröhlich ein, einzutreten und den ungestörten Frieden der Jahrhunderte zu genießen, der leider schon so bald von Bomben zerstört werden sollte. In Spanien war ich froh, dass ich das Geschäft mit der Musik aufgegeben hatte. Alle Musiker – und davon gab es viele – waren scheinbar blinde Bettler. Tatsächlich erklärte mir mehr als ein Spanier, dass in Spanien viele absichtlich zu Krüppeln gemacht wurden, damit sie als bettelnde Musiker auftreten durften. Das sprach für die Mildtätigkeit der Spanier; sie geben allen etwas.

Endlich erlaubte mir Joaquinas Wachhund von einem Vater doch, mit ihr ins Kino zu gehen. Seltsam, Mickey Maus Spanisch sprechen zu hören. An einem anderen Abend erlaubte er ihr, Vittorio Podreccas berühmtes Piccoli-Theater, ein italienisches Marionettentheater, mit mir zu besuchen. Manchmal tanzten bis zu zwölf gar nicht so kleine niedliche Puppenpaare gleichzeitig über die Bühne, oder sangen Opern. Dann gab es einen Stierkampf bei dem sich zwei in Samt gekleidete Stierkämpfer um einen frischen flauschigen Bullen stritten.

Ich konnte die Rebellin in Joaquina nicht wachrufen, aber sie und ihre Familie und selbst die heruntergekommene Pen-

sion wuchsen mir sehr ans Herz. Als es Zeit wurde abzureisen, gab es ein sehr lebhaftes Abschiedsessen für uns vier –
Huhn und Reis, was ein großartiges spanisches Gericht ist.
Mir gefiel das Huhn, tot ebenso wie lebendig, denn ich kannte es gut. Es hatte in der Küche gelebt und war allen zwischen den Füßen herum gelaufen, eine freundliche Plage,
oder es hatte bei den schweinsledernen Weinschläuchen in
einer schattigen Ecke gehockt.

Eine Zeit lang schrieben wir uns, Joaquina und ich. Dann
kam einer meiner Briefe von der Militärzensur mit der Bemerkung zurück: »Unbekannt verzogen.« Erst im darauffolgenden Sommer erfuhr ich von der Brandkatastrophe dort.

Auf dem Weg nach Madrid hatte ich vor, die Reise möglichst häufig zu unterbrechen, wobei ich dies nicht eigens
hätte planen müssen. Der entsetzliche Zug erledigte dies für
mich. An einer Kreuzung aus dem Zug geworfen zu werden,
wo man sieben oder acht Stunden auf den nächsten warten
musste, oder darauf, dass der alte repariert wird, war gar
nichts. Verspätungen und krumme Touren sind ein alter
spanischer Brauch. Sogar die Beamten am Postschalter hätten mich gern übers Ohr gehauen, als ich dort Briefmarken
kaufte.

Mit Ausnahme der sehr teuren Madrider Hotels, gab es
nirgendwo Bäder, Teppiche oder Heizungen. Auch die Essenszeiten waren seltsam. Morgens nur Kaffee und Brot, um
zwei Uhr eine zweite Mahlzeit und eine letzte um neun Uhr
abends. Manchmal musste ich extra aus dem Bett wieder auf-
stehen, wo ich gelegen hatte, um mich warm zu halten,
wenn es endlich Essen gab.

Ich hatte Spanien schon zur Zeit der Hochzeit des ehemaligen Königs gesehen, aber nicht so ausführlich wie jetzt,
trotz aller Unzulänglichkeiten. Ich fuhr hin, wohin ich wollte – blieb einfach wie Gil Blas in Bewegung. Und ich hörte
die Leute reden, über Pro und Kontra, sie schmiedeten Rän-

ke und Gegenränke. In Granada fand ich eine gute Pension, billig. Angeblich wurde sie von Schweden geführt, aber ich merkte gleich, dass es Deutsche waren und wie sich herausstellte, war es eine Herberge für Spione. In Spanien wurde auch ich häufig gefragt, ob ich Spionin sei. Das Land war voller Deutscher und Italiener, die sich eigenartig verhielten.

Granada ist eine selten schöne Stadt mit altem maurischen Flair. In der Altstadt mit ihren Pflastersteingassen, hört man häufiger Esel blöken als Autos hupen. Ziegen, Ochsen, Esel mit Glocken – ganz kleine Esel, echte Lastentiere – bevölkerten diese alten schmalen Durchgangsstraßen. Ein Fluss strömte von den verschneiten Bergen der Sierra Nevada herab in die Stadt, die Berge schienen so nah, dass man das Gefühl hatte, danach greifen zu können. Aber selbst wenn es in Granada nichts anderes zu sehen gegeben hätte, als die hervorragende Alhambra, wäre diese die Reise wert gewesen.

Auf einer Seite steile Klippen, auf der anderen ein herrlicher Park und schmale Abflussgräben mit klarem Wasser, die meilenweit dahin plätscherten. Darin so fein wie Spitze gemeißelter Stein und ein herrlicher Blick über die Klippen auf die Altstadt von Granada. In einem der Innenhöfe fanden sich versteckte Gärten, in denen sich möglicherweise Nymphen und andere Wesen tummelten. Einer von Schneewittchens Zwergen hätte aus dem Zitronenbaum spähen können und es hätte mich nicht gewundert. Der Gedanke, dass der wunderschöne Palast aus dem elften Jahrhundert bombardiert wurde, ist schrecklich, aber er wurde über die Jahrhunderte immer wieder bombardiert. Ich hoffe er hat auch den letzten Angriff überdauert.

Gegenüber der Alhambra befinden sich die kleinen aber behaglichen Höhlen der Gitanos und Zigeuner. Die Hügel ringsum waren bedeckt mit stachligen Kaktusfeigen.

Die Alhambra war überlaufen von armen hungrig dreinschauenden Touristenführern. Der Winter ist für sie eine triste Jahreszeit und mindestens ein Dutzend kamen auf mich zu. Ein junger Mann – sehr gut aussehend, mit einem sanften kindlichen Gesichtsausdruck, der von seiner Art her weniger aufdringliche, bot an, mich praktisch umsonst herumzuführen. Dabei wollte ich gar nicht geführt werden, ich konnte es mir nicht leisten. Aber es war Heiligabend und er erzählte mir herzergreifend, dass er an Weihnachten kein Dach über dem Kopf haben würde. Da auch ich alleine war und nirgendwohin konnte und bereits vermutete, dass er wirklich hungrig war, schlug ich vor, gemeinsam etwas zu essen.

Dabei erzählte er mir seine Geschichte. Er war in Ponce, in Porto Rico geboren und der Bruder des Staatsanwalts, aber da er das schwarze Schaf der Familie war, hatte er viele schwierige Erlebnisse gehabt. In New York, er war gerade arbeitslos, hatte ihm die spanische Regierung einen attraktiven Lohn dafür geboten, dass er sich einschreiben und im marokkanischen Krieg kämpfen würde. Er hatte es getan, aber nach dem Krieg feststellen müssen, dass ihm die Einreise in die Vereinigten Staaten nun verweigert wurde, weil er unter ausländischer Flagge gekämpft hatte. Er war ein unglücklicher Exilant, verdiente sich einen schmalen Lebensunterhalt mit dem Herumführen von Touristen und dem Verkauf spanischer Spitze. Wir aßen noch häufig zusammen und erzählten uns Geschichten und kurz bevor ich in den Zug stieg, um abzureisen, überreichte er mir ein kleines Päckchen. Darin befand sich ein spanischer Spitzenkragen, den ich hüte wie einen Schatz.

Barcelona, die progressivste der spanischen Städte, war auch die unruhigste. Überall hörte man Gerüchte, allerorts wurde getuschelt. Zum ersten Mal in Spanien sah ich eine Verkehrsampel, doch wurden auch viele der Bombenattentate hier geplant. Die Ramblas, die breiteste Straße, ist eine Straße auf der Straße, denn in der Mitte gibt es eine herrliche

Esplanade. Obwohl es Januar war, befanden sich hier Dutzende offener Blumenstände und überall blühten Akazien. Unzählige Vögel fanden sich hier in Käfigen zum Verkauf – Kanarienvögel und viele andere Arten. Keine andere Stadt auf der ganzen Welt hat einen so natürlichen Charme wie Barcelona, die Hauptstadt von Katalonien, dem freieren und rebellischeren der spanischen Staaten.

Die Balearen, wunderhübsche Inseln im Mittelmeer, waren während des Börsenkrachs ins Scheinwerferlicht geraten. Viele Amerikaner waren nach Mallorca gezogen, weil dort das Leben billig und bequem war. Die Insel erreicht man mit einem normalen Fährschiff von Barcelona aus über Nacht und als ich dort eintraf, fand ich ein Zimmer in Terreno, einem Vorort von Palma, wo die meisten Ausländer lebten und mich ein englisches Schild an einer Unterkunft anlockte. Für zehn Dollar im Monat mietete ich dort ein Zimmer und hatte nicht mehr als einen Dollar pro Tag zur Verfügung. Auch in dieser Pension traf ich auf seltsame Deutsche. Palma wirkte vom Ansehen her spanisch, aber die Einheimischen sprachen etwas, das wie eine Mischung aus Französisch und Italienisch klang. Diejenigen, die die Schule besucht hatten, konnten Spanisch, aber abgesehen von den Ausländern und Spionen, waren das nur wenige.

Friedlich streifte ich zwischen Kiefern über die Hügel, fern des politischen Geredes. Von dem kleinen Zug aus, der mich nach Soller, einem Ort in den Bergen brachte, sah ich herrliche Gärten und entdeckte viel wilden Lavendel. Ich hätte noch viele Monate lang einfach nur die Schönheit Mallorcas in mich aufsaugen können, hätte ich nicht auch noch die Kanaren vor der Nordwestküste Afrikas besuchen wollen.

Also fuhr ich nach Malaga, in der Nähe von Gibraltar, wo die Orangenbäume mit ihren kleinen Früchten, meinem Kälteempfinden widersprachen. Außerdem wuchsen hier Chrysanthemen, aber in meinen Augen hätten es auch gelbe Eisklumpen sein können. Mein Blut war nach Ecuador noch immer dünn und in Europa sind die Winter viel zu lang. Ich schwor mir, nie wieder im Winter hierher zu reisen, und wenn ich im Sommer zu Fuß Richtung Süden gehen musste, nur um es im Winter warm zu haben. Noch wünschte ich mich nicht an den Amazonas zurück, hoffte aber auf ein angenehmes Zwischenklima, als ich auf einem kleinen Frachter in See stach.

Mir gefiel der schmutzige spanische Frachter, weil er an jedem Hafen lange anlegte. Wir verließen Malaga um Mitternacht und als ich bei Tagesanbruch hinaussah, hatten wir bereits in Ceuta, in Spanisch-Marokko festgemacht. Dort war ich seit den Unruhen nicht mehr gewesen. Tatsächlich schien die Sonne – es hatte die letzten fünfzehn Tage lang geregnet – und es war sehr schön, im warmen hellen Licht herumzuschlendern, sich auf dem Marktplatz unter die Mauren zu mischen. Ich bin sicher, dass Spanien den Mauren einiges von seinem Charme zu verdanken hat – und ich merkte, dass ich jetzt nicht mehr nur die Kopie, sondern das Original vor mir hatte. Ich folgte den Ziegen, Eseln und ihren Treibern auf einer steilen, gepflasterten alten Straße an einer steinalten Stadtmauer entlang, bis ich in der Ferne den Felsen von Gibraltar erkannte.

Am nächsten Tag waren wir wieder in Spanien. Cadiz liegt auf der Atlantikseite, wo ich seit dreißig Jahren nicht mehr gewesen war. Es kam mir vor, als hätte ich die Stadt gestern zum letzten Mal gesehen. Sie hatte sich kaum verändert. Von dort fuhr ich weiter zur ersten Kanareninsel, San Miguel de la Palma: bergig, grün und schön, aber kommerziell gesehen die unbedeutendste Insel. Ich stieg auf einen Hügel in der Nähe der Stadt und holte kurz vor dem Gipfel einen Mann und ein paar Ziegen ein. Er melkte vor jeder Tür. Auch ich ließ mir etwas Milch abfüllen. Sie schmeckte herrlich nach der langen Wanderung und ich trank fast einen ganzen Liter.

Teneriffa war bei den Römern als Nivaria bekannt, wegen der stets schneebedeckten Berge und der Wolken. Es ist die größte der Inselgruppe und viele Ausländer leben hier, es gibt einige bezaubernde Häuser und einen hübschen Vulkan. Viele Dampfschiffe legen dort an, aber unser kleiner Frachter blieb nur wenige Stunden.

In Las Palmas auf Gran Canaria verbrachte ich eine Woche. Auf meinen Spaziergängen sah ich einige Kanarienvögel, gelbe und sperlingfarbene gemischt, die der Gruppe ihren Namen gegeben hatten. Es heißt, die männlichen Kanarienvögel singen erst schön, wenn sie sich mit deutschen Weibchen paaren. Der Wärter in einem kleinen Museum in Las Palmas amüsierte mich. Ein Raum war voller Schädel von Guanchen, den ursprünglichen Inselbewohnern. Er behauptete, die Schädel bewiesen, dass die Ureinwohner der Inseln trotz der Nähe zu Afrika weiß gewesen seien.

Ich wollte nach Río de Oro in Afrika übersetzen, erfuhr aber schon bald, dass man mich dort unter keinen Umständen an Land gehen lassen würde. Man erklärte mir, es sei schrecklich dort – nicht nur wegen der Sahara, sondern auch wegen der Sträflingslager und Militärgesetze. Alphonsos Cousin saß dort im Gefängnis. Also fuhr ich mit dem Frachter nach Malaga zurück und anschließend die Küste hinauf nach Valencia und Barcelona. Ich beschloss, Richtung Paris weiterzufahren, wo ich gute Nachrichten über Mieteinnahmen und brave Hausbewohner vorzufinden hoffte, natürlich nicht ohne unterwegs nach Belieben Zwischenstopps einzulegen. Zunächst fuhr ich mit dem Zug und der Kutsche von Barcelona nach Andorra in den Pyrenäen. Die kleine Republik lag praktisch unter dem Schnee vergraben, der aber etwas ganz Bezauberndes hatte, er rieselte wie ein Segen herab. Ein riesiger Ofen nahm die Hälfte des Esszimmers und der Bar ein, erinnerte mich an meine Zeit am Klondike. Ich blieb ein paar Tage und spazierte in den wunderschönen Pyrenäen herum, dann ging es, die ganze Nacht über aufrecht im Zug sitzend, weiter nach Lourdes, wo es in Strömen regnete. Lourdes ist nach Rom wohl das wichtigste katholische Zentrum. In hunderten von Geschäften wurden religiöse Andenken verkauft und Dutzende von Hotels trugen religiöse Namen. Eines hieß »Hotel Vatican« und ein anderes »Straße zum Paradies.« Die Basilika war eine hübsche Kirche, die oberhalb der berühmten Grotte von Massabielle errichtet worden war. Nicht weit davon plätscherte friedlich ein Fluss. An den Wänden der Grotte hingen die Krücken der Geheilten. Auch ich trank von dem Quellwasser. »Und der Glaube versetzt Berge.« Aber leider bin ich noch so ruhelos wie immer. Vielleicht war es nicht die richtige Saison für die Heilung von Nomaden. Die Kälte hielt einen jedenfalls in Bewegung.

Weiter nach Vichy, mit einem Umweg über Pau, wo ich das herrliche Chateau von Henry IV. besichtigte. Obwohl Vichy im Süden Frankreichs liegt, herrschten dort Temperaturen unter Null. Das Wasser jedoch war nicht gefroren und ich trank jede Menge zum Wohle meiner Leber und meines Gehirns. Die Badehäuser waren herrlich, das billigste kostete nur vier Francs oder achtundzwanzig Cent. Ich gönnte mir zwei für vier Francs. Als ich bei Minusgraden wieder herauskam, hatte ich das Gefühl zu glühen – zumindest eine Minute lang.

St. Moritz oben in den Schweizer Alpen in der Nähe der italienischen Grenze ist im Winter umwerfend schön. Meilenlange eisige Pisten für Schlittenfahrten und viele Meilen mehr an verschneiten Straßen für Schlitten, die von ein, zwei oder sogar vier Pferden gezogen wurden, Dutzende vereister Teiche zum Schlittschuhlaufen und zahlreiche Skipisten. Oh, wie mir der Mund wässrig wurde, wenn die Skifahrer vorbeisausten. Sicher musste es einen Riesenspaß machen, auf diesen schmalen Brettern den Hang herunter zu segeln. Die Sonne, die Eiszapfen größer als ich selbst zum Strahlen brachte, war herrlicher als jedes von Menschenhand erschaffene Bauwerk.

Paris hatte sich seit meinem ersten Besuch dort kaum verändert, aber mit ganz Frankreich schien es bergab zu gehen. Spanien kam schon seit Jahren immer weiter herunter. Und auch in Paris machten sich gewisse Verschleißerscheinungen bemerkbar. Die Menschen wurden unruhig. Zwölf Mal bin ich in meinem Leben in Paris gewesen. Jedes Mal schien es ein bisschen weniger das zu sein, wofür es angeblich steht. Zum Teil liegt es auch daran, dass ich älter werde – aber nicht nur.

Noch kann man dort allerdings viel Spaß haben. Im Kaufhaus hätte es mich beinahe umgehauen, als ich feststellte, dass der Champagner dort für zehn Cent das Glas verkauft wurde. Paris ist die größte »Schnorrer«-Stadt der Welt. Buchstäblich jeder bettelt um Trinkgeld und sogar die Champagnerverkäuferin hatte eine Schale für Trinkgelder aufgestellt. Auch die weiblichen Platzanweiserinnen in den Theatern gingen einen um Geld an, wenn sie einen an den Platz führten. Ich würde lieber Kohle schaufeln.

Erneut traf ich den Mann mit den Tropenfischen, den ich in Para kennengelernt hatte. Er litt unter einem latenten Anfall von Tropenfieber, das durch die extreme Kälte ausgelöst worden war, aber als es ihm besser ging, verbrachten wir ein paar ungemein nette Abende zusammen, bevor ich nach Deutschland reiste. Schon auf der Fahrt konnte ich die Aufregung förmlich in der Luft spüren. Vom Rhein her drohte erneut Kriegsgefahr.

Diese Karte entnahm ich dem Buch:

☐ Bitte senden Sie mir Ihr Büchermagazin.

☐ Bitte informieren Sie mich über Ihre Neuerscheinungen.

☐ Ja, ich möchte Ihren Newsletter erhalten.

Alle Informationen unter www.verlagshausroemerweg.de

Name, Vorname

Straße, Nr.

Plz, Ort

Telefonnummer*

Faxnummer*

E-Mail*

Unterschrift

*freiwillige Angabe

Für Ihre schnelle Anfrage:
info@verlagshausroemerweg.de

Rückantwort

Verlagshaus Römerweg GmbH
Römerweg 10
D-65187 Wiesbaden

ausreichend
frankieren

XVII

NORDISCHE MENSCHEN –
REINE UND ANDERE

Reine

Nicht dass ich sie besser auseinanderhalten könnte als andere, aber in Deutschland ist es heute wichtiger, was man von nordischen Menschen hält oder vorgibt zu halten, als von wem man wirklich abstammt. Hätte die samoanische Albinofrau, der ich außerhalb von Pago Pago begegnet war, fließend Deutsch gesprochen und alle paar Minuten die Hand zum Gruß gereckt, wäre sie als nordisch durchgegangen. Das Nordische ist zur Religion geworden und längst keine Rasse mehr. Und nur weil Hitler selbst nicht wie ein reinrassiger Nordländer aussieht, heißt das noch lange nicht, dass er keiner ist. Man darf ja auch nicht vergessen, dass der bedeutendste Christ aller Zeiten Jude war.

Vor mir liegen die Briefe, die ich von März bis August 1936 aus Deutschland schrieb. Damit meine ich die, die herausgelassen wurden – irgendwann kapierte ich, dass sie ihre Empfänger nie erreichten, sobald ich von Verbotenem berichtete. Aus militärischer Nervosität wurden alle Briefe geöffnet. Nach dem letzten gab es noch einen aus Sofia in Bulgarien. Ich werde direkt daraus zitieren: »Als ich dort lebte, konnte ich dir nicht die Wahrheit über Deutschland berichten. Tatsächlich habe ich absichtlich zahlreiche Lügen verbreitet, da ich feststellen musste, dass die Briefe abgefangen wurden. Schlag sie mit ihren eigenen Waffen – sie lügen und betrügen, die dreckigen Hunde (die Herrschenden, nicht die Menschen). Es ist eine schreckliche, unmenschliche Regierung. Auch von hier aus sage ich lieber nicht zu viel, denn ich sah König Boris beim olympischen Finale im Schwimmen neben Hitler sitzen.

Diese verdammte Regierung! Die Gefängnisse sind voller Menschen, die nichts Schlimmeres verbrochen haben als eigenständig zu denken, oder die den Fehler machten, etwas zu sagen, das Hitler nicht gefiel. Sie haben sämtliche Briefe gestohlen, die Med mir von den Salomonen schrieb. Vielleicht um mehr über die Inseln herauszufinden, da sie einst zu Deutschland gehörten. Die Menschen sind sehr freundlich und nett, aber trotz ihrer Tüchtigkeit müssen die, die Hitler blind verehren, verfluchte Trottel sein. Sie sind fanatisch, wie die Mohammedaner. »Seht euch Spanien an«, sagen sie. »Unser Führer hat Recht – seht euch an, was der Kommunismus anrichtet.« Und ihre Gesichter leuchten wie die von Heiligen. Ich konnte sie nicht fragen, was die ganzen Deutschen auf Mallorca wollten, als ich da war … sie hätten es mir sowieso nicht geglaubt.

Vor Jahren habe ich dieselbe fanatische Verehrung des Kaisers erlebt. Es hat den Anschein, als bräuchten sie unbedingt einen Schnurrbart für ihre Heils und Hochs. Für die Menschen ist dies eine Frage der Selbsterhaltung – schon mit der Muttermilch saugen sie die mit ihrer geographisch gefährlichen Lage einhergehende Angst auf. Beim Anblick der ganzen Hitlerfotos überall wurde mir sterbenselend. Man kann nicht einmal Obst in einem Schaufenster betrachten, ohne dass mittendrin sein Bild steht.

Im Bus sprach ich mit einem intelligenten jungen Mann darüber – leise – in Deutschland kann man nirgendwo mehr auch nur laut denken und muss schon vorsichtig sein, wenn man ganz für sich einen Gedanken fasst.

»Hitler ist der Vater«, sagte er, »er will, dass für Deutschland die Sonne scheint.«

Ich dachte an »den Platz an der Sonne« vor dreißig Jahren, als ich eine Parade in Berlin sah und einen Blick auf den Kaiser werfen konnte, den ich für den bestaussehendsten Monarchen aller Zeiten hielt.

Doch abgesehen von all dem ist Deutschland das fortschrittlichste Land in Europa. England wirkt dagegen heruntergekommen. Die südlich gelegenen Länder ließen mich an eine Talfahrt mit dem Schlitten denken. Selbst Ausländern gegenüber sind die Menschen und Angestellten in Deutschland, wenn nicht sogar die Armee, höflich. Egal, wo ich auch war, mir wurde vernünftige Hilfe angeboten. »Die Dame spricht nur Französisch. Bitte achten sie darauf, dass sie an der richtigen Station aussteigt«, bat der Schaffner im ersten Zug, in dem ich saß, einen Deutschen in unserem Abteil. Und er half der französischen Dame freundlich am entsprechenden Bahnhof auszusteigen. In Geschäften wird man sehr viel höflicher behandelt, als im angeblich so höflichen Frankreich. Auf ein deutsches Wort durfte ich mit vier englischen antworten und man hörte mir zu, obwohl man mich für eine Engländerin und damit eine Erzfeindin hielt. In meinen Augen ist das ein Kompliment. Das kenne ich aus anderen Ländern anders (während des Burenkriegs wurde ich in Holland beschimpft, weil man mich wegen meiner Sprache für eine Britin hielt).

Eines muss ihm der Neid lassen: Hitler ist Napoleon – ein kleiner Napoleon. Einige dort drüben konnte er täuschen. Vielleicht ist es auch in Ordnung und die Karten sollten hin und wieder neu gemischt werden. Mag schwer sein für die anderen, aber was die Herrschenden betrifft, so ist einer wie der andere. Und wenn einer an der Macht ist, tut er, was ihm gefällt. Es spielt keine Rolle in welchem Land man sich befindet – wenn man bleibt, wollen sie einem weismachen, es gäbe kein anderes. Die Menschen sagen: »Wir sind die einzigen. Alle anderen sind nur Mikroben.«

Ich bin keine Diplomatin oder studierte Korrespondentin, um mir erlauben zu dürfen, all das schlecht zu machen, aber die unzivilisierte Regierung steht der Höflichkeit und Produktivität des Landes in allem so dermaßen entgegen, dass man sich wundern muss. Ich habe meine sechs Monate in Deutschland genossen – wo Ausländern das Leben leichter gemacht wurde als den Bürgern.

An der Grenze in Strasbourg erfuhr ich von dem finanziellen Vorteil, den es mir bringen konnte, dass ich Ausländerin war. Als meine kleine Tasche durchsucht wurde, fragte ich warum, und der Beamte erwiderte: »Gold.«

Ich hatte nicht gewusst, dass ich registrierte Reichsmark hätte kaufen und den Wert meines Geldes damit um vierzig Prozent hätte steigern können. Aber man erklärte mir, in Deutschland würde ich diese nicht bekommen, sondern nur kurz vor der Grenze. Ich war wütend. Mein Scheck würde eintreffen (jedenfalls hoffte ich das), aber ich hatte nicht gewusst, dass ich ihn mir hätte in amtlichen Reichsmark ausstellen lassen sollen. Sofort fing ich an, Pläne zu schmieden und als mein Geld eintraf, ließ ich es mir von American Express nach Holland schicken, wo ich mir die vierzig Dollar in Form von einhundertdreiundsechzig Reichsmark auszahlen ließ, anstatt der sechsundneunzig, die ich andernfalls nur bekommen hätte. Da beschloss ich eine Weile in Deutschland zu bleiben, denn anscheinend konnte ich dort billig von meinem Geld leben. Es schien recht wahrscheinlich, dass Hitler sich bis nach Ende der olympischen Spiele benehmen würde.

Nachdem ich mich in Strasbourg hatte durchsuchen lassen (Soldaten überall an der Grenze), beschloss ich, die Nacht in Baden-Baden im Schwarzwald zu verbringen, kam aber erst nach Mitternacht dort an. Während ich im Schnee herumrutschte und mir ein billiges Zimmer suchte, schimpfte ich auf mein herumtreiberisches Wesen, das mich zwang, mich ständig Unannehmlichkeiten und Kälte auszusetzen. Gegen zwei Uhr morgens sah ich endlich im Fenster eines Hotels ein kleines Licht. Als ich eintrat, sprach mich eine Frau auf Englisch an. Sie war mit ihrem Mann gerade aus Kairo gekommen. Während wir Kaffee tranken und uns Geschichten erzählten, schlug meine Müdigkeit in Fröhlichkeit um und ich erfuhr mehr über meine amtlich registrierte Mark. Ich würde sie nur sechs Monate lang zum Reisen und Leben in Deutschland verwenden können. »Einen Pelzmantel können sie davon nicht kaufen«, erklärte die Dame. Nicht dass ich das vorgehabt hätte.

Als nächstes machte ich in der sehr alten Stadt Nürnberg in Bayern Station, in der Puppen und viele andere tolle Spielsachen hergestellt werden. Das erste was mir ins Auge stach, war ein Kaufhaus voller Spielsachen, die sehr nach »made in Germany« aussahen. Es war bitterkalt, aber Soldaten marschierten durch die Stadt. Einige der Männer trugen Federn an den Hutkrempen und sangen beim Marschieren. Man muss es nehmen wie es kommt.

Hamburg

Als ich am nächsten Abend in Hamburg, einer der schönsten, interessantesten und meiner Ansicht nach lebendigsten Städte der Welt eintraf, schneite es. Die Hafenanlagen erstrecken sich über zehn Meilen an der Elbemündung entlang. Über Lautsprecher wurden Hitlers Ansprachen übertragen. Seine aufgeregte Stimme und seine Reden erinnerten mich immer an einen Ansager beim Baseball. Und die eine Million Hamburger benahmen sich, als gäbe es einen Homerun für ihre Stadt. Kanäle, die zur Elbe gehören, ziehen sich quer durch die Altstadt. Direkt in der Innenstadt befanden sich zwei hübsche Seen mit vielen großen und schmutzigen Schwänen darin, schmutzig vom Kohlenstaub der Kähne. Nicht selten standen achtzig oder hundert am Ufer und spielten mit ihren Federn.

Kleine, flache Fähren, die wie Dackel aussahen, fuhren über die Seen und Kanäle, und mussten unter den vielen Brücken ihre Schornsteine umkippen, so dass es aussah als würden auch diese den Hitlergruß machen. Es gab viele echte Dackel und viele Polizeihunde. Die Kälte musste ihnen gut bekommen. Sie sahen fit aus, wie Soldaten. Fünfundzwanzig Laster vollbesetzt mit letzteren fuhren vorbei bevor ich die Straße vor dem Bahnhof überqueren konnte. In der deutschen Armee gibt es keine Invaliden. Irgendwo in den konfuzianischen Analekten ist von »Menschen nach Maß« die Rede.

Die Fähren fahren bis weit hinaus in die Vororte und tuckern außerhalb der Stadt zwischen den Enten auf den Kanälen umher. Man konnte hören, wie eine Entenmutter ihrer Brut erklärte, sie möge sich vor dem Wellengang des Bootes hüten. Die Kanäle innerhalb der Stadt waren dagegen stark befahren. Von zahlreichen Lagerhäusern wurden schwere Säcke an Seilen aus den Fenstern auf Kähne heruntergelassen. Die Lagerhäuser stammten noch aus der Zeit, als Hamburg Hansestadt war. Dabei ist Hamburg aber keine Hollywoodschönheit, die Stadt hat einen großen schmuddeligen Hafen voller Kähne und Karren, viele noch von Pferden gezogen, in dem viele Menschen im Schweiße ihres Angesichts ihren Lebensunterhalt verdienen.

Im Lesesaal der Hamburg American Line las ich die Pariser Ausgabe der New Yorker *Herald Tribune*. Ihr entnahm ich Nachrichten, die noch keine zwei Tage alt waren. Da der große böse Wolf (Hitler) ständig etwas ausheckte, war es besser, sich auf dem Laufenden zu halten. Der Mann in der Bibliothek gab mir die Adresse eines weiteren englischen Lesesaals und dort las ich in jenem Winter die Londoner Tageszeitungen, wenn es für etwas anderes zu kalt war.

Nach einer Woche im Hotel beschloss ich zu bleiben. Ich war bereits zweimal in Hamburg gewesen, für eine Stadt ist es herrlich dort. An einem alten Haus an einem Kanal sah ich ein Schild »Zimmer zu vermieten«. Also zog ich ein. Es gab nur ein Zimmer, machte mir die alte Dame klar, die dort alleine lebte. Ihren Gesten entnahm ich (da ich zu diesem Zeitpunkt nur wenige Worte Deutsch verstand), dass die vorangegangene Bewohnerin verschwunden war, ohne Miete zu bezahlen, sogar den Schlüssel mitgenommen und dafür schmutzige Arbeitskleidung dagelassen hatte. Mit mir schien sie zufrieden zu sein. Ob ich Ausländerin sei? Ja. Auf einen Zettel schrieb ich das Datum vier Tage später, dann brummte ich wie ein Flugzeug (mein Scheck kommt immer mit dem Flugzeug) und sagte: »Geld kommt«, was sie verstand.

Ich zog ein und wir kamen viele Monate lang wirklich gut miteinander aus, bis ich Hamburg verließ. Als der Scheck eintraf, zahlte ich zwei Monatsmieten im Voraus. Die Alte war sehr arm. Danach lernte ich ein kleines bisschen Deutsch von ihr und sie ein bisschen Englisch von mir, und sie erzählte mir, wie ihr Sohn im Krieg gefallen war und dass sie durch die »Inflammation« ihr ganzes Geld verloren habe. Das elektrische Licht schaltete sie nie ein, zu teuer. Also tat ich es auch nicht. Wir kochten in der dunklen Küche, erleuchtet nur vom winzigen Licht einer Nussöllampe und kleideten uns in deutsche Bauernkleider, die billig und bunt waren.

Eines Morgens weckte sie mich um ein Uhr, indem sie wild an meinem Arm zog und mich ans Fenster zerrte. Ein riesiger Zeppelin fuhr über unseren Kanal. Er war wunderschön und flog so niedrig, dass ich einen Strauss-Walzer von dort oben hörte. Das Luftschiff glitt einfach über uns hinweg. Zwei Tage später las ich in der *Herald Tribune* darüber. Es war die damals neue »129«, die dem Untergang geweihte *Hindenburg*. Und sie flog im Rahmen einer Werbekampagne über Hamburg. Sie war aus der britischen »101« entstanden, die in Frankreich bereits verunglückt war. Deutschland hatte das Wrack gekauft und aus demselben Metall die Hindenburg gebaut.

Am Wahltag sah ich um den Bahnhof herum eine Menschenmenge stehen und vor ihnen ein Meer von Soldaten. Hitler sollte eintreffen und eine Rede halten. In diesem Land der kleinen Zinnsoldaten zog er die Massen an. Wenn sie nicht voreinander stramm standen, reckten sie die Hände zum Nazigruß. Und überall sein Bild. Selbst in dem großen Kaufhaus standen statt junger, schöner Schaufensterpuppen wie überall sonst in den Geschäften, solche, die mehr aussahen wie Leute von der Straße. Eine dicke kleine Puppe sah zu einer dünnen großen auf, und eine perfekte weibliche Puppe guckte verschämt. Perfekt um Übergrößen auszustellen. Hitlers Konterfei rundete das Ganze ab.

Als es endlich Frühling wurde, gefiel mir mein Hamburger Haus sehr. Man konnte von dort aus die Straße und den Kanal überblicken. Sonntags fuhren hunderte von Motorbooten auf dem Weg zum Außenhafen vorbei und hunderte von mit Pärchen besetzten Kanus paddelten neben ihnen her. Wenn sie nach einem Tagesausflug wieder zurückkamen, hörte man ihr Gelächter und Gejohle. An Wochentagen zogen ständig Schlepper und Kähne vorbei. Die Schlepper hatten hübsche weiße Vorhänge vor den kleinen Fenstern. Getutet wurde nicht, sie trieben einfach still übers Wasser. Jeden Sonntagmorgen um sieben zogen Menschen zu Tausenden an unserem Haus vorbei – sie strömten stoßweise aus dem Bahnhof, wo sie aus den Kleinstädten in der Umgebung eintrafen. Einige schauten zu unserem lustigen klapprigen fünfhundert Jahre alten Haus hinauf, mit Ehrfurcht, wie ich hoffte. Solche Menschenmassen überall! Kein Wunder, dass sie Kolonien wollten. Sie hätten ganz Afrika bevölkern können. Und all die Ausflügler hatten ein Picknick dabei. Auch Schulmädchen waren unterwegs. Das kühle Wetter war ideal dafür und die hutlosen Mädchen, mit ihren im Wind wehenden blonden Zöpfen, ihren Söckchen und Rucksäcken sahen sehr lebendig aus, wenn sie patriotische Lieder sangen und im Takt dazu marschierten. Einige waren erst sieben oder acht Jahre alt. Selbst die Müllautos wirkten militärisch, sehr hygienisch und gründlich. Die Mülltonnen hatten einen Deckel, nicht einmal die Müllmänner bekamen den Abfall noch zu Gesicht. Die Tonnen wurden in verschlossene Öffnungen eines panzerartigen Fahrzeugs geschoben und dann irgendwie mechanisch geleert. Die Öffnungen, genau abgestimmt auf die Größe der Tonnen, gingen auf und der Müll fiel in den Innenraum, woraufhin sich Öffnung und Tonne wieder schlossen. Alles gründlich und auf dem neuesten Stand der Technik.

Hamburg wurde im Jahr 800 von Charlemagne gegründet. Jetzt gibt es dort Untergrundbahnen, eine Hochbahn und einen Tunnel unter der Elbe hindurch. Ich glaube, hier werden weniger Fußgänger von Autos überfahren, als anderswo. An allen stark befahrenen Ecken befinden sich Eisengeländer, so dass die Menschen gezwungen sind, die Straße an bestimmten Stellen zu überqueren. Auf den Straßen gibt es Telefonzellen, teilweise aus Glas, so dass es darin hell war.

Wenn ich lange mit meinem Geld auskommen muss, gehe ich zur einfachen Haushaltsführung über. In Hamburg war das lustig. Ich dachte, ich sei in einer Bäckerei, aber stattdessen handelte es sich um ein »Reformhaus.« Ich sah einen großen schwarzen Brotlaib, der nahrhaft aussah. Auch schien er hart zu sein, als wäre er nie frisch gewesen. Ich schlussfolgerte, dass er daher auch nie trocken (trockener?) werden konnte und nahm vier Laib mit nach Hause. Nach drei Tagen hatte ich zum ersten Mal seit zwanzig Jahren Stuhlgang ohne vorher Medikamente genommen zu haben. Nach sechs Tagen verschwanden die dunklen schwarzen Ringe unter meinen Augen. Als drei Wochen später mein nächster Scheck eintraf, war ich durch das Brot fit genug, um bei der Olympiade anzutreten, hätte ich nur irgendeine Sportart beherrscht. Doch von meinem Geld bekam ich nur ein Ei pro Einkauf und musste mir für ein Viertel Pfund Margarine extra eine Genehmigung holen.

In den Automatenrestaurants, die ich vor dreißig Jahren in Deutschland gesehen hatte, bevor ich ihnen irgendwo anders auf der Welt begegnete, konnte man für zehn Cent ein kleines Kaviarsandwich bekommen. Einige Lebensmittel, so wie Eier, waren knapp und eine Hausfrau bekam keine Butter mehr zu Gesicht, aber nicht weil die Vorräte so gering gewesen wären. Die Soldaten waren alle gut genährt, das sah man ihnen an. Sollte ich jemals wieder einmal viele gute Sachen zum Essen herumliegen sehen, dachte ich – so wie vor langer Zeit in Mas Küche – ich würde sie, wäre ich unbeobachtet, fressen wie ein Gaul. Das gezapfte Bier in Hamburg war wirklich herrlich und nahrhaft. Dennoch erstaunte es mich, als ich in einem Restaurant eine Familie sah – dem Anschein nach eine wohlanständige – mit einem vielleicht acht Jahre alten Jungen, der einem Humpen Bier vor sich hatte, so groß wie die der Erwachsenen. Ich holte mit der lieben alten Dame, bei der ich lebte, zur Feier des Tages immer ein kleines Fässchen Bier, wenn mein Scheck eintraf. Wie ich sie vermisse! Gerne habe ich sie mit einem Pfund Tee oder Kaffee überrascht, der den meisten Deutschen zu teuer war.

Eines Tages sah ich einen Stand auf der Straße, dazu ein Schild: »Hamburger – 25 Pfennig«. Ich bestellte einen und bekam einen langen, dünnen, blassen, kränklich wirkenden

Hot Dog. Ich sagte: »Nein, einen Hamburger.« »Das ist ein Hamburger«, sagte die Frau. Also aß ich ihn und hielt den Mund. Man kann sich mit einer Hamburgerin nicht darüber streiten, was ein Hamburger ist. Eigentlich sollten sie's wissen. Ich lief über den Blumen-, Obst- und Gemüsemarkt. Wie spärlich bestückt er war im Vergleich zu denen in Kalifornien. Schüchtern betrachtete ich eine Grapefruit, die ihr Gewicht in Gold wert war: »Made in Palestine« stand darauf gestempelt. Den Nordländern dürfte sie kaum koscher vorgekommen sein!

In Bürogebäuden gab es kleine Aufzüge für nur ein oder zwei Personen – sie waren offen, türlos und automatisch. Sie hielten nie an, sondern bewegten sich fortlaufend langsam weiter. Man trat hinein und wieder heraus, während sich der Aufzug bewegte. Neben den Bürgersteigen gab es Fahrradwege und zu jeder Tages- und Nachtzeit war ein steter Strom an Radfahrern dort unterwegs. Rings um einen großen Platz, über den sich ein Kanal zog, waren große Pflanzenkübel mit Geranien und Ackerwinden aufgestellt. Die Wirkung war herrlich. Hitlers Buch *Mein Kampf*, in dem er sein Programm umreißt, ist ein Pflichtgeschenk für jedes Hochzeitspaar. Wie weitsichtig.

Der erste Mai war in Deutschland Feiertag und ununterbrochen wurde in der ganzen Stadt marschiert und fanatische nationalistische Lieder wurden gegrölt. Da waren tausende nicht uniformierte Männer und tausende von unbemützten Schulmädchen und -jungen und hunderte sehr kleiner Jungen in Uniform. Alle schlugen sie die Hacken zusammen, anstatt zu spielen. Alles wirkte sehr ernst und vermittelte den Eindruck, egal, wie sehr Deutschland vom Rest der Welt unterdrückt wird, den letzten Krieg werden sie gewinnen, und keiner wird mehr übrig bleiben, außer ihnen selbst. Wenn eine Militärnation schon die Kleinsten an der Waffe ausbildet, wird das irgendwann Ergebnisse zeitigen. »Hitlerjugend.« Zu

271

jung um schon den Weg der Desillusionierung zu beschreiten. Aber wunderbar für ihn, sofern er lange genug lebt, um sie für sich kämpfen zu lassen.

An den Feiertagen breiteten sich die Hakenkreuze aus wie Hautausschlag. Millionen von Flaggen. Kein Fenster wurde ausgelassen. Die Gefängnisse waren voller Menschen, die sich nichts anderes hatten zuschulden kommen lassen, als zu vergessen das Hakenkreuz herauszuhängen. Das Leben in Venedig, als es noch eine Republik war und die Seufzerbrücke von Seufzern niedergedrückt wurde, muss einfacher gewesen sein, als das der Deutschen im heutigen Deutschland. Aber es machte Spaß, in Hamburg zu leben und Zugang zu ausländischen Zeitungen zu haben. Jedes Mal, wenn sich Hitler räusperte, wurde ganz Europa hysterisch und beraumte Konferenzen an. Seither wurden viele Zeitungen verboten.

An einem anderen Ort, in dem ich in Deutschland abstieg, kam die Wirtin in mein Zimmer geeilt, um eine Fahne aus meinem Fenster zu hängen, denn es war ein Feiertag, oder ein Tag, an dem Hitler eine Rede halten wollte, oder sonst etwas. Ich stellte mich schlafend in meinem Bett und sah, wie sie dem Hakenkreuz eine Grimasse schnitt, nachdem sie es aufgehängt hatte.

Eines Tages saß ich in einem Park und schrieb Briefe. Ein Wächter sagte auf Deutsch zu mir: »Rasen betreten verboten«, aber ich tat, als würde ich ihn nicht verstehen und erklärte dies auf Englisch.

»Dann sprechen Sie also Englisch«, sagte er auf Englisch.

»Ich stehe schon auf«, sagte ich. »Ich wusste nicht, dass Sie mich damit überfallen würden.«

Wir kamen ins Gespräch und er sagte, er habe zwölf Jahre in Amerika gelebt und wolle zurück.

»Was gefällt Ihnen nicht in Hamburg?«, fragte ich. »Es hat den größten Hafen in Deutschland. Wunderschöne Seen und Parks – alle haben Arbeit.«

»Ja«, sagte er. »Alle arbeiten – aber wofür? Man verdient mit seiner Arbeit nichts. Und bekommt nicht einmal genug zu essen.«

»Leute vom Rasen zu vertreiben ist aber auch keine schwere Arbeit.« Ich wollte nicht den Eindruck erwecken, deutschlandfeindlich eingestellt zu sein. Ausländern wird hier misstraut.

»Mir geht's gut, aber ich bin unzufrieden«, sagte er. »Wenn ich könnte, würde ich morgen nach Amerika zurück.« Und damit ging er grummelnd davon.

Die Ausflüge ins Hamburger Umland waren eine einzige Freude. Helgoland gefiel mir am besten, eine kleine Insel in der Nordsee, ganz in der Nähe der Elbmündung. Früher gehörte sie zu England, wurde 1890 aber gegen Sansibar getauscht.

Das Ausflugsschiff lief um sieben Uhr morgens aus und an Deck spielte eine deutsche Blaskapelle gegen den Nebel an. Aber auf Helgoland schien die Sonne. Manchmal ist die See selbst im Sommer so stürmisch, dass die Passagiere nicht an Land gehen können. Es gibt keinen Kai, und wenn möglich wird man in kleinen Booten des Fährunternehmens an Land gebracht. Auf der Insel gab es viele unterirdische Schießanlagen und Festungen. Deutschland ist bis an die Zähne bewaffnet. Ringsum befanden sich kleine vom Wind zerzauste Gärten voller widerstandsfähiger Mauerblumen und altmodischer Pflanzen, die wir Pantoffelblumen nannten und die Ma früher auch in ihrem Garten hatte. Außerdem gab es ein Aquarium. In einem Becken lag ein Stück von einem alten Wrack und die Fische schwammen rein und raus. Es sah so echt aus.

Auch in Hamburg gab es Gärten, im Juni war es hier bis zehn Uhr abends hell und um halb vier Uhr morgens schon wieder. Ich besuchte »Planten und Bloomen«, die Blumenschau. Ein Beet stand voll mit kalifornischem Mohn. Im Zoo von Hagenbeck gab es siebzig Pinguine, frisch aus der Antarktis eingetroffen. Einige von ihnen watschelten schon im Stechschritt, als hätte Hitler sie bereits bekehrt.

Am Pinguinbecken sprach mich ein junger Mann auf Englisch an. Ich erzählte ihm, ich sei aus San Francisco und er meinte, er sei mit einem Mädchen von dort verlobt. Er habe sie in Heidelberg kennengelernt, als sie eine Rundreise gemacht hatte. Er wollte in Kalifornien leben. Und als er mit seiner Geschichte fortfuhr, dachte ich an den Spruch: »Der beste Plan, ob Maus, ob Mann, geht oftmals ganz daneben.« Er war Jude. Er sagte, er verdiene mit seinem Unternehmen in Berlin immer noch genug, weil ein paar Deutsche der Meinung waren, dass Hitlers Vorurteile falsch seien. Aber er machte sich Sorgen um seine Zukunft und sehnte sich danach, Deutschland zu verlassen, da er nicht wusste, wie sehr sich die Lebensbedingungen für Juden in Deutschland noch verschlechtern würden. Er sagte, niemand könne Geld außer Landes schaffen und natürlich wollte er dies. Ich sagte: »Wenn in einer großen Stadt wie Hamburg Schiffe ablegen, ist immer sehr viel los. Die Behörden können nicht jeden gründlich durchsuchen.« Und ich gab ihm ein paar Tipps wie und wo er sein Geld verstecken konnte. Aber er unterbrach mich und sagte: »Da kennen Sie unsere Regierung aber schlecht. Die würden das Geld beschlagnahmen und mich zu zwei Jahren Zwangsarbeit im Gefängnis verurteilen.«

Mittsommernacht

Mich zieht es stets in Hafenstädte, auch wenn ich nicht unbedingt Informationen brauche. Seit dem Krieg haben sich die Visa- und Reisepassbestimmungen und Preise so häufig geändert, dass man manchmal von einem Tag auf den anderen nicht mehr weiß, was Sache ist. Unablässig herumzureisen ist eine Möglichkeit zu lernen, wie man sich mit wenig Geld über Wasser hält. Man muss dorthin gehen, wo man seine Barschaft durch günstige Kurse vermehren kann – und ist man dort angekommen, sucht man sich eine billige Unterkunft. In einer Hamburger Geschäftsstube erfuhr ich von einem großen Freizeitschiff, das an der norwegischen Küste entlang bis nach Spitzbergen am 81. Breitengrad fahren sollte.

Normalerweise reise ich nicht mit Kreuzfahrtschiffen dieser Art, aber Frachter und Schoner laufen selten nach Spitzbergen aus, wenn überhaupt, und schließlich überredete ich den Beamten, dass ich meine registrierten Mark, obwohl das eigentlich nicht vorgesehen war, für diese Fahrt verwenden durfte. Die einzigen Preisunterschiede gab es bei der Lage der Kabinen, denn erster Klasse waren sie allesamt. Für die Deutschen war die Reise teuer. Die deutschen Passagiere gehörten der reichen »rein nordischen« Klasse an und waren ganz anders als die Armen, die ich kannte. Die Armen mochte ich am liebsten. Ich war verblüfft darüber, dass die Wohlhabenden einem niemals einen Guten Morgen wünschten, auch nicht untereinander. Wenn sie zusammen waren, redeten sie laut und vollmundig, wirkten vulgär und prahlten unablässig. Zum Glück gab es unter den fünfhundert Passagieren aber auch noch andere, zum Beispiel einen Hindu Rajah und seine Frau, sowie an die vierzig Englisch sprechende Mitreisende. Einige der Amerikaner waren eigens für die Reise nach Hamburg gekommen. Aber die Nachrichten gab es ausschließlich auf Deutsch, und alles andere auch, sogar die Ansagen bei den Olympischen Spielen. Man bekam nur etwas heraus, wenn man einen Ausländer fragte, der die Sprache verstand und übersetzte. Die Deutschen sind weiß Gott kein Volk von Diplomaten. Ansonsten war die Kreuzfahrt herrlich, ausgezeichnetes Essen, ein Abschiedsdinner und ein Spaßdinner, bei dem das Ungeheuer von Loch Ness in den mit Tropenfischen bemalten Speisesaal kam.

Norwegen ist meiner Meinung nach das schönste Land Europas. Viele würden wiedersprechen, aber ich mag die zerklüftete Küstenlandschaft. Zunächst machten wir an vier oder fünf Fjorden im Süden Norwegens Halt. Einer war hundertzwölf Meilen lang und hatte Nebenarme wie ein Fluss. Auf beiden Seiten erhoben sich berghohe Felswände, an manchen Stellen standen sie so eng beieinander, dass eine Schlucht mit hunderten von Wasserfällen, die hunderte von Metern tief abfielen, entstand – teilweise den Blicken verborgen. Das Wasser in den Fjorden war glatt und von einer herrlichen Farbe; in einem war es kobaltblau. Es regnete häufig, aber ein leiser Regen.

Ich hatte schon einige Städte in Norwegen bereist, aber die kleinen, versteckt liegenden Dörfer an den Fjorden sind die besten. Das Transportmittel auf dem Land waren Karren, die von dicken, blonden Ponys mit platten Nasen gezogen wurden – so niedlich, diese einheimischen Ponys. Sie erinnerten mich an die Ausflugskarren in Irland vor langer Zeit. Die Lofoten waren wunderschöne, karge kleine Inseln. Man fragte sich, wie sie die Winterstürme überstanden, aber im Juli und August war es in der Arktis nicht kalt.

Wir machten vor einer Lappensiedlung in der Arktis Halt. Rentiere streiften umher. Die Lappen sind kleine Menschen mit hohen Wangenknochen und leben wie alle Nomaden in Zelten und ziehen je nach Jahreszeit und Weidegrund weiter. Dann Hammerfest in der Arktis, der nördlichste bewohnte Ort der Welt. Die kleinen Geschäfte waren voller Eisbärenfelle und davor stand ein ausgestopfter Eisbär als Werbung. In der Bucht lagen viele Robbenfänger, kleine Boote mit einem winzigen »Ausguck« oben am Mast. Die Strände waren voller riesiger Gestelle, auf denen Fisch trocknete. Ich sah, wie den Fischen die Leber ausgenommen wurde und im ersten Stock des Fischereigebäudes Lebertran daraus gemacht wurde.

Am Nordkap stiegen wir tausend Fuß hinauf und sahen die Mitternachtssonne. Wir hatten Glück, denn an diesem Tag hatten wir die Sonne sonst noch gar nicht gesehen.

Dann, oberhalb des 81. Breitengrades erreichten wir die Grenze zum Polarkreis. Loses Eis so weit das Auge reichte und weniger als fünfhundert Meilen bis zum Nordpol. Spitzbergen ist großartig, überall Gletscher und felsige Berge, Buchten und blaues eisiges Wasser. Wir hörten tausende von Seevögeln in den Bergen und diejenigen, die wir sahen, wirkten wie im Wind treibende Papierfetzen. In Kombination mit dem Krachen des Packeises erinnerten sie mich an ein Buch von Steffanson, und ich musste über die weitverbreitete Vorstellung vom »stillen« Norden lachen. Er sagt, viele Autoren, die über die Arktis schreiben, verfassen ihre Schriften in Dawson und bekommen die Arktis nie zu Gesicht. Dawson liegt nicht einmal über dem 60. Breitengrad. Der Polarkreis beginnt erst am 65. In der Ferne sahen wir viele Seehunde und Eisbären, eine ganze Familie mit zwei kleinen Babys. Aber sie verschwanden schon bald aus unserem Blickfeld. Wo kann ein armes Tier heutzutage noch hin ohne auf Menschen zu stoßen?

Auch Kings Bay auf Spitzbergen ist unbewohnt, aber zwanzig oder mehr Fischerboote aus Norwegen und einige vernagelte Kohlearbeiterhütten fanden sich dort. Am Ufer stieß ich auf einen kleinen Steinhügel mit einem steinernen Denkmal und den Namen von Amundsen, Ellsworth und anderen Naturforschern darauf. Es war kein Grab, aber das Trostloseste, was man sich an dieser felsigen Küste nur vorstellen konnte. Man hatte das Gefühl, die Männer hätten lieber hier ein Denkmal, als sonst irgendwo. Die Flüge vom Nordpol starteten von Kings Bay, aber den Hangar von Nobile Air hatte es praktisch schon umgeblasen. Davor lagen Eisberge, dahinter Gletscher, einer davon neun Meilen breit.

Ich erfuhr, dass die Zahl der Norweger, die ins Ausland abgewandert waren, größer war als die Zahl derer, die in Norwegen geblieben sind, kein Wunder. Weniger als drei Prozent des Landes sind kultivierbar, der Rest nur schöne Landschaft und größtenteils Eis. Aber sie gehört zur schönsten Landschaft der Welt und die Luft in der Arktis ist berauschend.

Olympiade

In Hamburg stellte ich fest, dass ein Flug nach Berlin für mich nicht teurer wäre als eine Zugfahrt. Amtlich registrierte deutsche Mark und die entsprechenden Gesetze wie diese zu verwenden seien, haben manchmal seltsame Auswirkungen. Es war nicht einfach, mit meinem Spielgeld Karten für olympische Veranstaltungen zu bekommen, aber kurz vor meiner Abreise ist es mir doch gelungen. Für Ausländer gab es nur noch Stehplätze und diese sollten mit ausländischem Geld bezahlt werden. Es wurde sogar noch etwas auf den ausgewiesenen Preis der Sondermarken aufgeschlagen, weil klar war, dass sie bei Sammlern Absatz finden würden.

Ich hatte gehört – natürlich von den Deutschen – dass deutsche Flugzeuge soviel besser seien, als alle anderen auf der Welt – in diesem Fall glaubte ich es sogar. Auch hatte ich viel vom Berliner Flugplatz gehört, aber er war nicht besser als unsere und kam an den in Miami zum Beispiel nicht annähernd heran. Es regnete wie immer, klarte aber kurz vor Berlin auf und ich konnte hinuntersehen. Jede einzelne Kuh war zu erkennen. Alles Flachland. Wir flogen über das Olympiastadion hinweg, die Flaggen und die geschmückten Straßen sahen aus der Luft wie Spielzeug aus. Ich war dreißig Jahre lang nicht mehr in Berlin gewesen, aber ich erinnerte mich an den Namen der Hauptstraße: Unter den Linden. Also warf ich ihn dem Straßenbahnschaffner an den Kopf, woraufhin er dort hielt.

Meinen ersten Tag bei den Olympischen Spielen werde ich nie vergessen. Ich hatte eine Stehplatzkarte für die Kanurennen um acht Uhr morgens und drei Uhr nachmittags. Ich musste vierzig Minuten mit einer Hochbahn fahren und dann im strömenden Regen eine Meile durch einen kleinen Wald bis nach Grünau marschieren, einem Vorort an der Spree mit zahlreichen Bootsvereinen. In Hamburg hatte ich mir einen kleinen aufklappbaren Regenschirm gekauft. Ich werde lieber nass, als dass ich einen langen Stockschirm mit mir herumschleppe. Aber in dem Wald wollte er sich nicht wieder zusammenklappen lassen. Als ich einen Pavillon erreichte, erklärte mir der Kellner, der mir einen Kaffee servierte, er habe in einer deutschen Zeitung gelesen, dass das Rennen um fünf Stunden verschoben worden sei. Ein amerikanischer Kanute sagte, es seien nur einige wenige aus den Vereinigten Staaten gekommen und Kanufahren sei in Europa tausend Mal populärer als in Amerika. Trotzdem war es wunderbar, das Rennen mitzuerleben. Man kann nicht in Hamburg leben und nichts für Kanus übrig haben. Dort waren sie so verbreitet wie Fords in den Staaten. Bei manchen Rennen saß nur einer, bei anderen zwei in einem Kanu. Nach dem ersten Rennen regnete und donnerte es, so dass man die Lautsprecherdurchsagen nicht mehr hören konnte. Als der Regen aufhörte, gab es eine Vorstellung von ungefähr dreißig Deutschen in Eskimokajaks, sie drehten eine Rolle nach der anderen und tauchten immer wieder sitzend auf, als wäre nichts gewesen. Die sich drehenden Kanus erinnerten an Schweinswale. Die Flaggen und der ganze Festschmuck dagegen eher an nasse Geschirrhandtücher.

Ich ging durch das Wäldchen nach Hause, sah selbst aus wie eine der Flaggen. Dann kam eine wässrige Sonne zum Vorschein. Sie hatte sich an diesem Tag selbst einen Sport daraus gemacht, uns an der Nase herumzuführen. Meine Lebensgeister waren nicht durchnässt, denn ich liebe olympische Spiele (ich frage mich, wie ich zu den nächsten nach Finnland kommen soll). Die neugierigen »Kontrollbehörden« mussten einiges mit dem Lesen der Post zu tun haben, denn wegen der Spiele befanden sich Millionen von Besuchern in der Stadt. Überall Menschenansammlungen, sie kamen zu Fuß, zu Pferd oder per Flugzeug. Ein eigenartiges Transportmittel brachte Passagiere in die Berliner Innenstadt: vier Erwachsene auf zwei Zweisitzerfahrrädern, die miteinander verbunden waren, in der Mitte befand sich eine lange Kiste, in der drei Kinder Platz fanden. Die vier traten im Takt in die Pedale. Wo ein Wille ist, ist auch ein Weg. Sie waren bei den Olympischen Spielen gewesen.

Beim Finale im Schwimmen herrschte gutes Wetter. Zum ersten Mal gelang es mir bei dieser Gelegenheit, einen Blick auf Hitler zu werfen. Auch lernte ich im Schwimmstadion, dass der Bruchteil einer Sekunde entscheidend sein kann. Das Wasserballspiel war rasend komisch: Deutsche gegen Belgier. Bruderliebe war das nicht. Unter dem Wasser, wo sie sich eigentlich gar nicht aufhalten sollten, hätten sie sich beinahe gegenseitig umgebracht. Der Schiedsrichter erlitt Anfälle und wenn er die Sportler endlich wieder an die Oberfläche gepfiffen hatte, guckten sie wie Hunde, die das geworfene Stöckchen nicht fanden.

Am nächsten Tag Reiten und dann die Abschlussfeier. Die Deutschen haben eine Vorliebe für Theatralik. Die Stadionbeleuchtung war wunderschön. Auch ziehen sie gern alles in die Länge. Das Reiten war wunderbar, die Pferde herrlich, aber die armen Tiere … Einige stürzten und andere warfen alles um, Tore und Absperrungen. Eine Gruppe von Frauen war dafür zuständig nach jeder Vorführung die Pferdeäpfel einzusammeln. Bei acht Stunden lang in der prallen Sonne ist das Schwerstarbeit. Zwar gehörten sie nicht zum Typ Ballerina, aber sie waren Frauen. Was für eine Eigenwerbung. Deutsche Frauen beim Mistaufsammeln. In Deutschland kommt einem häufig Kiplings Spruch »Eine Frau ist nur eine Frau, aber eine gute Zigarre kann man rauchen« in den Sinn.

Bei der Abschlussfeier wurde zum zwanzigsten Mal »Über alles« gesungen und jedes Mal streckten alle die Hände zum Nazigruß aus. Eine Ausländerin in meiner Nähe wollte gehen. Ein Soldat, der mit dem Rücken zur Wand stand, hielt die Hand stocksteif erhoben. Er sang und nahm eine Haltung ein, als wolle er ihr signalisieren »hier kommst du nicht vorbei«. Sie duckte sich unter seinem Arm durch. Ich sah den Ausdruck in seinem ernsten jungen Gesicht. Denselben Ausdruck hatte ich auch schon in den Gesichtern von Moslems während des Fastenmonats Ramadan gesehen, wenn religiöse Gefühle angesagt sind – der reine Fanatismus. Anstatt die Fußgänger später die Straße zur Bahnstation überqueren zu lassen (im Vergleich zu den Vereinigten Staaten gab es nur sehr wenige Autos), ließ eine Soldatenkette tausende müde Menschen eine halbe Meile weit gehen, bevor sie ihnen gestatteten, die Seite zu wechseln. Die Menge, in der ich mich bewegte, durchbrach irgendwann die Kette und einige Minuten lang ging es ruppig zu. Die Frauen waren dabei ebenso wenig zimperlich wie die Männer. Einige wurden verletzt.

Bei Olympia ging es »über alles«. Es gefiel ihnen nicht, wenn schwarze oder dunkelhäutige Athleten wichtige Wettkämpfe gewannen, aber sie hatten geschickt jede Menge neue Disziplinen aufgenommen, die in sonst keinem anderen Land trainiert werden. Das ist typisch. Wenn sie in Wirklichkeit nicht die besten sind, lassen sie sich was einfallen, damit es trotzdem so aussieht.

Ich war froh, dem regnerischen Berlin und dem ganzen Heil Hitler und »Über alles« den Rücken zu kehren und zum Musikfest weiterzufahren. Bayreuth war vergleichsweise ruhig und friedlich. Weil »Parsifal« im Richard-Wagner-Theater gegeben wurde, waren die Hotels voll. Ich fragte eine Frau auf der Straße, ob sie wisse, wo man privat ein Zimmer mieten könne. Sie erwiderte: »Ich vermiete Ihnen mein Kinderzimmer«. Ich ging zu ihr nach Hause und in dem Kinderzimmer, ich dem ich schlief, hingen drei Bilder, zwei von einem kleinen Kind, das ankündigte: »Jetzt leg ich mich zur Ruh« und dazwischen ein Bild von Hitler.

Ich besuchte das Grab von Franz Liszt auf dem kleinen Kirchhof und sah das Haus von Richard Wagner. Seine Nachkommen lebten dort und sein efeubewachsenes Grab befindet sich im Garten. Ich ging ins Theater, um mir »Parsifal« anzuhören. Nach einer Woche im Stadion und auf kalten Holzbänken in Zügen, stöhnte ich beim Anblick der Theatersitze in Bayreuth innerlich auf. Und das für siebenfünfzig pro Platz! Wir haben in jedem Kino bessere Sitze und das für zehn Cent die Vorstellung. Dennoch war die Darbietung hervorragend, tiefgründig und erhebend. Die Oper begann um vier Uhr. Ich sah Siegfried Wagners Tochter im Publikum. Die Pause nach dem ersten Akt dauerte fünfundvierzig Minuten. Es gab einen kleinen Park und um das Theater herum drei Restaurants. Das war auch nötig. Die Pause nach dem zweiten Akt dauerte mindestens eine Stunde. Ich rechnete damit, dass nach dem dritten und letzten Akt der Morgen graute, aber nein, es war erst Mitternacht.

Am nächsten Tag sah ich mich nach Reisezielen um, verglich die Preise. Alle Länder lockten Olympiabesucher mit Sonderangeboten. Ich entschied mich für Bulgarien und erwischte gerade noch rechtzeitig den Zug nach Sofia, der über Prag, Ungarn und Jugoslawien fuhr, für das ich sogar für die Durchreise mit dem Zug einen Reisepass benötigte.

XVIII

WESTLICHER ORIENT

Fahrerflucht

Obwohl Bulgarien in Europa liegt, mutet es vom Denken und Handeln her eher orientalisch als europäisch an. Malerisch, bunt und oft aufregend, fehlt ihm die Milde des fernöstlichen Orients, die ich zu Beginn des Jahrhunderts in Asien lieben gelernt hatte. Das Bulgarien von 1936 hat sich seit dem Krieg in Form und Größe verändert, aber in den Augen des Besuchers, der vor fünfundzwanzig Jahren schon einmal dort war, ist es dasselbe geblieben.

Als ich um Mitternacht Sofia erreichte, standen dieselben alten Gäule vor dem Bahnhof. Da ich müde war, ging ich in dasselbe alte Hotel auf der gegenüberliegenden Straßenseite und schlief ein mit den vertrauten Klängen (aus einem nahegelegenen Café), wie man sie auf allen Jahrmärkten der Welt hört.

Es war gut, an den darauffolgenden Tagen ein bisschen Sonnenschein zu Gesicht zu bekommen und endlich wieder billiges und reichlich vorhandenes Obst kaufen zu können. Ich hoffte, im armen Bulgarien, wo das Leben billig war, wieder ein bisschen was auf die Rippen zu bekommen. Joghurt war nahrhaft und sättigend. Der Mann im Obstladen war Grieche, hatte aber in Indiana gelebt und war den U.S.A. gegenüber sehr freundlich eingestellt. Jeden Tag aß ich eine

283

schöne kleine, runde Wassermelone. Wenn die Bulgaren an die hundert Jahre alt werden, was hier anscheinend häufig vorkommt, dann vermutlich deshalb, weil sie sich nie mit zu schwerem Essen vollstopfen.

An meinem zweiten Tag in Sofia lernte ich einen Armenier kennen. Der arme schäbig gekleidete kleine Mann sprach mich auf Englisch an, als ich in dem Café unten einen türkischen Mokka trank. Ich staunte Englisch zu hören, da es in diesen Gegenden praktisch niemand spricht (die offizielle Sprache ist Französisch). Er hatte eine kleine tragbare Kamera dabei und sprach sieben Sprachen, wirkte aber abgerissen und arm. Seine Frau unterrichtete in einer kleinen armenischen Schule, und versuchte ihren drei Söhnen eine Schulbildung zu ermöglichen. Seine ganze Familie war in der Türkei massakriert worden. Er war entkommen, denn zu der Zeit hielt er sich in einer amerikanischen Missionarsstation in der Türkei auf. Natürlich wurde auch das gesamte Eigentum konfisziert. Ich denke andere sind neidisch, weil die Armenier klug sind. Die ganze Lebenspsychologie ist in diesen Gegenden eine andere. Hier konkurrieren wir mit Arbeit – dort konkurriert man mit Blut.

Es spielten sich noch immer die alten Balkanintrigen ab. Am fünften Tag, als ich mit dem Armenier türkischen Mokka trank, kam ein Mann herein, den ich kannte, ein Fotograf aus Lettland, der in Persien Bilder gemacht hatte. Der Armenier erzählte mir, der Lette sei ein deutscher Spion und habe sechs Monate lang in der Türkei im Gefängnis gesessen, weil er die falschen Bilder aufgenommen hatte. Hinter Befestigungsanlagen hat man keine Landschaft zu fotografieren.

Er reiste an diesem Tag aus Sofia ab und wirkte recht besorgt. Als ich ihn fragte weshalb, sah er mich verdutzt an und erwiderte: »Ich muss fort, damit ich keine Steuern zahlen muss.«

Daraufhin war es an mir komisch zu gucken. Kleine Länder können knifflig sein und mir fielen ein paar üble Tricks ein, die man mir 1913 auf dem Balkan gespielt hatte, ich beeilte mich, möglichst schnell die aktuellen Besuchervorschriften in Sofia herauszubekommen und erfuhr, dass ich nach sieben Tagen Aufenthalt eine hohe Steuer würde entrichten müssen, um bleiben zu dürfen. Ich kam mir vor wie eine Wildgans, die nicht landen kann. Aber ach du Schreck! Man stelle sich meine Verwunderung vor, als man an der Grenze zweihundert Jeva (etwas über drei Dollar) von mir verlangte, weil ich schon nach sechs anstatt nach sieben Tagen ausreisen wollte. Der reine Diebstahl. Und in ihren schmutzigen Uniformen sahen die Männer auch aus wie Banditen. Als ich dem Beamten erklärte, ich würde an der Grenze sitzen bleiben, bis sieben Tage vergangen waren, wurde er bleich vor Wut. Ich wagte nicht, zu bezahlen, egal wie sie mir drohten, denn sie folgten dem deutschen Beispiel und beschlagnahmten nicht deklariertes Geld. Und bei der Einreise hatte ich keines deklariert, weil es an der Grenze einsam war und die Beamten geldgierig guckten. Ich hatte behauptet: »Bei meiner Ankunft in Sofia werde ich einen Scheck erhalten.« Jetzt erklärte ich, ich würde einen Scheck in Istanbul erhalten und hätte deshalb kein Geld bei mir. Wenn ich aus Angst bezahlt hätte, hätten sie mich durchsucht und mir sämtliches Geld abgenommen. Das wenige, was ich hatte, hatte ich in den Schuhen versteckt.

Als sie merkten, dass sie nichts aus mir herauspressen konnten, stempelten sie meinen Pass ab, den sie mir am liebsten hinterher geworfen hätten. Mit einem Fuß schon im Zug entschuldigte ich mich dafür, nicht besser Französisch zu sprechen. Ich rang ihnen Respekt ab, indem ich es ihnen mit gleicher Münze heimzahlte. Eine in diesen Ländern allein reisende Frau könnte sich ebenso gut auch in die vorderste Front einer Schlacht begeben. Einen Mann hätten sie nicht gewagt, derart übers Ohr zu hauen. Das ist es, was mich daran so gefuchst hat.

Der Zug, den ich in meiner Eile bestieg, war ein regionaler. Er brauchte vierundzwanzig Stunden von Sofia nach Istanbul in der Türkei, größtenteils verbrachten wir diese mit dem Überprüfen von Reisepässen an den Grenzen. Eine Zeit lang fuhr ich friedlich vor mich hin. Dann kam ein Mann in einer seltsamen Uniform durch den Zug. Die Uniform sah nicht nach der eines Türken aus, aber ich fragte: »Sind wir in der Türkei?«

»Sie sind in Griechenland«, sagte er und ich wäre beinahe ohnmächtig geworden. Ich hatte auf der Karte nicht gesehen, dass der Zug durch Griechenland fuhr. Für Griechenland hatte ich kein Visum. Mir wurde versichert, dass dennoch alles in Ordnung sei, denn wir fuhren nur eine kurze Strecke durch unbewohntes Land.

Die türkischen Grenzposten waren die höflichsten von ganz Europa. In dieser Hinsicht hat sich viel verändert, denn von allen europäischen Ländern hatte die Türkei Ausländern früher am allermeisten misstraut. Was dieser Kemal Atatürk für sein Land getan hat. Gewiss hat er auch ein Massaker zu verantworten, aber die anderen Aufstände waren förderlich. Bei meinem letzten Besuch hatte die europäische Seite noch Konstantinopel geheißen; jetzt war es Istanbul. Noch ist es nicht die modernste Stadt, aber durch die Verbesserungen – neue Gebäude etc. – sah die Türkei nicht mehr so aus, wie ich sie im Gedächtnis hatte. Die Menschen verehren Atatürk und wahrscheinlich ist er der einzige Nachkriegsdiktator, der tatsächlich etwas bewegt hat, ohne die Welt mit Drohungen zu erschüttern. Die Pillen, die er dem »kranken Mann von Europa« verschrieb, waren ausgezeichnet gewählt.

Istanbul brachte mich zum Nachdenken. Trotz all der Verbesserungen hat die Altstadt nichts von ihrem Zauber verloren und ich denke zurück an die Zeit von Abdul Hamid, als die Türkei in meinen Augen so romantisch erschien, dass ich den Club in China verließ, um sie mir anzusehen. Ich war froh, diese Orte als ältere Frau noch einmal besuchen zu können, auch wenn ich jetzt nicht mehr so viele Bekanntschaften machte wie früher. Man wächst in sich selbst, wenn man alt ist. Leute bieten einem Gespräche an, aber man macht sich nicht mehr die Mühe darauf einzugehen. Bei jenem ersten Besuch war gerade jemand im Sultanspalast ermordet worden. Ich hatte einen in der Türkei geborenen Engländer auf dem Schiff kennengelernt, der bei der Gesandtschaft als Übersetzer arbeitete. Er sagte mir, wo ich absteigen sollte – und wollte mich herumführen. Aber ich wollte die Türkei nicht so steif, so wohlanständig, kennenlernen, also zog ich mit meinem Banjo in ein Hotel am Hafen und war gut Freund mit allen – den Jungen, den Alten, den Anständigen und den Unanständigen. Und ich sah hinter die Kulissen. Der amerikanische Konsul hörte davon und ein junger Mitarbeiter kam ins Hotel geeilt. Er sagte, kürzlich sei ein Amerikaner entführt und erst gegen Lösegeld wieder freigelassen worden, und er machte einen Riesenaufstand. Also musste ich ins Konsulat und der Konsul sagte: »Sie werden es nicht überleben, wenn Sie da absteigen.«

»Hören Sie«, sagte ich, »ich wohne, wo es mir passt.« Er war ein netter Mann. »Sie kennen sich nicht aus«, entgegnete er entsetzt.

»Ich lasse es drauf ankommen«, erklärte ich, »ich lasse mich nicht herumstoßen und ich gehe, wenn ich dazu bereit bin.«

Der junge Kerl meinte, er würde eine bessere Unterkunft kennen, wo ich sicherer wäre und ich könnte mich von dort aus weiter umsehen. Er besorgte mir das Zimmer, aber ich zog dennoch mit meinem Banjo überall umher. Kann man es mir vorwerfen? Ich war nicht hergekommen, nur um türkischen Mokka in einem Hotelzimmer zu trinken.

Einmal brachte er Kreuzfahrtpassagiere (auch ein paar Soldaten) in mein Hotel, damit ich ihnen ein paar Orte zeigte, die nicht in den Touristenführern stehen. Auf einem Basar versuchte man Touristen hinters Licht zu führen (ich kann es ihnen nicht verdenken) und ich kramte mein gesamtes türkisches Vokabular hervor, hauptsächlich Schimpfwörter, bis sich der verdutzte Händler benahm.

»Auf allen meinen Reisen«, sagte eine Frau, »sind Sie das Interessanteste, das mir begegnet ist! Zu hören wie Sie mit diesen schrecklichen Türken sprechen.«

Und da tat es mir leid, dass ich ihm nicht erlaubt hatte, sie übers Ohr zu hauen. Für sie war ich ein Kuriosum, das sie betrachtete wie eine Sehenswürdigkeit. Dabei waren ihr aufgrund ihrer Einstellung die meisten ohnehin entgangen. Ich kenne keine andere Lebensweise, die so interessant ist und bei der man so viele unterschiedliche Menschen trifft. Die wahren Freundschaften haben die Zeit überdauert. Natürlich werden Unterhaltungskünstler heute nicht mehr so verachtet wie damals. Jetzt bin ich zu alt, um mich auf diese Art durchzuschlagen, aber nach all den Jahren, denke ich noch mit romantischen Gefühlen an jene Orte zurück.

Bei Cocktails in Peking oder auf Schiffen habe ich viel über die Geschichte der Mohammedaner erfahren. Und ich denke immer noch, dass es eine schöne Art war zu lernen. Erfahrene Menschen erzählten mir einiges und ich geriet nie in Schwierigkeiten, aus denen ich mich nicht wieder befreien konnte, nicht einmal in den schlimmsten Absteigen. Ein Land besteht nicht nur aus feinen Häusern, Hotels, Cafés und Kirchenruinen.

Früher konnten die Türken keine Pässe bekommen und trotzdem sprachen die Wohlhabenderen dort alle Französisch und freuten sich, wenn sie sich mit einer Ausländerin unterhalten konnten. Durch den jungen Konsul lernte ich viele Einheimische kennen, besuchte aber auch andere Städte: wunderschöne Clubs in Pera, mit europäischen und amerikanischen Mädchen, außerdem türkische Spelunken, in denen türkische Mädchen ohne Schleier auftraten und die Gäste verwöhnten. Ich sah die wirbelnden Derwische, eine sehr eigenartige muslimische Sekte, mit hohen Filzhüten und langen wollenen Faltenröcken. Sie befanden sich in einem Gebäude, in das man nur schwer hereinkam und noch schwerer wieder heraus. Sie wirbelten und wirbelten mindestens eine Stunde lang. Dutzende von ihnen drehten sich wie die Kreisel.

Ich habe nie einen Türken kennengelernt, den ich nicht leiden konnte. Wenn Ausländer die Türken kennenlernen würden (oder die Bewohner anderer Länder, die sie bereisen), würde dies zu einem viel besseren Verständnis der Nationen untereinander führen. Man kann so viel davon lernen, wie die anderen leben und denken, und weshalb. Die meisten dieser türkischen Freunde waren zunächst nur Zufallsbekannte, die ich beim Spielen und Herumziehen traf. Unsere Gespräche über das Leben in der Türkei habe ich aber noch bestens in Erinnerung, wir saßen auf Veranden am Wasser, feierten auf Booten oder picknickten am Strand. Was waren das für glückliche Zeiten! Man muss zwischen den Menschen in einem Land und dessen Regierung unterscheiden.

Gegenüber von meiner Istanbuler Unterkunft auf der anderen Straßenseite befand sich ein Park mit einem Freilichttheater. Jede Nacht schlief ich zu den melancholischen, aber bewegenden Melodien alter türkischer Lieder ein, die mich an die alten Zeiten erinnerten. Eigenartig eine Türkin singen zu hören und das auch noch im Abendkleid an einem öffentlichen Ort. Ihre Mutter oder Großmutter hätte es nicht einmal gewagt, einem fremden Mann ihr Gesicht zu zeigen, das war allein den Männern in ihrer Familie vorbehalten, geschweige denn, auf die Bühne zu gehen.

Bis vor kurzem mussten sich die Frauen in der Türkei ver-
schleiern, bevor sie auf die Straße gingen. Niemand durfte
ihre Gesichter sehen. Sie trieben wie schwarze Gespenster
durch die staubigen Gassen. Die bessergestellten Frauen hatten einen großen schwarzen Eunuchen als Wächter. Jetzt hat
die breite Masse der Frauen eine ziemlich große Klappe und
müsste einen Maulkorb verpasst bekommen. Ständig scheinen sie die Aufmerksamkeit auf sich lenken zu wollen, so
sehr freuen sie sich über ihre neue Freiheit, und so befangen
sind sie dadurch auch.

Außerdem waren die Straßen voller Straßenköter. Sie waren wie Aasfresser und wehe dem Hund, der versuchte in einem Straßenabschnitt, der nicht der seine war, nach etwas
zu fressen zu suchen. Die anderen hätten ihn getötet. Die
Hunde waren mit dem Sultan auf eine Insel verbannt worden, wo sie verhungern sollten, denn die Religion verbietet
den Mohammedanern Hunde zu töten. Das dürfen nur Armenier.

Ich fuhr stundenlang mit dem Boot den Bosporus hinauf,
hielt an einem Dutzend verschiedener Orte, und das alles für
fünfunddreißig Cent. Ich sah die ehemalige Jacht des englischen Königs in der Nähe des Palastes von Mustafa Kemal liegen. Ich fragte mich, was die beiden ausheckten. Die Geschichte brachte es ans Tageslicht. Die damalige Mrs. Simpson
war ebenfalls an Bord. Hätte der deutsche Philosoph Schopen-
hauer noch gelebt, er hätte die ganze Angelegenheit vermutlich mit der Geschichte von Hans erklärt, der sein Gretchen
sucht. Vom Wasser aus gesehen war Atatürks Palast wunderschön. Es war einer der Paläste des alten Sultans. Wir fuhren
vorbei an verfallenen Befestigungsanlagen, Palästen und un-
bedeutenden Ruinen; an wunderschönen Häusern ebenso wie
an sehr ärmlichen. Da waren viele türkische Segelschiffe, verwandt mit den chinesischen Dschunken und es gab auch türkische Musik, ebenfalls nicht unähnlich der chinesischen.

Wenn ich abends zurückkehrte, waren die schlanken Minarette der etwas besseren Moscheen erleuchtet – ein Kranz aus Lichtern hing an dem kleinen Balkon, von dem aus der Muezzin die Menschen zum Gebet ruft. Die Lichterkette sah aus wie die Armbanduhr des Minaretts. Dieses Mal hörte ich ihn nicht zum Gebet rufen. Wie der Fez gilt dies vermutlich inzwischen als altmodisch. Ursprünglich wurden die Türken gezwungen, den Fez zu tragen, aber es ist wie mit dem chinesischen Zopf, man hebt sich damit von den anderen ab. Deshalb ist er jetzt verboten. Und es gibt keine offensichtlich religiös begründeten Morde mehr.

Vor langer Zeit hatte ich in Canea, auf Kreta, ein Zimmer mit einem kleinen Balkon gemietet. Dieser war nicht weit von einer Moschee entfernt und ich beobachtete den Muezzin auf dem Minarett der Moschee, wenn er die Menschen zum Gebet rief. Sie knieten auf den staubigen Straßen, um zu beten. Auf Kreta ging es damals turbulent zu. Nach dem Gebet ging ein Türke aus der Stadt und ein Grieche lauerte ihm in einem Hauseingang auf, überfiel ihn und tötete ihn. Oder ein Türke überfiel einen Griechen. Damals ging ich immer in der Mitte der Straße. Dieses Mal in der Türkei hörte und sah ich, wie ein Muezzin die Gläubigen zum Gebet rief. Aber keine Seele rührte sich.

Ich mochte den zauberhaften alten Basar in Istanbul mit seinen verschlungenen überdachten Gängen und den Händlern und Großhändlern aus allen Teilen der Welt. Unbezahlbare türkische Teppiche lagen auf den schmutzigen Pflastersteinen, die aussahen, als wären sie zur Zeit Konstantins gelegt worden. Durch Öffnungen in der hohen Decke drangen Lichtstrahlen wie in eine Kathedrale und tauchten die herrlichen Farben der Läufer in wunderbar gedämpftes Licht. Mit einer Tüte türkischem Honig für fünf Cent, dieser luftig-klebrigen Süßigkeit, schlenderte ich hier hindurch.

Ich setzte mich in einen Park und las. Wenn es dunkel wurde, kam ein Mann, läutete eine Glocke und alle gingen hinaus. Dann schloss der Mann das Tor ab.

Das Leben in Istanbul war nicht billig. An internationalen Orten scheint es das nie zu sein. Aber Fähren waren günstig und so fuhr ich nach Haydar Pasha. Seitdem ich es das letzte Mal gesehen hatte, war es enorm gewachsen. Obwohl es nur auf der anderen Seite der Meerenge liegt, befindet es sich in Asia minor. Eine andere Fähre fuhr nach Princes Island (fünfundzwanzig Cent, hin- und zurück), unterwegs machte sie an drei oder vier anderen Inseln Station. Es war herrlich, hübsche Gärten und Häuser, sauberer als auf dem Festland. Und ich sah mir auch die Schätze des Sultans im ehemaligen Sultanspalast an. Alles glitzerte vor Juwelen, von der kleinsten Wiege bis zum größten Thron. Da waren goldene Schalen und ein goldenes Bett. Selbst die Schwerter waren mit Juwelen besetzt. Alles kann jetzt besichtigt werden, sehr schön und sehr interessant.

Als ich zum ersten Mal in der Türkei war, als der Sultan dort noch lebte, erzählte man sich, er habe vierhundert Frauen in seinem Harem. Er war wie eine kleine Festung und innen drin sehr schön. Neben den Juwelen findet sich hier auch eine der schönsten Porzellansammlungen, die ich je gesehen habe und selbst die Wände waren mit Tellern geschmückt. So viele herrliche Nischen und gemütliche Ecken, für jede der vierhundert Haremsbewohnerinnen eine: Reizende Kamine, die Unterbringungen der Eunuchen etc. etc.

Ach, jetzt ist alles auf dem neuesten Stand, es gibt eine Regierung und eine moderne Armee und so weiter, sogar eine moderne Feuerwehr. Vorher kamen nur Männer mit einem Schlauch angelaufen, wenn es brannte. Ich werde nie vergessen, wie ich einmal Feuerwehrleute streiten sah, sie hörten auf zu löschen, legten den Schlauch ab und fingen an, sich zu prügeln, während das Haus weiter brannte. Aber Atatürk hat die Tüchtigkeit eingeführt. Arabisch ist verboten und alle müssen Türkisch sprechen. Ein sehr zweckorientierter Patriotismus.

Ich blieb dreißig Tage in der Türkei. Für ein Visum, das drei Dollar kostet, kann man nur fünfzehn Tage im Land bleiben, aber um nach Russland einzureisen, brauchte ich einen türkischen Pass und es dauerte, bis die Behörden mir einen ausstellten. Ich wollte den Winter im russischen Turkestan verbringen, bekam aber nicht einmal die Erlaubnis für eine kurze Besichtigung. Dass es dort keine Vertretung von »Intourist« gebe, war ein Vorwand, man habe das Land nicht unter Kontrolle, erklärte man mir später. Tausende wurden 1923 dort niedergemetzelt. Also stellte ich einen Antrag, über Georgien und Armenien in den Iran reisen zu dürfen. Warten machte mir nichts. Dadurch konnte ich sehr viel länger herumwandern und mir Istanbul ansehen. Hätte ich all die Pässe, die ich mir im Lauf der Jahre besorgen musste, aufgehoben, es hätte eine schöne Sammlung gegeben, aber ich habe meine ausländischen Reisepässe immer abgeworfen wie eine Schlange ihre Haut. Der türkischen Verwaltung musste ich acht Passbilder überlassen (nicht fürs Verbrecheralbum).

Roter Stern

In Sowjetrussland war ich nie gewesen und wollte sehen, wie sich das Land verändert hat. Aber außer einer Reihe von geführten Touren war mir praktisch nichts erlaubt. »Intourist« ist das staatliche Reisebüro für Besucher und dieses lenkt einen, wohin es will. Keine Chance alleine loszuziehen, sich ein billiges und vielleicht buntes Hotel zu suchen. Keine Chance, mehr von den Menschen zu erfahren, wie es ihnen erging, so wie ich es auf meinen Reisen immer hatte tun wollen. Früher war es mit der Ein- und Ausreise schwierig gewesen, aber war man erst einmal drin, konnte man machen, was man wollte. Jetzt nicht mehr! Oh nein! Man bucht die Rundfahrt für die erste, zweite oder dritte Klasse – und das in einem Land, in dem es angeblich keine Klassenunterschiede mehr gibt! – anhand einer Straßenkarte und einer Liste mit Unterkünften. Niemals verlässt man die vorgegebene Route und sobald die streng bewachte Fahrt beendet ist, steht man wieder mit dem Hut in der Hand an der Grenze. Unter dem Zaren hatte ich mehr Freiheiten gehabt, aber die Bürger sahen noch genauso niedergeschlagen aus wie jetzt. Sie sind immer noch ganz unten, egal welchen Titel ihr Herrscher trägt.

Beim ersten Mal reiste ich von der Türkei aus nach Russland ein und kam in Odessa an, als dort die Juden niedergemetzelt wurden. Ein Amerikaner von Standard Oil zeigte mir einen Brunnen, an dem zwei Nächte zuvor die Kehle eines jüdischen Babys aufgeschlitzt und die Mutter mit dem Blut bespritzt worden war. Er erzählte mir »alle, denen es irgendwie möglich war, haben Odessa verlassen und jetzt kommen Sie hereingeschneit!«. Ich hatte seit Monaten keine Zeitung mehr zu Gesicht bekommen und wusste nichts von dem Massaker. Es war das Pogrom von 1905, das in die Geschichte einging. Auch ich verließ den entsetzlichen Ort schnell wieder.

Vor dem Krieg brauchte man sechs Wochen, um mit dem Schiff von China nach Europa zu gelangen. Deshalb war ich häufig über Sibirien gefahren. Der Zug schwankte zwei Wochen lang wie ein Schiff im Sturm von Peking nach Paris. Der Waggon war in Abteile untergliedert und in jedem befand sich eine Leselampe. Einmal las ich die Geschichte Russlands, während wir durch den riesigen Park namens Sibirien rasten. Hin und wieder warf ich einen Blick auf die Millionen von Weihnachtsbäumen, die sich unter der schweren Schneeschicht bogen und auf die kleinen Dörfer mit den Trampelpfaden und den Holzhütten. Viele der größeren Städte befanden sich mehrere Meilen von den Bahnhöfen entfernt, weil die Strecken aufgrund von Bestechung nun einmal so gebaut worden waren. Wenn Omsk nicht zahlen wollte, wurden die Gleise eben über einen Umweg um die Stadt herumgebaut.

Irkutsk in der Nähe des Kaikalsees war die bedeutendste sibirische Stadt. Die Pferdeschlitten standen zu Dutzenden dort aufgereiht und auf dem zugefrorenen Baikalsee fischten die Fischer durch Eislöcher. Damals war es malerisch, und vielleicht war es das auch heute noch. Ich wäre noch einmal hingefahren, wenn ich nicht durch zu teure geführte Touren gebunden gewesen wäre – außerdem war es Sommer.

In den Zügen quer durch Sibirien gab es vier Klassen. Kein Viehwaggon in den Vereinigten Staaten war je so fürchterlich wie die vierte Klasse. An allen Stationen gab es Wasserhähne mit heißem Wasser und fast alle stiegen aus, um sich etwas für ihre Samowars abzuzapfen. Die Russen sind die größten Teetrinker der Welt, sie trinken ihn ohne Milch aus großen Gläsern, manchmal mit einer Scheibe Zitrone. Im kalten Sibirien war das sehr wohltuend.

Ich besuchte den historischen Kreml und die Museen. Die Stadt Moskau besaß in ihrem beinahe orientalischen Prunk und Glanz großen Reiz. Besonders eine Kirche war wunderschön. Iwan der Schreckliche hatte dem Architekten nach ihrer Fertigstellung die Augen ausstechen lassen, damit er sie nicht noch ein zweites Mal würde bauen können.

Ich war bereits im letzten Sommer von Europa durch Russland nach Peking gereist. Bei einer dieser Fahrten hatte ich St. Petersburg besucht und dabei viele interessante Dinge gesehen, durch die ich aus Briefen von Freunden in Peking erfahren hatte. Einmal fuhr ich in demselben Zug wie der russische Botschafter in China, der anschließend Stammgast in meinem Club wurde. Er veranstaltete interessante Abendessen für mich in seinem Land und ich machte die Bekanntschaft von Adligen, die klug und unterhaltsam waren. Aber dem Zar begegnete ich nie. Die Museen des Reichs waren voller Schätze, die dem Zaren im Lauf der Jahrhunderte von anderen Monarchen geschenkt worden waren und der Reichtum und die Pracht waren ebenso extrem wie die Armut der Massen.

Die bloße Erinnerung an diese Reisen lässt mich ermüden. Die Strecken waren weit und Komfort gab es wenig. Die Menschen brachten ihr eigenes Bettzeug, ihr eigenes Essen und ihre eigenen Nachttöpfe mit in den Zug. Mir fallen einige der Dörfer an der Wolga ein, mit nichts als Trampelpfaden und armseligen Bruchbuden von Geschäften. Nur zehn Prozent der Bevölkerung dort konnte lesen. Ein Brotlaib oder ein Stück Fleisch, die auf ein Schild gemalt wurden, zeigten an, dass es sich um einen Bäcker oder einen Metzger handelte. Ich habe gesehen, wie sich zu Zeiten des Zaren ein Soldat vor seinen Offizier in den Schmutz warf, und auch heute kuschen sie noch aus Angst vor ihren Vorgesetzten. Ungeachtet der Fortschrittspropaganda sieht die große Masse der Bauern aus wie schwerfälliges, geknechtetes Vieh. Man kann ein Volk nicht so lange unterdrücken und dann erwarten, dass es Empfindsamkeit und Genie entwickelt.

Einmal im Frühjahr war ich die Wolga hinunter gefahren, da wo sie bei Astrachan ins kaspische Meer mündet. Dieses große Binnenmeer hatte die Farbe einer staubigen Flasche. Auf den Fischmärkten am Ufer gab es mehr Fische als Menschen in der ganzen Stadt. Den seltsamsten Anblick boten die Kalmücken mit ihren chinesischen Bleistiftbärtchen in den russischen Gesichtern und den russischen Bärten unter den Mongolenaugen.

Wir fuhren an hunderten von Frachtkähnen mit kleinen runden Wassermelonen vorbei, und das russische Schwarzbrot war damals auch gut. 1936 schmeckte es wie Sägemehl. Früher war es vor allem mit dem roten Kaviar aus Astrachan köstlich. Einmal als ich am Rande von Astrachan herumspazierte, bewarfen mich ein paar Bauersfrauen mit Steinen – drei oder vier. Ob ich die Straße nicht hätte benutzen dürfen, ich werde es nie erfahren. Da ich offensichtlich unerwünscht war, warf ich aus Protest einen Stein zurück und machte mich eilig auf den Rückweg.

Beim letzten Mal in Odessa fielen mir als erstes die Straßenfegerinnen auf. Gegen Ende eines fünfhundertfünfzigjährigen Plans würde Russland vielleicht wieder auf die Beine kommen, aber die Evolution ist ein langwieriger Prozess, habe ich gelesen. Den armen Bauern kann man das nicht vorwerfen. Woher sollten sie es nach so vielen Jahren auch wissen. Vielleicht wird man in anderen Diktaturen irgendwann das eigenständige Denken kultivieren, und Russland wird dann mit ihnen gleichziehen.

Die Russen im Süden sind vom Herzen her Asiaten. Es gibt ein Sprichwort: »Kratzt man an der Oberfläche eines Russen, kommt ein Tartar zum Vorschein.« Niemals sind mir auf einer so kurzen Reise so viele Missgeschicke, Pannen oder Fehler unterlaufen – kleine ärgerliche Versehen. Von Odessa aus fuhr ich nach Batum in den Kaukasus. Das Schiff mit dem Namen *Stari Bolsheviki* gehörte natürlich der Regierung und war völlig überfüllt und überladen. Bauersfrauen schliefen nachts wie Hunde an Deck. Der Motor verreckte fünf Minuten nach unserer Abfahrt und wir lagen vierzehn Stunden in der Bucht, bis er repariert war. Überall befanden sich Schilder – »für Verspätungen nicht verantwortlich«. Sie waren für gar nichts verantwortlich. Ich war mit drei anderen Frauen in einer winzigen Kabine ohne Bettwäsche. Die Frauen hatten Decken dabei, aber in meinen neun Pfund Gepäck befand sich keine. Mahlzeiten kosteten extra. Die Zeit, die es dauerte, das Boot zu reparieren, ging von meiner Reisezeit ab. Dabei hatte ich schon meine eigene Tinte, eigene Seife, ein Handtuch und Klopapier mitgebracht. Was denn noch? Allerdings habe ich an Bord gut gegessen. Stör und Gans gab es reichlich.

In Odessa sagte der Mitarbeiter des Regierungshotels (ein schönes großes aus der Zarenzeit) zu mir: »Sie werden sich das Zimmer mit einer anderen Dame teilen. Sie ist schon da.«

In dem Zimmer befand sich ein Einzelbett und darin lag niemand. Da es bereits Mitternacht war, schloss ich die Tür ab. Der Zoll hatte mich zwei Stunden am Hafen festgehalten, war über jedes Fitzelchen Papier in meinem Gepäck hergefallen, selbst über mein Adressbuch. Was, wenn ich tatsächlich Gepäck dabei gehabt hätte? Bei Woolworths in Hamburg hatte ich einen sehr kleinen Rasierer in einem Etui gekauft. Der Mann von der russischen Zollbehörde zog ihn aus meiner Reisetasche und begutachtete ihn eine halbe Stunde lang misstrauisch. Er glaubte, es handelte sich um eine Geheimkamera.

Am nächsten Morgen bat ich den Mitarbeiter in mein Zimmer um Verwechslungen mit meinem eigenen Gepäck und dem der nicht vorhandenen andere Dame vorzubeugen. Ich zeigte ihm, dass niemand außer mir da war. Er wirkte erstaunt, ließ sich aber schließlich überzeugen, dass ich tatsächlich alleine war.

»Es gibt doch nur ein Bett, wie sollte da noch eine andere Frau hier sein?«

»Ach«, erwiderte er, »wir hätten noch ein Bett reingestellt.«

Es war, als würde man mit einem Geisteskranken sprechen. Ich sah jeden Abend unters Bett auf der Suche nach der Vermissten. Zwei Tage später reiste ich ab. Als ich mich verabschiedete, erklärte er mir: »Die andere Dame in ihrem Zimmer reist heute Abend auch ab.«

»Tatsächlich«, lächelte ich, »dann reisen wir ja beide heute ab.« Er trug die Information sorgfältig in sein Gästebuch ein.

Die Geschäfte sahen wie Trödelläden aus, und alles war völlig überteuert. Und nur Schund.

Ich war mit offenem und neugierigem Geist nach Russland gekommen. Als ich merkte, wie die Touristen überwacht wurden, machte ich ein kleines bisschen zu. Jetzt habe ich ganz zugemacht. Die Menschen dürfen Russland nicht verlassen. Sie besitzen nicht einmal Reisepässe. Alle Nachrichten und Filme sind russisch, abgesehen von zwei Charlie-Chaplin-Filmen. Ich hatte in Spanien russische Filme gesehen, die gut waren (»Der neue Gulliver« hieß einer davon), aber in Russland kostete ein Kinobesuch so viel wie bei uns während der Anfangszeit des Spielfilms, sechzig Cent pro Vorstellung. Eine ganz normale Theaterkarte kostete für einen Ausländer ein Dollar fünfzig. Das schlechte Papier, auf dem die Karte gedruckt war – alles passte zusammen. Die Frau verkaufte sie mir im Kerzenschein. Der Strom wurde erst um elf Uhr morgens wieder eingeschaltet. In den Zeitungen und Büchern steht nur, was die Regierung dort veröffentlicht haben will. Von außen dringt nichts herein. Ein amerikanischer Ingenieur erzählte mir, die Gebäude, die in einem Jahr errichtet werden, fallen im nächsten schon wieder auseinander.

Jeder ausländische Reisende, dem ich begegnete, hatte von irgendeinem Kummer zu berichten. Russland prahlte damit, einhundertneunundachtzig verschiedene Rassen unter sowjetischer Herrschaft zu vereinen. Einhundertachtundachtzig davon haben nie von einer Welt außerhalb Russlands gehört. Natürlich ist es ein Wunder, dass sie überhaupt ein paar Millionen Bauern in die Schule gebracht haben, aber den eigenen Namen schreiben zu können ist noch nicht alles. Bislang ist mein Eindruck, dass der Leopard nur mit einer sehr dünnen Schicht weißer Farbe übertüncht wurde. Moskau ist die Vorzeigestadt, aber im Rest des Landes sieht es ganz anders aus. Die Menschen sehen heruntergekommen aus und das hat etwas zu bedeuten. Wenn Menschen so aussehen, dann wird ihnen übel mitgespielt. Wenn sie glücklich sind, ist alles gut.

Ich reiste allein – ich war auf Durchreise – aber sie wussten zu jeder Minute, wo ich mich befand. Man kann nicht einmal alleine in einen Zug steigen. Es war eine einzige Tragödie der Irrungen. »Intourist« kaufte die Fahrkarte. Alle Fahrten beinhalteten eine zweistündige Besichtigungstour, so wurde es einem versprochen, aber sie suchten die Plätze aus, zu denen sie einen brachten – vorausgesetzt, der Wagen des Hotels blieb nicht liegen. Die Orte, die man besichtigen durfte, und die man mit unverhohlenem Stolz gezeigt bekam, offenbarten wie wenig sie wussten. Zum Beispiel aß ich in Odessa mit einem Franzosen aus der Türkei. Mit Inbrunst zogen wir über das Essen her, besonders über das sägemehlartige Brot, als unsere Reiseführerin hereinkam und verkündete, wir würden heute eine staatliche Bäckerei besuchen und uns ansehen, wie das Brot gebacken wurde. Was haben wir gelacht! Der Franzose sagte: »Fabrik muss aus dem Altertum stammen.« Als er merkte, dass er mit seinem Erster-Klasse-Ticket nicht mehr Komfort genoss, als ich mit meinem der dritten (auch er hatte keine Bettwäsche und schlief in drei Schlafanzügen), zog er es vor, mit mir zu speisen (er bekam, als Reisender der ersten Klasse, lediglich ein paar Gänge mehr vorgesetzt). Da »Trinkgelder« gegen die Vorschriften verstießen, interessierte sich niemand dafür, wann oder ob man etwas aß. Er und ich warteten jedes Mal mindestens fünfundvierzig Minuten. Dann erschien eine ungekämmte Kellnerin mit rosa Fingernägeln aus irgendeinem Elendsviertel. Erster Klasse war sehr viel teurer, aber da alle Ausfahrten vor der Einreise nach Russland schon hatten bezahlt werden müssen, gab es kein Zurück.

Ein Arbeitererholungsheim, das sie stolz vorführten, war schmutzig und unhygienisch, die Müllabfuhr in den Vereinigten Staaten hätte die Badewannen stehen lassen; sie waren so abgeschlagen, dass man die Emailleschicht suchen musste. Nackte Frauen badeten in den Mineralbädern, aber die Fremdenführerin führte mich trotzdem hinein, keine Tür, kein »Entschuldigung, darf ich«, so grob und ungehobelt. Der peinlichste Moment war, als Kinder auf der Straße die Zeigefinger auf mich richteten und riefen: *»Kapitalistka!«* Abgesehen von meiner Fahrkarte nach Persien hatte ich noch acht Dollar. Eine schöne Kapitalistin!

Ein amerikanischer Staatsbürger, ursprünglich ein Grieche, reiste auf demselben Schiff wie ich von der Türkei nach Odessa. Er hatte viele Jahre in einem Kohlebergwerk in Pennsylvania gearbeitet. Diese Männer nehmen mit dem Kohlenstaub auch jede Menge Ideen auf, er hatte jahrelang gespart, um Moskau zu besuchen und sich »von den Zuständen« dort selbst zu überzeugen. Russische Rundreisen, die außerhalb Russlands gebucht werden, werden mit ausländischer Währung bezahlt. Er fuhr nach Moskau und zurück. Doch von Odessa aus wurde er wieder zurückgeschickt (ohne Erstattung und auf eigene Kosten), ohne dass ihm gestattet wurde, Moskau zu sehen. Das ganze unter dem Vorwand, er habe keine zwei Reisepässe. In Griechenland gab es ein neues Gesetz, es besagte, dass ein Grieche immer ein Grieche war, egal welche andere Staatsangehörigkeit er angenommen haben mochte. Und in Odessa gab es keinen amerikanischen Konsul.

Ich wurde um drei Tage meiner siebzehntägigen Reise betrogen, die mir in Gutscheinen ausgehändigt worden war. Der Geschäftsführer des staatlichen Hotels in Odessa sagte, das müsse im russischen Büro in der Türkei passiert sein, wo ich die Karte gekauft hatte, aber er könne nichts unternehmen. Geschäftsführer waren wie Roboter. Sie hatten nicht einmal die Befugnis, einen Irrtum zu berichtigen oder taten es aus Angst nicht. Ich schrieb ausführlich nach Moskau, bat darum, den Fehler zu korrigieren. Man besaß nicht einmal den Anstand den Brief zu beantworten.

In Russland wird nicht nur ein soziales Experiment durchgeführt, sondern auch ein geschäftliches – zu Lasten der Besucher. Sie täten gut daran, zunächst einmal bei sich zu Hause für Ordnung zu sorgen, bevor sie mit ihrer schlau formulierten Propaganda in anderen Ländern Ärger stiften.

Die Krim war schön, besonders Jalta und der Winterpalast dort, wo die Zaren früher die kalte Jahreszeit verbrachten. Die Halbinsel ist sehr geschichtsträchtig. Seit dreitausend Jahren herrschten dort abwechselnd die Skythen, die Griechen, die Gothen, die Hunnen, die Römer, die Tartaren und die Türken, sie bauten Städte, Befestigungen und Tempel für ihre jeweils verschiedenen Götter, um dann nach blutigen Schlachten wiederum anderen stärkeren Eroberern zu weichen. Aus jeder Epoche gibt es wunderbar erhaltene Überreste.

Unser Boot machte Halt vor einem Dutzend Städten und Dörfern am Schwarzen Meer im Süden Russlands. In Noworossijsk ging ich in ein Geschäft, um Creme zu kaufen. Statt aus Holz bestand der Tresen aus vielen kleinen zusammengefügten Glasstücken. Als das Mädchen den Tiegel hervorholte, schlug sie eine Scharte in das Glas oder vielleicht hatte die Ecke auch vorher schon gefehlt und sie hatte nur darauf gewartet, einer Ausländerin die Schuld dafür in die Schuhe zu schieben, um ihren eigenen Hals zu retten. Alle Geschäfte sind staatlich, aber wie überall gibt es auch hier jede Menge Gemauschel. Nie habe ich in Russland etwas mit solcher Geschwindigkeit geschehen sehen – oder überhaupt mit Geschwindigkeit – wie die Ausfertigung einer übergezogenen Rechnung durch das Mädchen. Für ein zerschlagenes, das ich gar nicht zerschlagen hatte. Aber ein Missverständnis war ausgeschlossen. Sie stand auf beinahe aggressive Art neben dem Kassierer und ich war sicher, die beiden würden die

Polizei rufen. Ich deutete mit Zeichen an, ich wolle mit einem Übersetzer zurückkehren. In der Nähe war ein staatliches Intourist Hotel (ich übernachtete auf dem Schiff). Der Geschäftsführer war ein Russe, der in den Vereinigten Staaten gelebt und gearbeitet hatte und Russland kannte. Er erzählte mir, dass ihm in einem anderen Laden beinahe etwas Ähnliches passiert sei, sie hatten es zumindest versucht, bis sie erfahren hatten, wer er war. Er begleitete mich in das Geschäft und die beiden dort zuckten zusammen, als sie ihn mit mir kommen sahen. Plötzlich waren sie still und entschuldigten sich vielmals.

In Batum ging ich von Bord und überquerte den Kaukasus nach Tiflis, eine orientalische Stadt mit alten persischen Befestigungsanlagen. Ich glaube, die »heiratslustigen Mdiwanis« stammen aus diesem Teil Russlands.

In Tiflis traf ich eine interessante Amerikanerin; sie wollte reisen wie ich. Sie machte gerade ihre erste Weltreise und fragte mich, wie ich es gemacht hatte. Ich sah sie an und mir fiel keine Antwort ein. Zu viele Erklärungen wären nötig gewesen.

»Aber wie kommst du nach Hause?«, schrieb ein anderer Freund und wollte mir Geld leihen, damit ich nach Amerika fahren konnte. Aber ich hatte mir Persien in den Kopf gesetzt.

Ich hatte immer eine Flasche Tinte in der Tasche, um Briefe schreiben zu können. In den staatlichen Hotels kamen, wenn ich schrieb, immer wieder Mitarbeiter auf mich zu und fragten, ob sie ihren Füller mit meiner Tinte auffüllen dürften.

»Selbstverständlich«, erwiderte ich, fragte mich aber, wo der Haken daran war. Die russische Tinte war wie der ganze restliche Schund in den Geschäften von allerschlechtester Qualität. Man goss ein bisschen Wasser auf ein Farbpulver und schon hatte man »Tinte.« Ich betete, sie würde nicht verblassen, bevor der Empfänger meinen Brief gelesen hatte.

Die Zugfahrt von Tiflis nach Eriwan, der Hauptstadt der Republik Armenien war ermüdend und der Zug nicht einmal für Vieh angemessen. Da die Fahrkarte von einem Ort zum anderen einbehalten wird, ist man praktisch gefangen und um vier Uhr morgens kam niemand zu mir an den Zug. Die Stadt, ich weiß ihren Namen nicht mehr, lag weit entfernt von der Haltestelle. Aber Armenien war wie eine Oase in der Wüste. Die Armenier sind im Vergleich zu der breiten Masse der russischen Bevölkerung intelligent. Kein Wunder, dass die Ärmsten ständig niedergemetzelt werden. Vielleicht, weil sie zu schlau sind. Solchen Verfolgungen liegt meist irgendetwas zu Grunde. Eriwan war die angenehmste russische Stadt – hauptsächlich wegen Lydia, der zwanzigjährigen Übersetzerin in dem staatlichen Hotel, die ein ganz tolles Mädchen war, halb Russin, halb Armenierin. Wir verbrachten viel Zeit miteinander und unternahmen viele interessante Wanderungen in die Berge, um den Kurden zuzusehen, einem beinahe wilden Volksstamm, wie sie vor dem Winter mit ihren Herden aus den Bergen ins Tal zogen. Auch verbrachten wir Zeit in einem schönen kleinen armenischen Museum, wo es wunderbare große, handbemalte Bücher aus Pergamentpapier gab. Lydia sagte, sie seien tausende von Jahren alt und an einigen hätten mehrere Generationen einer Familie gearbeitet. Wegen der Bücher seien sogar Kriege ausgefochten worden.

An einem anderen Tag, als wir an einer persischen Moschee aus dem zweiten Jahrhundert vorbeikamen, meinte Lydia: »Wenn ich jemanden von Gott sprechen höre, ist das für mich wie ein Märchen.« Die Bemerkung aus ihrem lieblichen Mund, ließ mich zusammenzucken. Dann fiel mir wieder ein, dass es im »neuen« Russland keine Religion gab. Da die Kirche mit den Machthabern zuvor gemeinsame Sache gemacht hatte, hatten sie von beidem die Nase voll. Sicher, Religion hat ihre Funktion, ganz abgesehen von der staatlichen. Aber Lydia war schon in Ordnung.

Eines Abends bekam sie die Erlaubnis, eine Darbietung in einem Saal zu besuchen. Sechs singende Wanderschauspieler, Sänger, Tänzer und Schauspieler aus Russland und Rumänien, führten kleine Sketche auf, klebten sich falsche Schnurrbärte an und übernahmen unterschiedliche Rollen. Dann rissen sie sich die Schnurrbärte wieder ab und waren wieder sie selbst, wie schon am Anfang. Teilweise ging es sehr wild zu und sie bewarfen sich gegenseitig mit Stühlen. Anschließend nahm Lydia mich mit hinter die Bühne und wir freundeten uns mit den Männern an. Lydia übersetzte.

»Ich habe noch sechs Gutscheine für Besichtigungsfahrten übrig, Lydia«, sagte ich. »Ich will keine dreckigen Krankenhäuser und Bäckereien mehr sehen. Können wir von den sechs Gutscheinen nicht den Ford mieten, mit dem du mich am Bahnhof abgeholt hast (das einzige Fahrzeug über das das staatliche Hotel verfügte) und morgen mit den Theaterleuten zu einem Picknick aufbrechen?«

Das machten wir und hatten an den Ruinen eines berühmten alten Klosters aus dem zweiten Jahrhundert eine Menge Spaß. Es waren nur noch die Grundmauern und ein paar Wasserlöcher übrig, die die Mönche während verschiedener Belagerungen ausgehoben hatten. Die beiden Gipfel des Ararat sahen wunderschön aus von dort. Der kleine Ararat sah aus, wie das Kind des großen. Wir hielten an einem Bauernhof und aßen Trauben zu Mittag.

Nach einer Woche verabschiedete ich mich tränenreich von Lydia und fuhr mit dem Zug zurück nach Tiflis und dann weiter nach Baku, wo die Ölfelder sind und dann über das kaspische Meer nach Persien.

Es war verboten, russisches Geld (Rubel) aus Russland auszuführen. Man hätte mich geteert und gefedert, oder das was man in Russland stattdessen macht, wäre herausgekommen, dass ich acht Dollar in russischer Währung nach Persien schmuggelte. An der Grenze gab es ein staatliches russisches Geschäft. Hauptsächlich wurden dort Zigaretten und Cognac zu exorbitanten Preisen verkauft. Da die acht Dollar in Rubel das einzige waren, was ich noch hatte, durfte ich sie nicht auf diese Weise verschleudern. Also behielt ich sie.

Bei meiner Ankunft in Teheran in Persien, erfuhr ich, dass es den Banken verboten war, russisches Geld einzutauschen. Erst nach zähen Verhandlungen bekam ich in einer persischen Wechselstube auf dem Basar fünfunddreißig Cent für meine acht Dollar ausgezahlt.

Ich kann nur hoffen, dass die Russen irgendwann einmal locker lassen. Wenn sie gegen die Deutschen in den Krieg ziehen und sich bis aufs Messer bekämpfen würden, vielleicht könnten dann in jedem Land persönliche Freiheitsrechte ausgehandelt werden (ein schöner christlicher Gedanke). Das Problem ist nur – dass die Menschen kämpfen müssten.

XIX

SALAAM

Iran

In Pahlavi am kaspischen Meer ging ich von Bord und sah mich vor einer langen Bergkette. Man sollte meinen, es sei eine beschwerliche Aufgabe sie zu überwinden und bis hinauf auf die Hochebene zu steigen, die so viel Geschichte erlebt hat, dass sie des Lebens überdrüssig gewesen wäre, wenn es sich um ein Lebewesen gehandelt hätte. Was für eine Festung diese schützenden Berge in der Glanzzeit Persiens gewesen sein mussten – einer Zeit die so weit zurückreicht, dass die Geschichte sich nicht mehr erinnern kann.

In grauer Vorzeit war das iranische Hochland die Heimat der arischen Stämme und von dort drangen die Vorfahren der heutigen Europäer nach Europa vor. Hier befand sich die Wiege der Menschheit. Iran ist der neue offizielle Name Persiens, aber das ist auch schon das einzig neue daran. Asien scheint eine Welle der Namensänderungen zu durchlaufen. Damit ändert sich mehr als nur der Name eines Landes (wer hat schon einmal von einer Iranerkatze gehört?).

In Pahlevi stellte ich so viele Fragen über den Iran wie nur möglich, bekam aber noch mehr zurück. Man weiß dort wenig über die moderne Welt draußen. Die persische Regierung beschlagnahmte die meisten Nachrichten, die mit der Post geschickt wurden. Als ich mich erkundigte, weshalb

sechs Zeitungen, die mir aus den Vereinigten Staaten geschickt worden waren, niemals eintrafen, bekam ich erklärt,
dass US-amerikanische Zeitungen nicht erlaubt seien, weil
darin »schlimme Dinge« über Persien verbreitet würden.

Der aktuelle Schah ist ein Emporkömmling und wie viele
weniger edle Sterbliche möchte auch er nicht daran erinnert
werden. Immer wenn er mit einem seiner Bediensteten unzufrieden war, trat er ihm in den Magen. Allein während der
sechs Monate, die ich im Iran verbrachte, begingen sechs
Männer aus oberen Regierungskreisen aufgrund des Drucks
unter dem sie standen Selbstmord. Selbstmord klingt besser,
als Mord durch Vergiften oder unehrenhafte Hinrichtung.

In ganz Persien stritten sich alle möglichen Volksgruppen
ständig um Weideland. Der Schah lud die Oberhäupter meh-
rerer dieser Gruppen als seine Gäste nach Teheran ein, aber
schon bald fanden sie sich zunächst im Gefängnis und dann
mit Vergiftungen im Krankenhaus wieder. Jetzt streiten sie
sich im Himmel um Weidegründe, sofern sie nicht von Huris unterhalten werden, jenen paradiesischen Wesen von
ewiger jungfräulicher Schönheit und Jugend. Mehr als ein
unschuldiger Ausländer wurde während meiner Anwesen-
heit dort als Spion getötet. Aber sie interessierten sich nicht
für Weideland und als Ungläubige wurden ihnen sowohl im
Himmel wie auch der Hölle die Dienste der Huris versagt.

Ich machte mich auf eine lange Zeit in Persien gefasst, da
mein Geld äußerst knapp war. Fast einen Monat vor Ablauf
der sechs Monate die mir mein Reisepass gestattete, hatte ich
nichts mehr. Ich begab mich über die schützenden Berge in
die Hauptstadt Teheran und machte diese sogleich zu meinem Hauptstützpunkt. Denn in Teheran befand sich das einzige amerikanische Konsulat des Landes – und damit auch
der einzige Ort, an den ich mir meine Mieteinnahmen aus
San Francisco schicken lassen konnte, mit dem Bus sind es
acht Stunden von Pahlevi aus.

Teheran liegt in vier oder fünftausend Fuß Höhe und wird von wunderschönen, verschneiten Bergen umgeben, besonders dem erhabenen Demavend, der Heimat der Genii, der knapp sechstausend Meter hoch aufragt. Ich wanderte bei jedem Wetter, manchmal auch bei sehr schlechtem. Aber der persische Winter war mir lieber als der europäische. In Nordeuropa stürmt es ständig und der Himmel ist so finster. In Teheran knirschten meine Füße im Schnee, aber die Sonne schien. Zu wärmen vermochte sie mich kaum, aber sie munterte mich auf und nahm dem Winter seine Düsternis, tauchte alles in schöneres Licht. Selbst die alten Felsen schienen zu glänzen. Das Wappen besteht aus einem Löwen und der Sonne. Und die Sonne scheint hier tatsächlich, vielleicht ist der hinterlistige Schah der Löwe.

Für eine kränkliche Person war es jedoch kein guter Ort. Auf meinen Erkundungen sah ich so einiges im Rinnstein und in den Tümpeln, durch die das Abflusswasser strömte, andere spülten ihr Geschirr (nur in den besseren Häusern gab es eigene Becken) darin, badeten ihre Kinder, wuschen ihre Kleidung und tranken das Wasser hinterher. Vielleicht sollte ich es nicht als Rinnstein bezeichnen, aber es war einer. Jedes gute Haus war von einer hohen Mauer umgeben, aber manchmal, wenn ein Tor offenstand, erhaschte ich einen Blick auf hübsche Gärten. Zwischen den Teichen und den Fischen und den Persimons an den Bäumen und den großen schlanken italienischen Zypressen wirkten die Gärten paradiesisch, vielleicht auch weil draußen ringsum alles staubig, trocken und karg war.

Das Hauptfortbewegungsmittel in Teheran waren altmodische Einspänner, die von Pferden gezogen wurden. Eines Tages entdeckte ich einen blonden Ausländer, der wie ein russischer Flüchtling aussah und neben einem Polizisten in solch einem Gefährt saß. Der Ausländer wollte herausspringen. Der Polizist packte ihn, kaum dass seine Füße die Pflastersteine berührt hatten und zog ihn in aller Gemütsruhe an den Haaren neben sich her. Niemand außer mir schenkte dem Vorfall die geringste Beachtung.

Ich war nicht in Stimmung, ganze sechs Monate in diesem harten Land zu bleiben, zu dem es die Herrschenden gemacht hatten. Ich hatte mir in den Kopf gesetzt, den Winter in Bokhara und Samarkand im russischen Turkestan zu verbringen und jetzt ließ ich nichts unversucht, um ein Visum zu erhalten. Aber das Land ist jetzt noch genauso verboten wie vor dreißig Jahren, als der Zar noch auf dem russischen Thron saß. Damals hatte ich es versucht und war gescheitert. Also überwinterte ich in Persien, versuchte zu vergessen, dass ich alt war und mir die Grausamkeiten und das Wetter zusetzten. Wochenlang herrschten Temperaturen unter null Grad und es gab nichts von den Annehmlichkeiten, an die man gewöhnt ist.

Aber meine Gasse in Teheran war interessant. Wenn es nicht zu kalt war, stand ein kleiner Esel an der Ecke. Er hatte die Funktion eines Obststands übernommen und die Säcke auf seinem Rücken waren voller Granatäpfel. Zwischen den Säcken, mitten auf seinem Rücken, war eine helle Laterne befestigt und um den Hals trug er kleine Glöckchen an einer Kette mit großen blauen Perlen, die böse Blicke abwenden sollten. Er bot einen unwiderstehlichen Anblick und an Weihnachten gönnten wir uns gemeinsam einen kleinen Beutel Karotten. Sie waren sehr teuer. Er war natürlich ein mohammedanischer Esel und kannte Weihnachten nicht, aber Karotten sind in jeder Religion Karotten und so freundete er sich mit mir an. Erst stellte er ein Ohr auf und dann das andere. Er ließ beinahe ebenso leicht mit sich reden wie die Perser.

»Taten sprechen eine deutlichere Sprache als Worte«. Besonders die Worte, die man nicht versteht. Neben dem Esel hockte ein Briefschreiber auf einer kleinen Kiste, spärliche

Schreibutensilien um sich herum, und bot seine Dienste an. Immer wenn ich ihn sah, dachte ich zurück an Indien, wo es so viele von ihnen gegeben hatte. Er schrieb für einen geringen Lohn Briefe auf Persisch und Arabisch. Persien ist ein großes Land mit beinahe zwölf Millionen Einwohnern, neunzig Prozent davon können nicht schreiben.

Nicht weit von dem Briefeschreiber stand ein Ofen, in dem Brot gebacken wurde. Und was für Brot! Es sah aus wie ein alter brauner Lumpen, fast einen Meter lang, schlabberig und dünn wie ein Pfannkuchen. Ich schnitt es mit der Schere. Es wurde auf heißen Steinen gebacken und nach Gewicht verkauft (an Ausländer noch mit daran klebenden Steinen). Man kam sich vor wie Ishmael. Alle betrogen den Ausländer um irgendetwas, sei es auch noch so eine Kleinigkeit. Viele Schlachten musste ich wegen des Brots schlagen. Eines Tages klaubte ich die Steine herunter und warf sie dem Mann vor die Füße. Aber ohne Wirkung. Er zuckte nur mit den Schultern, nahm die Steine, lobte Allah und klebte sie zweifellos dem nächsten Ungläubigen ans Brot.

Die Hauptstraßen von Teheran wurden mit dem Besen gefegt, einem ganz besonderen Besen. Zusammengebundene Zweige. Nur unsere Gasse wurde niemals gefegt.

Eines Tages erhielt ich einen Brief von den Freunden, die in meinem Haus in Kalifornien wohnten und von einem frisch renovierten Zimmer berichteten, von dem aus man den Platz sehen konnte, wo man für die nächste Weltausstellung in San Francisco bauen wollte und auch das neue Denkmal auf dem Telegraph Hill. Wegen der Renovierungsarbeiten musste ich dann allerdings den Rest des Monats hungern.

Ich schrieb zurück: »Von meinem kahlen Fenster aus sehe ich halb wilde Katzen, die einen Müllhaufen unten auf der Straße zerwühlen. Bettler (Kurden) streiten sich wie die Bestien um meine Schuhe, die sie gerade in dem Müllhaufen gefunden haben. Ihr könnt euch vorstellen, wenn ich Schuhe wegwerfe, dann sind sie wirklich hinüber. Ich hatte ein Pik Ass in einen gelegt, um das Loch abzudichten, damit mein Fuß nicht den schmutzigen Boden berührte. Auf dem Boden nur der nackte Stein, kein Feuer und draußen herrschen fünf Grad über Null.«

Mein Mieter schrieb mir außerdem von einem neuen Durchlauferhitzer und ich erwiderte, ich hätte kein Bad mehr genommen, seit ich am Amazonas geschwitzt hatte (was ein kleines bisschen übertrieben war). Seine lakonische Antwort lautete: »Du wolltest ja unbedingt dorthin.«

Ich kam mir vor wie ein Pferd, wenn ich das Vorhängeschloss an der stallartigen Tür meines Zuhauses anbrachte. Das Dach bestand aus Lehm, wie die meisten persischen Dächer und nach jedem schweren Schneefall, musste dieser herunter geschippt werden, sonst wäre das Dach eingestürzt. Es war immer feucht. Katzen, die niemandem gehörten und halb verwildert waren, streunten umher, kamen manchmal in mein Zimmer, wenn ich nicht da war, durch ein Loch im Fenster, das einst für ein Ofenrohr gebohrt worden war. Die Katzen und ich erschreckten einander häufig, wenn wir fälschlicherweise annahmen, der andere sei nicht da. Als ich einmal gerade ins Bett gestiegen war, sprang eine große Katze ein paar Mal panisch zu dem Loch im Fenster hinauf, bis sie endlich hinausgelangte. Ich hatte gar nicht gewusst, dass sie da war. Das Aussehen einiger dieser armen Katzen brachte mich zum Nachdenken. Eine war zweifelsohne von einer guten persischen Rasse, zumindest teilweise, aber ihr einst flauschiger, fluffiger Schwanz war durch zahlreiche matschige Gossen gezogen worden und inzwischen strähnig und mitgenommen. Ich dachte an eine Primadonna, die ihre Stimme verloren hatte und zu alt war, und bald in einer Dachkammer sterben würde und fragte mich häufig, was die Katze wohl von meinem Leben hielt. An manchen Tagen lebten wir auf großem Fuß, an anderen fanden die Katzen weniger als Staub. Wir aßen nie zusammen, denn sie waren zu wild und zu schüchtern. Aber immer, wenn ich die Tür schloss, spürte ich, wie sie mich vom Dach aus beobachteten.

Ich wollte raus aus Teheran, was aber erst im Frühjahr wieder möglich war, weil die Bergpässe in der Richtung, in die ich wollte, unpassierbar waren und außerdem reichte mein Geld nicht. Ich hatte vor, nach Isfahan zu reisen, dann in die Ruinenstadt Persepolis, an den Persischen Golf und nach Bagdad.

Erst vor ein oder zwei Jahren hatten die persischen Frauen den Hidschab abgelegt, ein Schal oder dichter Schleier, der das Gesicht verbirgt. Tausende von Jahren hatten sie ihn getragen und es war schrecklich mitanzusehen, wie ein Polizist einer armen alten Frau den Schleier vom Gesicht riss. Jetzt ist der Hidschab verboten. Ein paar Mal täglich kochte ich vor Wut, aber es wäre dumm gewesen, an einem solchen Ort zu explodieren.

Vor weniger als zehn Jahren wurde unser US-Amerikanischer Konsul in Teheran vom Pöbel ermordet. Zweiundsiebzig Verletzungen wurden ihm zugefügt. Er hatte Fotos von einem Brunnen (einem Loch in der Wand) gemacht, wo sich angeblich wenige Tage zuvor ein Wunder ereignet hatte. Auf den Basaren ging das Gerücht um, britische Diplomaten hätten den Vorfall mit Hilfe der Mullahs oder mohammedanischen Priester inszeniert, die allerdings nicht damit gerechnet hatten, dass es so weit kommen würde. Genug davon.

Ich unternahm viele großartige Wanderungen, denn ich muss immer etwas zu tun haben und wenn das Geld knapp ist, gibt es kaum eine andere Beschäftigung. Nicht dass mir das Laufen nicht gefallen würde. Ich gehe ohnehin zu Fuß. Wenn ich in den Vereinigten Staaten leben würde, würde ich nur selten mit der Straßenbahn fahren. Deshalb sind meine Schuhe immer abgelaufen. Kein Schuh hält ständiges Tragen aus. Selbst wenn ich viel Geld gehabt hätte, hätte ich es nicht für Schuhe ausgegeben – und ich hatte nicht viel in Persien. Das Gehen hält einen in der Kälte warm und es ist die beste Möglichkeit etwas zu sehen. Häufig ging ich außerhalb der Stadttore von Teheran spazieren und beobachtete die eintreffenden Karawanen.

Das war so vergnüglich wie ein Zirkusbesuch. Da waren buchstäblich tausende beladener Tiere – Kamele, Maultiere und Esel. Viele der Esel waren so mit Feuerholz beladen, dass ich kaum das Tier darunter entdecken konnte. Das Holz zogen sie hinter sich her. Da waren seltsam aussehende Ziegen und Schafe mit dicken Schwänzen. In Notzeiten griffen sie auf Reserven daraus zurück, so wie das Kamel auf seinen Höcker. Manchmal wünschte ich, ich könnte aus demselben Grund auch auf das eine oder das andere zurückgreifen, oder auf beides, wobei mir wohl der Höcker lieber wäre.

Einige der zentralasiatischen Kamele waren riesig und ich habe nie ein großes »Anführer«-Kamel gesehen, das mich nicht an die Bezeichnung »Wüstenschiff« hat denken lassen. Eines Tages sah ich in einer Karawane von ungefähr fünfzig Tieren drei junge mitmarschieren. Die Leittiere hatten Glocken mit einem tiefen Klang und die anderen hellere Glöckchen um die Hälse gebunden. Was sie für einen Staub aufwirbelten, solange noch kein Schnee lag, und überall war Wüste und selbst die Berge waren kahl. Fast alle Gebäude waren von Lehmmauern umgeben, was den trostlosen Eindruck nur noch verstärkte.

Es ist erstaunlich, wie sich die eigenen Interessen im Lauf der Zeit verändern. In jüngeren Jahren habe ich mich für Bäume, Blumen und Tiere nicht so interessiert wie jetzt. Ich erinnere mich an wunderbare blühende Bäume, die ich vor ein paar Jahren in der Gegend um Hue in Annam gesehen habe, aber ich weiß nicht, wie sie heißen. Wenn man jung ist, hat man so viel! Aber im Lauf der Zeit treibt einen die Unmenschlichkeit der Menschen untereinander dazu, die Natur

zu verehren. Die Natur hält immer etwas Schönes und Beru-
higendes bereit, selbst auf stürmischer See oder in einer heißen Wüste.

Die Mohammedaner außerhalb Teherans und auch einige
Männer in der Stadt hielten ihre Frauen für wertloser als
Schweine und eine Ausländerin für geringer als Staub. Sie
unterstellten jedem Ausländer, ein Russe zu sein und es gab
sehr viel Propaganda gegen Russland, dem unmittelbaren
Nachbarn. Ich hatte es also nicht immer leicht. Russland und
Großbritannien haben Persien nach wie vor im Würgegriff.
Mr. William Morgan Schuster, ein Amerikaner aus Washington, schrieb vor vielen Jahren ein hervorragendes Buch, als
er in Teheran die verworrene Finanzlage Persiens entwirrte.
Keinem Perser wäre das gelungen. Sie scheinen auf Grundlage von Betrügereien zu gedeihen, als gehörten diese zu ihren Glaubensartikeln – gegenüber Ungläubigen tun sie das
vielleicht sogar. Die Perser betrügen Ausländer und sind
stolz darauf, und es gibt kein Entkommen, da Ehrlichkeit in
diesen Regionen so selten ist wie sauberes Wasser. Ständig
gab es fürchterlichen Streit und Auseinandersetzungen wegen jedes noch so geringsten Handels, besonders da der Betrug ganz offenkundig stattfindet, anders als damals bei diesen meisterlich verschlagenen Chinesen.

Eines Tages ging ich in Meshed in Khorasan, im Osten
Persiens gelegen, meilenweit am felsigen Ufer eines Baches
entlang. Das Wasser erzählte mir von vergessenen Völkern
und wisperte mir Geheimnisse über verbotene Länder zu,
denn es floss durch das verbotene Turkestan. Das Plätschern
des Wassers klang an den Stellen, wo ich hin und her über
den schmalen Strom sprang, wie das leise Rauschen im hoh-
len Inneren einer Muschel. Aber vielleicht schwoll es hinter
der Grenze in Turkestan zu einem mächtigen Brüllen an. Ich
wanderte immer in dieser Richtung. Meine Füße zog es zum
Verbotenen hin. Weshalb sind diese Länder verboten? Weil

sie Puffer zwischen britischen und russischen Herrschaftsansprüchen bilden. Eines Tages wird das Wort »verboten« mit Feuer und Schwertern aus dem geographischen Wust herausgebrannt und es wird weniger Misstrauen gegenüber Außenseitern geben, wenn diese doch ebenso gut Nachbarn sein könnten. Gott möge den Tag nahen lassen. Vielleicht bin ich alt, aber noch bin ich nicht tot und meine nächste Reise wird mich in diese Gegenden führen.

Als ich am Bachufer um ein paar Felsen herum auf die höhere Seite klettern wollte, stürzte ich und hätte mir beinahe das Genick gebrochen. Etwas, was ich zunächst für eine Erscheinung hielt, beugte sich über mich und half mir auf. Ich berührte einen Kolah, als ich aus dem Wasser gezogen wurde, den wollenen Turban aus Schafsfell und zweifelte an seiner Echtheit. Er gehörte einem großen zotteligen Turkmenen in einem Schafsfellmantel mit großen, locker sitzenden Schuhen aus ungegerbter Kuhhaut.

Beim Arabisch Lernen war mir aufgefallen, dass viele Wörter im turkmenischen Dialekt den Worten der arabischen Sprache gleichen. Aber das kalte Wasser hatte mich das wenige, das ich wusste, vergessen lassen, und ich musste mich mit Zeichensprache verständigen. Ich zeigte auf meinen Retter, schaute dann fragend auf die andere Seite in Richtung Turkestan und bekam ein Nicken zur Antwort. Ja, er kam aus Turkestan. Dann machte ich ihm unmissverständlich klar, wie gerne ich dorthin wollte. Er wusste, dass ich von weither kam, aber nicht (mein Gott!) von wie weit her und auch nicht, dass Ausländer in seinem Turkestan nicht zugelassen waren. Nachdem er eine Weile nachgedacht hatte, gab er mir unmissverständlich durch Zeichen zu verstehen, dass ich eines Tages nach Turkestan gelangen würde.

Die Begegnung mit dem Turkmenen erinnerte mich an eine Geschichte, die ich nur wenige Tage zuvor gehört hatte. Ein persischer Kameltreiber hatte sie über die Grenze von

Turkestan gebracht und verbreitet. Ein eifersüchtiger Turkmene war nach Merw zurückgekehrt und hatte seine Frau dabei erwischt, wie sie über die Lehmmauer hinweg mit einem Nachbarn sprach. Er hatte ihr den Kopf mit dem Schwert abgeschnitten, ihn über die Mauer geworfen und zu seinem Nachbarn gesagt: »Nimm und behalte sie.«

Ich fuhr nach Ray, gerade mal dreißig Minuten von Teheran entfernt, und sah sehr interessante alte, in den Fels gehauene Verzierungen. Teilweise zeigten sie Prozessionen, andere trugen faszinierende Inschriften auf Arabisch oder Persisch. In Persien gibt es sehr viele davon. Ray macht heute nicht mehr viel her, aber vor tausenden von Jahren war es eine sehr bedeutende Stadt, die Hauptstadt der Meder. Alexander der Große verfolgte Dareios bis hierher. Die Bildhauereien zeigten Dareios mit seinem Gefolge, ähnlich wie auf einem Wandgemälde im neuen Postgebäude von Teheran. In der Nähe gab es eine warme Quelle und die Perser wuschen herrliche Teppiche darin, dann breiteten sie sie auf riesigen Felsen am Hang aus und ließen sie in der Sonne trocknen. Die meisten Teppiche werden in Persien von Kindern gewebt, viele von ihnen sind nicht mehr als acht Jahre alt. Ein Aufseher sagte die Farbwechsel und die Muster an. Die armen kleinen Kinder mit ihren verfilzten Haaren beugten die Köpfe so tief über ihre Aufgabe, sie mussten weitermachen.

Die Armut war entsetzlich und traurig. Dennoch waren die Straßen und die Dinge, die sich dort abspielten, so faszinierend wie in allen asiatischen Ländern. Es wimmelte nur so vor Bettlern, in Teheran ungefähr zwanzig auf dem Weg von einer Ecke zur anderen und auf dem Land gab es überall Ruinen, in denen Hunde lauerten. Auf den Straßen stadtauswärts lagen reihenweise tote Hunde – erfroren. Den kalten Winter in Persien werde ich nie vergessen. Kein Wunder, dass die frühen Perser Feuer verehrten.

Fremde Götter

Nicht nur die frühen Perser verehrten Feuer, denn es gibt im Iran immer noch viele Zoroastrier. Der Mazdaismus, wie diese Religion früher hieß, wurde von Zarathustra gegründet. Als die Welle des Mohammedanismus über Persien rollte, wanderten tausende von feuerverehrenden Zoroastriern ins indische Bombay aus, um dem sicheren Tod zu entgehen. Ihre Nachfahren dort bilden eine Sekte, die man als Parsen kennt. Ihre Toten bringen sie zum Turm des Schweigens am Stadtrand von Bombay. Da Feuer für sie heilig ist, verbrennen sie die Toten nicht wie die Hindus. Sie legen sie oben auf dem Turm auf einen eisernen Rost. Die Aasgeier fressen das Fleisch und die Knochen fallen durch den Rost in den Turm. Die Geier sitzen auf den Bäumen ringsum und warten auf die nächste Mahlzeit. Auch in Persien gibt es viele Türme des Schweigens. Und ich bin nicht sicher, ob das nicht besser ist, als sich in der Erde vergraben und von Würmern fressen zu lassen.

In Mashhad sah ich Dutzende von Turkmenen, die in den heiligen Schrein von Imam Reza eintraten, eine Moschee und ein Mekka der Mohammedaner. Das ganze Leben spielte sich um diesen Schrein herum ab. Da waren Afghanen mit schwarzen Augenbrauen, gutaussehende Usbeken und wilde Beduinen – Türken, Tataren und Mongolen – alle schreien, »Ya Ali Ya Hussein.« Pilgern ist es gestattet, nach der anstrengenden Reise vorübergehende Ehen für die Dauer ihres Aufenthalts in Mashhad zu schließen. Viele der Pilger stammen aus Nisapieur, einem an Türkisminen reichen Ort in den Bergen. Einige andere kamen aus der massiven natürlichen Festung bei Kalat I Nadiri, wo Firdausis Held Rostam seine mythischen Schlachten schlug und seine mythischen Feinde in den Oxus zurückwichen. Der gar nicht so mythische Timur belagerte einst Jelat. Harun al Rashid liegt in Mashhad begraben und unweit der heiligen Stadt befindet sich das Grab von Omar Chayyam. Die Khiaban, die zwei Meilen lange Hauptstraße, war sehr breit, in der Mitte verlief ein schmutziger Graben, in dem so manches tote Tier schwamm und den Abfluss verstopfte, hauptsächlich Hunde.

Eine unbefestigte Straße, die sich über lange steinige Ebenen und Berge und durch praktisch verlassene Dörfer und Städte zog, verband Mashhad mit Teheran. Auf dieser Route sah ich zum ersten Mal eine Leichenkarawane. Ich roch sie, bevor ich sie sah. Tote wurden in einem Trauerzug zur heiligen Stadt Mashhad gebracht, um dort beerdigt zu werden. Acht Tote wurden wie jede andere leblose Fracht in Kisten auf den Rücken von Kamelen transportiert.

Auch gab es Missionare christlicher Kirchen und ich nehme an, es gelang ihnen auch, den ein oder anderen zu bekehren – aber ich war ein verlorenes Schaf, sofern man mich überhaupt ins Auge gefasst hatte. In der Fremde herumzuwandern ohne über die nötigen Mittel zu verfügen, kommt Menschen, die sich als Märtyrer ihres Glaubens an unwirtliche Orte begeben, sehr eigenartig vor. Aber wenn ich in Persien ein Auto sah, konnte ich getrost davon ausgehen, dass ein amerikanischer Missionar darin saß, der sich im Namen Gottes Sehenswürdigkeiten zeigen ließ.

Zwei nette, gastfreundliche Amerikanerinnen, Mutter und Tochter, die ich in Teheran kennenlernte, waren Bahai (eine persische Religion). Ich erinnere mich, dass einige der amerikanischen Missionare die beiden Damen vollkommen ignorierten. Was mir bei der geringen Anzahl der dort anwesenden Amerikaner sehr unchristlich vorkam. Amen. Ihre erste und oft einzige Frage, die sie reisenden Fremden stellten, war: »Wo sind Sie abgestiegen?« Und das mit abschätzigem Blick. Sie wussten sehr genau, dass die Antwort Auskunft gab über die finanziellen Mittel, die einem in Asien zur Verfügung standen. In Teheran existierte nur ein einziges anständiges Hotel und dort wurden exorbitante Preise für eine minimale Gegenleistung verlangt. Dort stieg ich nicht ab.

Adelaide und Clara, die beiden amerikanischen Bahai, und ich verbrachten viele gute und interessante Stunden miteinander und mehr als einmal, wenn sie mich in meiner Unterkunft besuchten, flehten sie mich an, doch zu ihnen zu ziehen. Aber ich wohnte lieber alleine, wo ich nachdenken und traurig sein konnte, wenn mir danach zumute war, oder auch froh, wenn ich wollte, und unabhängig. Häufig besuchte ich die beiden auch über ein paar Tage und genoss das sehr.

Bei ihnen lernte ich viele bessergestellte Perser kennen, die meisten von ihnen natürlich ebenfalls Bahai. Adelaide leitete die Bahaischule in Teheran bis zu ihrer Schließung durch die persische Regierung, die mohammedanisch ist. Die Regierung schloss auch die armenischen Schulen, die wie die der Bahai, besser waren, als die der Mohammedaner. Der Glaube der Bahai ist eine Mischung aus dem Besten des Christentums, des Islams und der jüdischen Religion, außerdem haben sie dann noch einen Propheten namens Baha'ullah, der »Glanz Gottes«. Polygamie ist bei den Bahai nicht erlaubt und sie wollen die mohammedanische Frau aus ihrer Versklavung und untergeordneten Rolle befreien. Auch verbieten sie den Konsum von Drogen, ebenso wie Wein. Mohammedaner, die dem Befehl des Propheten entsprechend Alkohol meiden, nehmen häufig Drogen. Auch Sklaverei ist bei den Bahai nicht erlaubt. Dennoch treiben sie es mit der Frömmigkeit nie so weit, dass sie keinen Spaß haben können. Oft habe ich seither gedacht, dass ich mich für diese Religion entscheiden würde – wenn ich mich für eine würde entscheiden müssen. Viele Kinder der aufgeklärteren Mohammedaner hatten Addies Schule besucht. Ein Mohammedaner hatte dreiundzwanzig Kinder dort. Unnötig zu erwähnen, dass sie nicht alle von derselben Mutter waren. Addie kaufte einen kleinen Filmprojektor und pädagogisch wertvolle Filme. Es war eine Art Spielzeug, französisch, aber in Persien sehr teuer und sie kaufte ihn von ihren eigenen dürftigen Ersparnissen, um den Kindern zu zeigen, wie es andernorts aussah. In den Schulen der Mohammedaner lernten sie fast nichts anderes, als den Koran zu rezitieren. Addie tat es leid, als sie sah, wie die Kinder die Finger verkrampfen mussten, um Bleistiftstummel zu halten, also kaufte sie den Ärmeren neue Bleistifte. Anscheinend übersah sie ein Kind. Am nächsten Tag kam die Mutter und flehte sie durch ihren Schleier an: »Im Namen von Allah, ich bitte Sie, kaufen Sie meiner Tochter einen Bleistift, sonst bekommt sie Schüttelkrämpfe. Sie hat schon hohes Fieber.«

Eine Schülerin war die Tochter eines entthronten afghanischen Emirs. Sie war eine richtige kleine Adelige, die sich weigerte aufzustehen, hinzusetzen oder überhaupt zu machen, was die anderen machen mussten. Addie nahm sie nach dem Unterricht häufig beiseite und ermahnte sie, um der jungen Sultanin das Prinzip der Demokratie näherzubringen.

Addie sprach besser Persisch als die meisten Einheimischen. Ihr Vater war zu Lebzeiten amerikanischer Missionar in Mexiko gewesen. Vor vielen Jahren war sie von Doctor Moody, einer amerikanischen Ärztin, die bei den Frauen von Persien ausgezeichnete Arbeit leistete, nach Persien gebracht worden. Baha'ullah hatte bei seinen Besuchen und Vorträgen in den Vereinigten Staaten Doctor Moody erzählt, wie dringend in Persien weibliche Ärzte und Chirurgen gebraucht wurden. Denn selbstverständlich durfte kein Mann, auch kein Arzt, einen Harem betreten. Persische Frauen trugen damals alle noch den Schleier. Doctor Moody fuhr nach Persien und kehrte nach vielen Jahren für einen Besuch in die Vereinigten Staaten zurück. Als sie wieder nach Persien zurückreiste, brachte sie Addie mit. Zwei Jahre später stieß Addies Mutter in Teheran zu ihr. Ihre Mutter leistete ebenfalls ihren Beitrag und darüber hinaus noch viel zu viel.

Du liebe Güte, was sie für Mahlzeiten auf dem kleinen alten Kohleofen zubereiten konnte. Fließendes Wasser, außer dem im Rinnstein, war unbekannt. Aber was hatten wir für ein Thanksgiving Dinner. Zuerst gingen wir zu einem Metzger, ein Holzverschlag, in dem viele dickschwänzige Schafe an Haken hingen. Alles was irgendwie kreuchte und fleuchte, krabbelte auf den Schafen herum. Dann folgte für gewöhnlich der Kampf um den Preis. Selbst die Gewichte waren anders, nämlich arabisch. Die Essensvorbereitungen waren wie ein Hindernisrennen, aber als wir uns endlich an den kleinen Tisch setzten, hatten wir jede Menge, wofür wir uns bedanken konnten.

Mast (Quark), *chilau kabob* (Reis) und über dem Holzofen gegrilltes Fleisch waren die in Persien verbreitetsten Gerichte. Außerdem hatten wir wunderbare frische Datteln aus dem Süden Persiens, herrliche Melonen aus Isfahan und gekochte rote Rüben, die die Händler auf der Straße verkauften.

Ich hatte großen Respekt vor einigen der persischen Damen, die ich bei Addie kennenlernte. Besonders Rooan-Goose. Eigentlich klang ihr Name wie Rooan-Geese, aber ich erklärte ihr, sie könne unmöglich gleich mehrere Gänse gleichzeitig sein, deshalb taufte ich sie Rooan-Goose. Früher war sie verschleiert gewesen, aber nach nur einem einzigen Jahr Freiheit arbeitete sie nun bereits in einer Bank und zwar sehr erfolgreich.

Ich sagte: »Liebe Rooan-Goose, ich kann mir gar nicht vorstellen, dass du dein Leben lang einen Schleier getragen hast.«

»Ich kann's mir auch nicht mehr vorstellen«, erwiderte sie. Ihr Bruder machte teilweise die Einkäufe für den Haushalt des Schahs. Er hieß Nurh-e-din, wie so viele Helden oder Räuber in den Geschichten aus Tausendundeiner Nacht.

Frances, eine andere Freundin, stammte von einer altpersischen Prinzessin ab. Sie hatte in Obadan gelebt, einer von den Briten regierten Insel im Persischen Golf und war aufgewachsen ohne den Schleier tragen zu müssen. Als sie einmal in Teheran Verwandte besuchte, noch bevor der Schleier verboten wurde, und sie alleine auf der Straße war, da der Diener, der sie immer begleitete in ein Geschäft gegangen war, um etwas zu kaufen, stürzten sich zwei Mohammedanerinnen auf die unverschleierte Frances. Sie zertrampelten ihren ausländischen Hut, rissen ihr die Kleider vom Leib und schlugen sie. Wäre der kräftige Diener nicht rechtzeitig zurückgekommen, hätten sie sie umgebracht.

Viele der altpersischen Mohammedanerinnen hielten das moderne Bügeleisen für eine Erfindung des Teufels – und das, was sie da hatten, war es bestimmt. Es hatte einen Hohlraum, in dem brennende Holzkohle steckte. In den besseren Häusern gab es ein Heizsystem: ein kleines Podest auf dem Boden mit einer Schale brennender Holzkohle. Eine Art Tisch und Decken wurden darüber gelegt und die Familie setzte sich auf Kissen auf dem Boden drumherum. Die Füße waren warm, aber im Zimmer war es kalt. Sie hätten das Problem lösen können, indem sie einfach im Bett blieben. Aber sie saßen stundenlang um die Kohlenschalen herum und aßen Pistazien.

Abgesehen von dem Englischunterricht, den Addie zu Hause gab, leitete sie auch einen Verein für Mädchen, wo diese sich treffen und etwas lernen konnten. Einmal bat sie mich, Musik zu machen. Wir fanden ein Haus mit einem Klavier, aber das war ein Witz. Gleich bei der ersten Berührung blätterte die Beschichtung der Elfenbeintasten ab. Ich war froh, dass wenigstens die schwarzen Tasten aus massivem Holz waren. Ich sollte an einer kleinen musikalischen Vorführung teilnehmen und dafür zu üben war in gewisser Hinsicht eine der größten Strapazen meines Lebens, denn das persische Klavier war für orientalische Musik gestimmt und wenn man die Musik des Okzidents darauf spielen wollte, klang alles schief. Aber Clara ermutigte mich: »Niemand wird die Missklänge hören außer uns«. Und irgendwie stimmte das auch. Sie saß stundenlang bei mir, während ich übte.

»Parrish«, sagte sie, »seit ich vor acht Jahren herkam, habe ich außer meinen Gedanken nichts mehr, das mich an zu Hause erinnert. Alle unsere Freunde hier sind Perser. Ihre Musik, ihre Gedanken, alles ist völlig anders als bei uns. Deine Musik transportiert mich nach Hause. Du bist die Zeitung, die Nachrichten aus aller Welt zu mir bringt.« Selbst ihr Gott war ein anderer, oder wenn nicht der Gott, so doch der wichtigste Prophet. Sie sagte zu mir: »Dein Gott«. Und ich erwiderte: »mein Gott!«

Die Mädchen brachten alle ihre Verwandten und Freunde mit zu der Vorstellung. Es sah aus, als wäre halb Teheran erschienen. Ich spielte die alte persische Nationalhymne, woraufhin ein alter Krieger in Uniform sich erhob und sein Schwert küsste. Wenig später starb er an den Pocken. In solchen Ländern wüten ständig Seuchen.

Den größten Spaß hatte ich bei unserer musikalischen Aufführung am Auftritt eines jungen Kurden oder Zigeuners, der die persische Tar spielte. Er spielte eine seltsame Melodie, die nur ein wildes leidenschaftliches Herz und eine flinke Hand mit so viel Feuer und Pathos zum Besten geben konnte. Es sprach okzidentalische und orientalische Vorlieben gleichermaßen an. Die Tar ist eine Art Banjo, vielleicht das erste weltweit, bevor es zu dem wurde, was wir jetzt darunter verstehen. Ein Mädchen aus besserem Haus erklärte mir, auch sie könne ein bisschen auf der Tar spielen, aber ihr Vater wolle es ihr in der Öffentlichkeit nicht erlauben. Persische Musikerinnen oder Unterhalterinnen wurden verachtet. Überall auf der Welt solche Verbote! Wie sie den kreativen Geist lähmen und einschränken. Besonders bei Frauen.

Wir gaben das Konzert bei Kerzenschein. Im Haus gab es elektrische Leitungen, aber zwei Wochen lang gab es keinen Strom. Ein türkischer Botschafter und sein Gefolge übernachteten im Gulistan Palast, weshalb die anderen zweihundertfünfzigtausend Einwohner Teherans ohne Strom auskommen mussten, da er nicht für alle reichte. Gulistan ist ein ehemaliger Schahpalast, der bei Staatsereignissen immer noch benutzt wird. Früher hieß er »die Arche« oder »Zitadelle« und ist eine Meisterleistung der phantasievollen Architektur und des Gartenbaus. Teilweise ist es heute ein Museum, beherbergt hunderte von wunderschönen Geschenken, die den früheren Schahs von früheren europäischen und asiatischen Herrschern präsentiert wurden, Berge von Perlen, unzählige arabische Handschriften von unschätzbarem Wert. Wunderschöne alte Teppiche lagen auf dem Boden, schließlich waren wir in Persien. Manche Räume waren vollständig verspiegelt, oder mit winzigen Stückchen Spiegelglas verkleidet, und alles wirkte sehr beeindruckend. In einem Zimmer (es gab hunderte) befand sich der berühmte Pfauenthron aus Delhi, Indien, von einem früheren Schah als Kriegsbeute dort entwendet. Hergestellt aus Blattgold und verziert mit ungeschliffenen oder grob geschliffenen Juwelen, darunter einige riesige Rubine und Smaragde, die zu einem Pfauenschwanz angeordnet waren.

Mit Addie besuchte ich die Bahai-Beerdigung einer alten Dame, bei der es sehr still und würdevoll zuging. Die altpersischen Bahai waren verfolgt worden und die Verstorbene hatte mir erzählt, wie man ihren Ehemann an ein weißes Maultier gefesselt durch die Stadt gezogen hatte, sein Kopf dicht am Schwanz (ein Zeichen der Schande), nur weil er Bahai war. Bis heute schlafen viele der persischen Bahai vollständig angezogen, um bereit zu sein für die nächste Verfol-

gung, wie sie sie als Kinder bereits einmal erlebt hatten. Die
Tote war vor der Bestattung mit Rosenöl eingerieben worden. Rosenöl ist eines der wichtigsten Exportprodukte Persiens.

Die Rituale der Mohammedaner zogen durch alle Pha-
sen des Alltags. Es war ein ganz normaler Anblick, wenn
Arbeiter auf der Straße in die Knie gingen und sich zu bestimmten Uhrzeiten gen Mekka verneigten und ihre Gebete sangen. Häufig wurde der Gesang mit Handbewegungen
verbunden, mit denen sie sich die Läuse von den zerlump-
ten Kleidern zupften. Man konnte den zufriedenen Blick sehen, wenn der Betende eine Laus zerquetschte. Allah sei ge-
priesen.

»Es gibt nur eine einzige Seele – durchs All verteilt wie das
Wasser eines vielarmigen Flusses«, schrieb Flaubert. »Sie
seufzt im Winde, knirscht im Marmor, den man sägt, heult
durch die Stimme des Meeres; und sie weint milchige Tränen, wenn man dem Feigenbaum Blätter entreißt.«

Ende März wurde Nouruz (Neujahr) gefeiert, was ein paar
Wochen dauerte. Laut iranischem Kalender beginnt das Fest
an dem Tag, an dem die Sonne im Zeichen des Widders
steht. Obwohl es ein mohammedanischer religiöser Feiertag
ist, geht Nouruz auf das heidnische Altertum zurück, lange
vor der Zeit des Propheten. An Feiertagen würde ich lieber
nicht herumwandern oder reisen, aber es gibt so viele Feier-
tage, man kann ihnen nicht entgehen. Manche wie Ramadan
dauern einen ganzen Monat.

Tausend und eine Nacht

Ich habe wenig gefeiert. Mein Scheck hing einen Monat lang
irgendwo fest und einen Teil vom Geld des letzten hatte ich
für Briefmarken beiseitegelegt. Wochenlang lebte ich von ei-

ner Handvoll Datteln oder Rosinen täglich, dazu hin und wieder eine Melone. Ich konnte mich nicht überwinden, meinen Freunden davon zu erzählen, und setzte in ihrer Gegenwart eine fröhliche Miene auf. Wenn ich nachts eingeschlafen war, hatte ich mich aber nicht mehr unter Kontrolle, wachte schreiend auf und wurde von seltsamen Träumen wach gehalten. Ich schreckte auf und konnte mich minutenlang nicht mehr darauf besinnen, wo ich war.

An den Tagen, an denen ich wegen der religiösen Gefühle, mit denen Nouroz besetzt ist, nicht viel herumziehen konnte, besuchte ich die Bibliothek und las alte Bücher, die seit Jahren niemand mehr aus dem Regal genommen hatte, um mich geistig zu beschäftigen. Ich hätte nie gedacht, dass ich einmal Angst haben würde – aber ich hatte Angst.

Man sagt, es ist das Unterbewusstsein und schließlich war ich alt und hatte zu wenig gegessen und wahrscheinlich auch zu viel gelesen. Persische Literatur wirkt nicht gerade beruhigend.

Ich ging zum Konsul und dann zurück in meine Gasse. Ein paar Mal betete ich sogar, dass die Christenhasser mich nicht umbringen würden. Ich, die ich mich immer für so tapfer gehalten hatte. Es wurde so schlimm, dass ich jede Nacht Alpträume bekam, trotzdem musste ich ins Bett, um mich warm zu halten.

Eines Tages traf im Konsulat eine Zeitung für mich ein. Ich hatte es nicht eilig mit der Lektüre. Ich fragte mich nicht einmal, wie plötzlich eine amerikanische Zeitung nach Persien gelangen konnte, bis ein Amerikaner auf mich aufmerksam wurde und erstaunt fragte: »Sie haben da ja eine amerikanische Zeitung.« Dann blickte ich erst auf die Zeitung, dann auf ihn, und verstand nichts. Sie war in die Türkei geschickt worden und der Konsul dort hatte sie eingewickelt, damit sie aussah, als käme sie aus der Türkei, nicht aus Amerika.

Ich gab ihm die Zeitung. Ich hätte mit ihm sprechen und etwas zu essen bekommen können. Er war freundlich. Aber ich vermute, ich war bereits halbwegs verrückt. Ich verließ das Konsulat alleine und ging zurück in mein Zimmer.

Endlich kam der Scheck. Hätte er auch nur ein oder zwei Tage länger auf sich warten lassen, wäre ich bei seinem bloßen Anblick ohnmächtig geworden. Ich verschwendete keine Zeit. Inzwischen hasste ich Persien, hasste mein Zimmer – alles. Gott weiß, Iran braucht einen Gott – kein Wunder, dass die Leute so fanatisch werden!

Ich reiste in einem Gefährt aus Teheran ab, das als Bus bezeichnet wurde – eine Kiste auf Rädern. Dass das Ding überhaupt eintraf und abfuhr. Wenn man bedenkt, was es war und von wem es bedient wurde, dazu die johlende Menschheit, die darin eingepfercht war, musste es sich um ein orientalisches Mysterium handeln. Ich wollte sofort nach Isfahan und anschließend an den Persischen Golf, aber wegen des Nouroz fuhren alle Busse nach Ghom, einer sehr heiligen Stadt mit dem in Persien berühmten, Mohammeds Tochter Fatima geweihten Schrein.

Im Bus befanden sich außer mir ausschließlich Pilger auf dem Weg nach Ghom. Ein kleiner Junge fing an zu singen, und die Reisenden antworteten im Chor auf alles, was er sang. Am Ende seines Gesangs drehten sich ein paar Leute um und sahen mich böse an, eine »christliche Hündin«. Ich sagte mir immer wieder: ich darf nicht zusammenbrechen, darf nicht zusammenbrechen. Ich saß mit sieben weiteren Personen eingeklemmt auf dem Rücksitz. Der schmale Gang wurde von schmutzigen Matten und Bettzeug versperrt. Die Karawansereien waren in solchen Zeiten alle voll.

Als ich meine Fahrkarte bezahlte, berechnete mir der Busfahrer das Doppelte. Aber ich wollte unbedingt mitfahren, also zahlte ich den Preis, den er verlangte. Man erklärte mir, in Ghom könnte ich in einen anderen Bus nach Isfahan umsteigen. Aber in Ghom wollten sie mir zum dritten Mal Geld abknöpfen. Dieses Mal probte ich den Aufstand und weigerte mich. Der große schwarze Busfahrer schrie und brüllte mich an. Da war keine Haltestelle, nur ein Platz in einer Gasse, wo der Bus hielt. Dort schoben sich fanatische, halbwahnsinnige Gläubige im Schatten der goldenen Kuppel Richtung Schrein vorbei. Sie quälten, schnitten und schlugen sich gegenseitig bis zur Raserei, ahmten die Opfer Husseins nach. Das Blut ihrer Wunden bewegte auch weniger fanatische »Anhänger«, es ihnen gleich zu tun. Es sah aus wie ein menschliches Schlachthaus. Wenige Minuten später wäre auch ich aufgeschlitzt worden.

Der zerlumpte Pöbel versammelte sich um uns – sie johlten, zischten und brüllten, mit irrem, abweisendem Blick. Einer von ihnen bespuckte mich, während der schwarze Wilde aus dem Bus zeterte. Ich spuckte zurück, aber oje, was für eine Angst ich innerlich verspürte. An solch einem Abend und auf solch eine Weise war der amerikanische Konsul weniger als zehn Jahre zuvor ermordet worden.

Niemand sprach etwas anderes außer Persisch, aber endlich bahnte sich ein Armenier, der schon eine Weile dort gestanden haben musste, einen Weg durch die Menge und kam mir zu Hilfe. Gerade noch rechtzeitig. Sonst wäre ich im Gefängnis oder unter der Erde gelandet. Stattdessen setzte er mich um ungefähr zwei Uhr morgens in einen Bus nach Isfahan. Der Bus war voller Soldaten, die die ganze Nacht über schrien und den ganzen Tag lang schnarchten. An einer Haltestelle – nachdem wir stundenlang nicht einmal einen Schuppen gesehen hatten – stieg ich aus und versteckte mich hinter einem von vielen Bretterverschlägen, da Toiletten an den Landstraßen unbekannt waren. Eine persische Toilette ist ohnehin nur ein in den Boden gegrabenes Loch, manchmal mit Zement drumherum, meist aber nicht einmal das. Das ganze Regiment der an Tiere erinnernden Soldaten kam und sah mir zu, lachte und riss Witze.

Man muss schon ein Missionar sein, um an solche Orte in Würde zu reisen. Was für ein Alptraum!

Aber gegen Morgen hörte ich Kamelglocken und Musik und so müde ich auch war, ich fühlte mich besser, denn ich wusste, dass Glocken bedeuteten, dass eine Karawane in der Nähe sein musste. Selbst die missmutigen Kamele sahen im Mondschein bezaubernd aus. Ich fing an zu glauben, irgendwann wieder ein Mensch sein zu können. Die Karawanen und Zelte waren so viel besser als die Lehmhütten in den Dörfern, die von verfallenen Lehmmauern mit eingestürzten Türmen umgeben waren.

Endlich erspähte ich Isfahan in der Ferne: in über tausendfünfhundert Metern Höhe. Meilen kennt man hier nicht, man rechnet in Farsakh, einer alten babylonischen Maßeinheit, sie entspricht ungefähr drei Meilen. Im Avesta, der heiligen Schrift des Zarathustra, fand ich diese Definition eines Farsakh: »Die Entfernung auf die ein weitsichtiger Mann ein Kamel sehen und erkennen kann, ob es weiß oder schwarz ist.«

In Lorestan wurde mir erklärt, ein Farsakh sei die Entfernung, auf die man einen Trommelschlag hören könne.

Isfahan war sehr malerisch. Ich hatte das Gefühl, es habe sich seit tausenden von Jahren nicht verändert. Der »Maidan«, wie der Platz hier genannt wird, ist einer der größten und schönsten auf der ganzen Welt. Auf einer Seite befanden sich die herrlichsten Moscheen, die ich je gesehen habe. Keine Kathedrale der Welt ist schöner als diese Moscheen. Sie waren der Grund, weshalb ich sofort sehr viel freundlichere Gefühle gegenüber den Einheimischen hegte. Man darf sie nur von außen betrachten, aber ich spähte durch den arabischen Bogengang und sah himmelblaue Kacheln mit Koranversen in kufischen Buchstaben.

Ein seichter Fluss schlängelte sich durch die Stadt und ich war dankbar für den Anblick, denn in Persien gibt es für gewöhnlich nur Staub und nichts als Staub. Das meiste sieht sehr nach Wüste aus. Selbst die Berge sind kahl, abgesehen vom Schnee. Der Staub ist schlecht, schmutzig, bevölkert von Kleinstlebewesen und ich hatte das Gefühl, von den Fußspitzen aufwärts infiziert zu sein. Ich schwor mir, nie wieder in einen Bus zu steigen. Meine geistige Gesundheit war mir damals teurer, als es den Anschein haben mag, und ich war kurz davor, sie zu verlieren. Nach zwei Wochen in Isfahan zahlte ich den Preis für einen Platz im Wagen eines britischen Missionars. In von Räubern geführten Freiluftwerkstätten gab es einige Wagen zu mieten, aber wegen Nouroz waren sie alle belegt.

Die Straße von Isfahan nach Shiraz führt durch trostlose Landschaft, hier und da ein See mit schleimigem Gewässer voller Blutegel, sumpfig, das schlimmste unter der Sonne was Fieber und Krankheiten betrifft. Die einzigen Hindernisse auf diesen kargen Flächen waren flinke Räuberbanden. Wir sahen einige vom Stamm der Kaschgari mit ihren Herden. Vor Jahrhunderten waren sie aus Kashgar, im chinesischen Turkestan nach Persien gezogen. Es gab einmal einen sehr guten Film mit dem Titel »Grass«, er handelte vom Nomadenstamm der Bachtiaren aus Persien, deren Angehörige im Frühjahr mit ihren Herden Weideland suchten. In diesen Landstrichen gibt es ein blassgrünes Insekt, das meist auf Tamariskensträuchern sitzt und eine weiße, klebrige Substanz abgibt, die als Gez bezeichnet wird und angeblich das aus der Bibel bekannte Manna ist.

Aber Weiß ist keine in Persien beliebte Farbe. Häufig sah ich einen weißen Bart ziegelrot gefärbt und weiße Pferde mit Streifen bemalt. Henna kommt aus Persien und ist dort billig.

Um vier Uhr morgens hielt unser Missionswagen vor einer Hütte, der Fahrer verschwand zwei Stunden lang darin, um Opium zu rauchen und ich döste. Opium ist eines der wichtigsten Exportgüter Persiens und die überwältigende Mehrheit der Einwohner raucht es. Würde man sich lange genug in einem der Teehäuser am Wegesrand aufhalten, man wäre allein von den Dämpfen benommen. Ich brauchte nichts, um zu träumen – ich wagte kaum die Augen zu schließen, aus Angst erneut zu schreien.

Wir hielten an den Ruinen der Persepolis, die Alexander der Große niedergebrannt hatte. Die Amerikaner leiteten die Ausgrabungen hier. Die Säulen, Tore und Hieroglyphen waren alle sehr interessant und die stummen Steine fanden eine Stimme und sprachen uns mit dem unbeschreiblichen Pathos der Ruine an. Ich mag Ruinen; sie versetzen mich in nachdenkliche Stimmung, und wenn ich sie betrachtet habe, bin ich danach mehrere Stunden lang ruhig und sanftmütig. Aber ist man in Persien sanftmütig, kann einem das zum Verhängnis werden. Konfrontiert mit der Behauptung, er sei der klügste Mensch der Welt, sagte Sokrates: »Das ist, weil ich nichts weiß.« In Persien gibt es niemanden wie Sokrates.

Der Panoramablick auf Shiraz war herrlich. Dort war Frühjahr und die Stadt lag in einem grünen Tal, umringt von Bergen. Die Zufahrtsstraße wurde von Judasbäumen gesäumt. Mark Sykes schrieb: »Der erschöpfte Reisende kommt wieder zu Kräften, wenn er die Musik der zahlreichen kleinen Ströme hört. Shiraz ist eine großartige Stadt im Süden Persiens und ein Perser wird allein der Zypressen wegen eine Strecke wie durch zehn englische Grafschaften zurücklegen. Die Stadt wurde knapp ein halbes Dutzend Mal dem Erdboden gleich gemacht und nach jeder Katastrophe wurde nichts wieder aufgebaut, nur ein bisschen in den Ruinen herumgespielt. Und doch bin ich nie einem Perser begegnet, der Shiraz nicht für eine der prächtigsten Städte der Welt hält.«

Das erste Hotel, das ich besuchte, war wie ein großes Haus und ausgebucht. Im nächsten, in dem ich es versuchte, hatte nie zuvor ein Ausländer übernachtet. Nur ungern trug ich meinen Namen in das Gästebuch ein, weil ich damit das wunderschöne Schriftbild der persischen und arabischen Unterschriften der anderen Gäste störte.

Im Nachbarzimmer beteten einige Mohammedaner die ganze Nacht. Ich hörte auch Gläser klirren und dass die Gebete anschließend immer lauter und lauter wurden. Mohammedaner trinken heimlich. Während des heiligen Nouroz-Festes fanden dort Orgien statt, heilige und nicht so heilige. Während der dreißig Fastentage des Ramadan dürfen Mohammedaner von Sonnenaufgang bis Sonnenuntergang nichts essen. Viele stopfen sich die ganze Nacht lang voll und schlafen tagsüber.

Kurz vor Shiraz besuchte ich die Gräber der beiden alten persischen Dichter, Saadi und Hafis. Saadi ist einer meiner Lieblingsdichter, besonders sein *Gulistan*, was auf Arabisch Rosengarten bedeutet. Er liegt dort begraben, wo er gelebt hat. Hundert Steinstufen abwärts befand sich ein Teich am Eingang einer Art Höhle. Viele kleine Fische schwammen darin und vor meinem geistigen Auge konnte ich den alten Wanderer dort mit seinen Mädchen baden sehen, den Shiraswein auf einem Felsvorsprung abgestellt. All die alten persischen Dichter schienen ständig zu trinken und herumzuflegeln. Ich begreife nicht, was geschehen ist, dass die Perser von ihrer ehemals so philosophischen Zufriedenheit abgewichen sind.

In Shiraz bereitete man sich auf den Besuch des Schahs vor, weshalb die Straße nach Buschehr gesperrt war, und das war auch nötig. Sie hätte eigentlich für immer gesperrt bleiben müssen. Ich sah die Polizei in Shiraz den Verkehr von der »Hauptstraße« vertreiben, obwohl der Schah erst zwei Tage später erwartet wurde. Die Fahrzeuge waren Zweispänner, ich fühlte mich darin, als würde ich in einem Kinderwagen sitzen.

Im Hotel in Shiraz begegnete ich der unvergesslichen Carmen. Sie war groß und dünn, ein eleganter, athletischer Typ. Ihr liebreizendes Lächeln ließ die innere Carmen erstrahlen. Mir war das nachdenkliche, traurig aussehende Mädchen gleich bei meiner Ankunft im Hotel aufgefallen. Sie sonnte sich dort im Hof. »Wo kommt sie wohl her?«, war mein erster Gedanke.

Ihr Vater war vor einem Massaker aus dem armenischen Erzurum nach Persien geflohen. In Isfahan hatte er sich in die Tochter eines schottischen Missionars verliebt, der ihm Unterkunft gewährt hatte, und diese auch geheiratet. Carmen war die Blüte dieser Verbindung. Die Mutter war abgereist und nach Schottland zurückgekehrt, nachdem ihre indiskrete Menschlichkeit ihrem Gewissen zugesetzt hatte. Carmen erklärte mir in seltsamem Englisch: »Ich sehe meine ausländische Mutter in deinem weißen Haar, kenne und liebe dich.« Sie hatte Persien nie verlassen. Sie war wie eine exotische wilde Blume, die im zeitlosen Dreck des Landes zertrampelt wurde: »Ein Zusammentreffen unglücklicher Gepflogenheiten und Umstände.« Die arme Seele!

Wie gut ich mich an den Ostersonntag erinnere. Wir klebten gerade ein paar komische kleine russische Bildchen auf hartgekochte Eier, als ich einige Bachtiari über den Hof kommen sah. »Carmen«, sagte ich, »lass die wilden Kerle nicht herein. Die wollen keine Ostereier.« Wie sie gelacht hat! Viele waren wegen der Feierlichkeiten zu Ehren des Schahs nach Shiraz gekommen.

Carmen hatte nie von der Oper gehört, nach der sie vermutlich benannt worden war. Eines Tages fuhren sie, ihre Schwester (die eine andere Mutter hatte) und ich mit einem Pferdegespann aus der Stadt heraus und gingen dann zu Fuß weiter, vorbei an hunderten von kleinen schwarzen persischen Lammfellen, die in der Sonne trockneten, die Jungtiere waren im Alter von nur fünfzehn Tagen getötet worden. In Shiraz gibt es genau die gleiche Art von Lammfell wie in Karakul in der Nähe des Oxos. Die Qualität des persischen ist nicht so gut wie die des zentralasiatischen.

Einige der Männer, die auf Felsen saßen und aßen, riefen Carmen etwas zu.

»Was wollen die?«, fragte ich.

»Sie haben gekochte Kartoffeln und Reis«, erwiderte sie »und wollen ihr Picknick mit uns teilen. Wir sollten sie nicht vor den Kopf stoßen …«

Also gingen wir hinüber, setzten uns zu ihnen, aßen mit ihnen und sie redeten sehr sehr lange.

Carmen und ihre Schwester sahen aus als kämen sie von unterschiedlichen Planeten. Die Schwester war eine typische träge orientalische Frau; Carmen war wie ein Bergstrom, mit nachdenklichen Launen, tief wie Tümpel und dann wieder sprudelte sie wie ein Bach, in dem man Forellen fängt.

Als ich das liebe Mädchen in Shiraz zurücklassen musste, schmerzte mich der Abschied mehr als sonst.

»Die Straße nach Buschehr ist gefährlich«, sagte sie zu mir, »und du solltest nicht alleine Auto fahren.« Aber sie rang dennoch mit dem Shylock von einem mohammedanischen Verkäufer, der mir das Dreifache berechnen wollte. Ich bat sie, es nicht zu tun, da sie weiterhin dort würde leben müssen, aber das letzte, was ich hörte, als ich davon fuhr, waren ihre Beschimpfungen des fischäugigen Halsabschneiders in ihrer kehligen persischen Sprache, gemischt mit ein paar arabischen Flüchen.

Ich werde die Straße von Shiraz nach Buschehr am Persischen Golf niemals vergessen – teilweise verlief sie geradezu im Zickzack. Insgesamt ähnelte der Straßenverlauf einem riesigen Korkenzieher an einem fast senkrecht abfallenden

SALAAM

Berghang. Er war gesprenkelt mit blutrotem Klatschmohn, wie in Flandern.

Wegen des Schahbesuchs konnte ich erst mit sechstägiger Verspätung aufbrechen und es waren buchstäblich tausende von Tieren unterwegs. Kein Wunder, bei Karawanen von jeweils hundertfünfzig und mehr Tieren. Hunderte flauschiger Kamelbabys zuckelten hinter ihren beladenen Müttern her. Im Mondlicht sah das phantastisch aus.

Ich saß alleine in einem offenen Ford mit zwei Fahrern, beide vierzehn oder fünfzehn Jahre alt, dem Aussehen nach zwei Schuhputzer aus einem Armenviertel. Zwei zerlumpte kleine Burschen. Ich hatte das Gefühl, auf sie aufpassen zu müssen, nicht umgekehrt. Wir fuhren an einer Frau vorbei, die aus vollem Halse schrie. Sie »betete«. Hauptsächlich mit dem Ziel, Mohammed zu überreden einen liegengebliebenen Wagen wieder in Gang zu setzen.

Hinter einer weiteren Biegung wurden erneut schrille Schreie laut. Als wir an die Stelle kamen, sahen wir, wie ein Schwarzer einen jungen Hindu mit einer Gerte schlug. Er hatte seinen Wagen teilweise kaputt gefahren. Aber anscheinend schrie er mehr aus Angst, denn er wurde nicht wirklich schwer verletzt.

»Eine Bestrafung«, sagte der ältere Fahrer auf Hindustani. Nach vierundzwanzig Stunden erreichten wir Buschehr, die Flüche der Kameltreiber klingelten mir noch in den Ohren. Man muss kein Arabisch können, um zu wissen, wann geflucht wird.

Schon bald verließ ich Buschehr am Persischen Golf und fuhr nach Basra im Irak (Mesopotamien) weiter. Die Gegend wird ebenso wie Shiraz häufig in Tausendundeine Nacht erwähnt. In Buschehr saß ich auf dem Kahn der Dampfschiffgesellschaft und wartete darauf, zehn Meilen weit hinaus auf ein britisches Schiff gebracht zu werden. Das Schiff hatte mehrere Stunden Verspätung und so kam ich mit dem einzigen weiterer Passagier ins Gespräch. Er war ein gebildeter und sehr freundlicher Perser, der mir seine Lebensgeschichte erzählte und später bestätigten die britischen Offiziere an Bord des Schiffes diese. Sie kannten seine Familie, die vor dem Krieg die reichste in Shiraz gewesen war. Da es damals dort keine Hotels gab, nahm seine Familie die wenigen Ausländer, die es damals dorthin verschlug, als Gäste bei sich auf. Eines Tages kam Wilhelm Waßmuß hereingeschneit, ein sehr kluger deutscher Spion, eine Art deutscher Lawrence von Arabien. Er blieb mehrere Monate lang. Natürlich wusste die einfache Familie nicht, dass er ein Spion war. Später wurde dieser Teil Persiens von den Briten besetzt und sie schickten Soldaten, die den gesamten Reichtum dieser persischen Familie beschlagnahmten, weil sie Waßmuß untergebracht hatte, der zu diesem Zeitpunkt natürlich längst verschwunden war. Er war wie ein Fisch, »sprang hier herein und tauchte auf der anderen Seite des Persischen Golfs wieder auf«, wie mir mein Erzähler mitteilte. Wie bei vielen anderen Orientalen bestand ein Großteil des Wohlstands seiner Familie in der Einrichtung des Hauses. Die Vorhänge aus Goldfäden mit tausenden von Perlen besetzt (der Persische Golf ist für seine Perlen bekannt), befinden sich nun im britischen Museum.

Als mir der Perser seine Geschichte zu Ende erzählt hatte, waren unsere Augen feucht. Seine Mutter und Schwestern, behütete mohammedanische Frauen aus der höchsten Gesellschaftsschicht, wurden von den Soldaten ohne Obdach auf die Straße gesetzt. Er empfahl mir ein Buch namens *Waßmuß* von Sykes zu lesen.

Dort, an Ort und Stelle, trocknete ich meine Augen und sagte mir: »Sicherlich ist das die Geschichte aus der tausend und zweiten Nacht.« Unser Schiff wurde gesichtet und wir stachen in See Richtung Basra.

Mash Allah! – möge Gott mit dir sein oder »möge dein Schatten nie kleiner werden«, wie die Perser sagen.

Sindbad der Seefahrer, der große Lügner, war immer von Basra aus gestartet.

Basra am Shat el Arab, der sich in Euphrat und Tigris teilt, war der Ausgangspunkt für meine Reise durch die Wüste nach Bagdad. Nein, nicht auf einem fliegenden Teppich, sondern in einem schmutzigen Zug und ich war froh, endlich wieder einen Zug zu Gesicht zu bekommen. Er schien mir gut und stabil.

Wegen Harun ar-Rashid blieb ich eine ganze Weile in Bagdad. Die arabische Stadt am Tigris ist voller Basare und Kaffeehäuser und liegt dabei mitten in der Wüste. In den Kaffeehäusern saßen ausschließlich arabische Männer, Männer, Männer – nie eine Frau. Ein Araber der Oberschicht gibt in seinem einheimischen Gewand eine saubere, malerische, ja ausgezeichnete Figur ab, aber viele der niedriger gestellten Schichten wirken sehr viel schmutziger und ungepflegter als sie es in europäischer Kleidung tun würden. R. F. Burton schrieb in *El Medinah*: »er kleidet sich wie ein Bettler, trägt den schmutzigsten Fes auf dem buschigen Haupt und ein Baumwollhemd auf rußschwarzer Haut, mehr nicht.«

Die heißblütigen Araber. Eines Tages hörte ich drei Mal Rufe nach der Polizei und das auf der »Hauptstraße« um die Mittagszeit. Ich stand direkt neben dem Tumult, als es begann. Ich sah den funkensprühenden Blick des Arabers, als dieser offensichtlich einen seiner Erzfeinde entdeckte, sich auf ihn stürzte und an eine Wand presste. Ein anderes Mal sah ich wie ein Arbeiter in Bagdad einem Esel mit einer scharfkantigen Schaufel auf den Kopf schlug. Er stand ein gutes Stück abseits der Straße und ich schrie und brüllte zu ihm hinüber. Sein erstaunter Gesichtsausdruck verriet mir, dass er nicht wusste, dass es falsch war, einen Esel zu schlagen. Die Araber selbst werden von ihren Vorgesetzten grob angefasst und geben dies nur nach unten weiter.

Was für ein seltsam aussehendes Schiff ich auf dem Tigris sah. Araber setzten in kleinen runden Booten über, die aussahen wie große Räder.

Von Bagdad aus fuhr ich nach Kut im Irak, wo im Weltkrieg eine große Schlacht stattgefunden hatte, bei der fünfzehntausend Briten von den Türken gefangen genommen und so schlecht behandelt worden waren, dass siebzig Prozent von ihnen starben.

Babylon ist in der Nähe von Bagdad, aber es sind nicht viele Ruinen übrig und ich fuhr nicht hin, sondern durchquerte eine weitere Wüste im Konvoi. Dort traf ich auf viele arabische Nomaden in schwarzen Zelten. Beduine bedeutet auf Arabisch Nomade. Nach zwölf Stunden traf ich in Damaskus ein. Von dort aus fuhr ich über das Libanon-Gebirge an die Küste Syriens. Es war Frühling und alles war grün und herrlich anzusehen nach so viel Wüste. Überall in Syrien finden sich Ruinen, von den Befestigungen der Kreuzritter bis hin zu weniger bekannten Relikten. Die großartigen Ruinen von Baalbek (Heliopolis) und die wunderschönen Säulen des Jupitertempels. Um die tote Stadt herum befindet sich die neuere und lebendigere Stadt Baalbek. Vier Jahrhunderte lang hatte Syrien unter türkischer Missherrschaft gestanden und während der Kreuzzüge hatten über hunderte von Jahren religiöse Kriege getobt. Über Sidon, Tyros und Akkon fuhr ich nach Haifa. Im Hinterland von Haifa liegt der Karmel, wo sich das berühmte Kloster der Karmeliter befindet. Kein Ort für mich! Von Beirut an der syrischen Küste fuhr ich nach Palästina und weiter nach Nazareth, wo ich den Geburtsort Christi suchte. So oft hatte ich als Kind über »Jesus von Nazareth« erzählen gehört, dass sich dieses in meinem Kopf als sein Geburtsort verfestigt hatte! Dann weiter nach Tiberias am See Genezareth. Er war wunderschön, aber ich sah weder Brotlaibe noch Fische dort. Ich machte in Tel Aviv halt, was sich als hundertprozent jüdische Stadt empfahl und es auch ist. In arabischen Bussen reiste ich schnell durch Palästina, Jerusalem und einem Scheck entgegen. Ein junger Mann fragte mich, weshalb ich nicht in jüdischen Bussen reiste und ich erklärte ihm, in den Zeitungen stünde, dass sehr viel mehr Steine auf jüdische Busfenster geworfen würden als auf arabische. Ich hatte schon genug Ärger und musste nicht extra welchen suchen. Doch selbst in den arabischen Bussen setzte ich mich stets in die Nähe der Tür, damit ich möglichst schnell entwischen konnte, sollte ein Feuerwerk gezündet werden.

In Jerusalem gab es eine gesetzliche Sperrstunde. Es war eine Stadt der Religion und der Unruhen. Sie ist sehr schön, diese dreifach heilige Stadt – der Christen, der Juden und der Moslems. Die Omar-Moschee steht angeblich dort, wo sich einst König Salomos Tempel befand, weshalb sie zu den von allen drei Religionen verehrten Denkmälern gehört. Auf der Straße sah ich Juden mit Korkenzieherlocken und in schwarzen Gewändern wie sie zweifelsohne auch schon zu Jesus' Zeiten getragen wurden. Die Juden klagen noch immer an der alten Klagemauer. Hier schien alles unverändert, abgesehen von den Wachablösungen der zahlreichen britischen Polizisten und Soldaten, die in den schmalen Gassen an den religiösen Kultstätten Wache standen. Nirgendwo auf der Welt spürt man die Intoleranz der Religion so stark. Die Christen dürfen freitags die Omar-Moschee nicht besuchen, die Juden niemals und so weiter und so weiter und so fort. Ich dachte an die Geschichte von Mark Twain über einen Esel, der begraben wurde und zu dessen letzter Ruhestätte jahrhundertelang Pilger fuhren, ohne zu wissen, wen sie dort verehrten. Ich sah so viele heilige Orte, dass mir schwindelig wurde: Jericho, der Jordan (ein kleiner, schlammiger Fluss), das Tote Meer, das allerdings gar nicht klein war; Bethlehem und den Ölberg. Kalisalz wurde an einer Stelle im Toten Meer gewonnen. Lots Frau, so hieß es, sei an einer anderen Stelle zur Salzsäule erstarrt.

Und ach, so viele Kirchen! Eine war die Grabeskirche, eine andere stand an der Stelle, wo das letzte Abendmahl stattfand und ich sah auch die Via Dolorosa (den Kreuzweg). Mein Königreich für eine Bibel. Halbtot vor Müdigkeit ging ich in mein Zimmer und fing an die Geschichte zu lesen, so neugierig war ich, nachdem ich all die Orte gesehen hatte. Im Hotel aber war es laut. Es war Touristensaison und es fand sich mehr als nur eine Ruth dort ein. »Sie arbeiten nicht, auch spinnen sie nicht.«

XX

SCHICKSAL

Ambitionen

Ich merkte, dass ich mir Sorgen um mich machte und das machte mir Sorgen. Warum fing ich jetzt, nach all den Jahren, damit an? Ich versuchte, es zu analysieren und kam nicht weit. Es schien keinen anderen Grund dafür zu geben, außer dem Alter und der Angst, nie mehr nach Afghanistan und Turkestan reisen zu können. Aber mir wurde häufig schon Einhalt geboten und dann fuhr ich woanders hin, verdrängte einen bestimmten Reisewunsch, um ihn später wieder hervorzukramen. Reisen an sich hatte schon immer auch etwas Tröstliches; vielleicht würde schon alles gut werden, wenn ich nur erst einmal loslegte.

Dann dachte ich an die Krönung in London – in weniger als einem Monat. Vielleicht würde mich der Festzug ein bisschen entschädigen. Ich fuhr zum britischen Konsul, um mir ein Visum zu besorgen – und traf auf denselben jungen Mann, der mir vor wenigen Tagen gesagt hatte: »Nein, Sie können von Peschawar aus nicht nach Afghanistan reisen. In Wasiristan wird wieder gekämpft. Was um Himmels willen wollen Sie denn in Afghanistan?«

Ich hatte ihn einfach sitzen lassen.

Jetzt fand er mich wieder in Ordnung. »Na das ist doch was. London ist jetzt wunderbar.«

Für einen Briten ist London das Mekka, egal, wie ihn die Stadt behandelt, wenn er aus den Kolonien kommt oder wie schwer es für ihn ist, dort eine Anstellung zu finden. Genauso schwer, wie es in Afghanistan für mich werden würde. Nur dass ich mir darüber keine Illusionen machte. Ich wollte es nur sehen. Über London machte ich mir gleichfalls keinerlei Illusionen, aber ich wollte die Ambitionen des jungen Mannes nicht zunichtemachen, dort für die Regierung tätig zu werden. London war immer schon zu schmutzig, nüchtern und versessen auf das Empire und seine Geschäfte gewesen. Es würde Spaß machen, es zur Abwechslung mal herausgeputzt und fröhlich zu erleben.

Niemand ist besonders gut darin, die geheimen (oder auch öffentlichen) Wünsche eines anderen zu verstehen. Was der junge Mann wollte und was ich wollte, dazwischen lagen Welten. Viele Freunde hatten mir über die Jahre geschrieben, ich sollte ein Buch verfassen, als sei dies an sich schon etwas Erstrebenswertes und ich hatte gelacht. Jahrelang hatte mich eine Freundin in New York so sehr gedrängt, dass ich schließlich aufhörte, ihr in Briefen von meinen Reisen zu berichten. Kurz bevor ich aus Palästina abreiste, erhielt ich einen Brief von ihr. Sie habe Interesse bei einem Verleger geweckt, sagte sie. Er sei bereit, einen Vorschuss zu zahlen. Ich könne »bequem« nach Hause in die Vereinigten Staaten reisen und von meinen Erlebnissen berichten. Darüber hinaus könne ich mit solch einem Buch möglicherweise genug verdienen, um mich »bequem« zur Ruhe zu setzen. Zuerst war ich wütend. »Ruhe« und »Bequemlichkeit« hatten nie zu meinen Ambitionen gehört. Aber der Köder war ausgeworfen und auf meiner eher indirekten Reise nach London musste ich immer wieder daran denken.

Wobei es nicht die Sache mit der »Bequemlichkeit« war, das mir verlockend erschien. Oh, nein! Aber wenn ich genug verdienen könnte, um »bequem zu leben« vielleicht konnte ich auch genug verdienen, um nach Turkestan zu reisen. Ich dachte daran, das Haus neu zu vermieten und dank der Buchverkäufe hin und wieder einen Scheck zu erhalten. Und ich hatte festgestellt, dass ich jetzt nach Turkestan einreisen durfte, vorausgesetzt ich konnte es mir leisten. Und Afghanistan konnte auch nicht ewig verboten bleiben. Zum ersten Mal geriet ich ernsthaft in Versuchung. Aber Köder haben mich immer schon misstrauisch gemacht und ich versuchte ihn mir aus dem Kopf zu schlagen, als ich das kleine Schiff mit Ziel Triest bestieg. Ich und ein Buch schreiben!

Das Schicksal verfolgte mich. Zwei junge Briten auf ihrem ersten Urlaub seit Jahren sagten: »Wieso schreiben Sie kein Buch über Ihr Leben?« Ein Mädchen aus Österreich mit dem ich in Zypern an Land ging, hielt meine Geschichten über jene Insel, die ich vor Jahren einmal besucht hatte, ebenfalls »wert, aufgeschrieben zu werden.« Während wir zwischen den griechischen Inseln und an Rhodos vorbeisegelten hörte ich ständig das Wort »schreiben« im Kopf. Und immer war da die Hoffnung, an noch nicht gesehene Orte zu gelangen.

In Triest erfuhr ich, dass ich meine Zugfahrkarten fünfzig Prozent billiger und zu einem besseren Wechselkurs bekommen könnte, wenn ich mich sechs Tage in Italien aufhielt. Also blieb ich einen Tag in Triest, wo ich, seitdem es noch zu Österreich gehört hatte, nicht mehr gewesen war. Da es nicht sehr weit war und ich nie dort gewesen bin, fuhr ich in die kleine Republik San Marino an der italienischen Adria. San Marino besteht aus hohen Klippen mit mittelalterlichen Burgen und Serpentinenstraßen, die zu winzig kleinen alten Städtchen führen. Die heutigen Einwohner wirken dort fehl am Platze. Wenn schon keine Mittelaltermenschen mehr dort lebten, so sollte wenigstens ihren Geistern gestattet werden, das Land in Frieden zu besiedeln.

Dann weiter nach Meran in den italienischen Dolomiten. Da war eine nette Dame aus Finnland, die sich mit mir das

Dritter-Klasse-Abteil teilte. Ich mochte sie sofort und wir lachten und unterhielten uns während die Landschaft am Fenster vorbeiflog und wir unser knoblauchlastiges Mittagessen und unseren billigen Wein miteinander teilten. Wir mussten aus der Flasche trinken, da wir keine Gläser hatten und ich spürte etwas Seelenverwandtes bei ihr. Ich mochte sie so gerne, dass ich Angst hatte einzudösen, weil ich schreiend aufwachen und sie mich für verrückt halten könnte. Ich versprach, sie zu besuchen, sollte ich je nach Helsingfors reisen.

Nach Mitternacht trafen wir ein. Gleich am darauffolgenden Morgen begriff ich, dass ich mich direkt im Schatten einer Kathedrale befand. Die Glocken dröhnten so laut, dass ich dachte, der Papst müsse tot sein. Das Tal war von ausgesuchter Schönheit, voller Städte und Blüten. Zuerst erfreute sich mein Blick an einer alten Burg hoch oben auf einem Berg, von der Art, die einen an spanische Traumschlösser denken lässt. Ich kletterte hinauf, nur um festzustellen, dass weiter oben noch größere und herrlichere Burgen standen und also stieg ich immer höher. Bei jeder Burg bekam ich eine neue Blase, aber die Aussicht war wunderschön.

Ich hörte, dass ich, wenn ich sechs Tage in Deutschland blieb, die Zugfahrkarten um sechzig Prozent günstiger und außerdem registrierte Mark für meinen Unterhalt bekommen würde. Nach London würde ich billig gelangen und auch dort was zu sehen bekommen. Also fuhr ich von Meran nach München, wo ich seit dreißig Jahren nicht gewesen war. Ich blieb gerade lange genug, um mir meine Brille reparieren zu lassen und Oberammergau zu besuchen. Dort sah ich wie ein Holzschnitzer an der Dornenkrone einer lebensgroßen Christusstatue arbeitete. Diese einfachen Deutschen sind gute Menschen. Der Gedanke an die Opfer, die sie jetzt schon für Hitler bringen und noch bringen werden, ist mir zuwider. Das alte Paar in meinem Hotel in München reagierte ganz verstört, weil ich mir die Schuhe nicht putzen lassen wollte. Sie sagten, es würde nichts kosten. Da die Schuhe aber am Auseinanderfallen waren, wollte ich die heiligen Treter keiner gründlichen deutschen Reinigung angedeihen lassen.

»Viel Glück«, sagten die beiden und schauten, immer wenn ich ausging, aus der Küche heraus, wie ein Kuckuck aus seiner Uhr.

Ich besuchte auch Köln am schönen Rhein, fuhr vorbei an der Loreley und verbrachte die restlichen sechs Tage auf kleinen Dampfern, dort wo der Moselwein herkommt. Mein Zimmer lag in der Nähe des Loreleyfelsens, wo Sirenen in der guten alten Zeit Fischer und ihre Schiffe in den Untergang lockten.

Von Köln aus fuhr ich nach Antwerpen, wo ich mit dem Schiff nach Dover in England übersetzen konnte. Belgien rief Erinnerungen an die Zeit vor dem Krieg wach und erneut musste ich gegen die Versuchung ankämpfen, mich für ein Buch zu verpflichten.

Pomp und so weiter

Am Tag vor der Krönung des zweitgeborenen Sohns, der so plötzlich zu Bekanntheit gelangt war, weil die Ambitionen seines Bruders nicht ins Konzept gepasst hatten, traf ich in London ein.

Alle Vergünstigungen endeten in London. Zimmer waren, egal zu welchem Preis, schwer zu bekommen und es goss in Strömen. Natürlich fand ich schließlich ein Zimmer, und fand meinen Sinn für Humor wieder. Wie es die kleinen Briten lieben sich wichtig zu machen. Die Zimmerwirtin fühlte sich so überlegen. Einfach nur, weil sie Britin war! Und besonders zu jener Zeit. »Ihr Amerikaner habt keine Lords und keinen

König«, stand ihr ins Gesicht geschrieben. Und kaum begab ich mich in mein Zimmer, schickte sie ein Hausmädchen mit der Rechnung vorbei: »Vom 10. Mai bis zum 17. Mai im Voraus.« Dabei zog ich am elften ein. Da ich keine Engländerin, sondern eine alleinreisende Heimatlose war, hätte ich mich freuen sollen, einen zusätzlichen Tag in der heiligen Stadt bezahlen zu dürfen. Ich glaube, die Engländer sind durch reine Sturheit und den Glauben an die eigene Überlegenheit gegenüber allen anderen so weit gekommen. Selbst jetzt verlassen sie sich noch darauf, obwohl sie ein bisschen erschrocken sind, weil sie sich von dem großen bösen Wolf Deutschland so haben übers Ohr hauen lassen. Und einige müssen die Köpfe hängen lassen – die Tschechen zu betrügen!

Nachdem ich am nächsten Tag stundenlang auf feuchtem Gras gesessen oder gestanden hatte, sah ich endlich die goldene Kutsche und den Rest des Festzuges – Könige, Königinnen und herrliche Pferde. Es war alles sehr beeindruckend und hat vermutlich auch, wie beabsichtigt, das Empire zusammengeschweißt.

Einige Tage später ging ich zur militärischen Musikparade nach Aldershot mit einem in Kalifornien lebenden Kanadier, den ich kennengelernt hatte. Fünftausend Männer nahmen daran Teil und stellten Schlachten von vor langer Zeit dar, unter anderem auch eine mit Panzern, Bomben und Menschen, die starben. Ein paar hundert Dudelsäcke machten einen Heidenlärm. Der Freund lud mich auch zum Empfang im Canada House ein. Ich sagte, ich hätte nichts anzuziehen. Ihm war das aber einerlei. Er war eine interessante Person und es sah so aus, als hätten wir uns viel zu erzählen, und das taten wir dann auch.

»Sie sind doch ein wahrer Schatz an Informationen und Geschichten«, sagte er.

Ich sagte: »Du auch, Brutus!« Und versuchte das Thema zu wechseln.

»Ich werde Ihnen helfen«, sagte er. »Sie schreiben es und ich lasse es tippen und veröffentlichen.«

Da erfuhr ich, dass er selbst Schriftsteller war. Er stellte mir Desmond MacCarthy vor, einen Literaturkritiker der *Times*. Ich wusste nicht, ob ich weglaufen oder auf der Stelle sterben wollte. Wie sollte ich jemals lange genug stillsitzen, um die Vergangenheit hervorzukramen, an die ich mich nicht erinnern konnte.

Am nächsten Tag verließ ich früh schon mein Zimmer und fuhr die schmutzige alte Themse nach Greenwich hinauf, wo ich im nautischen Museum den ersten Zeitmesser überhaupt betrachtete und das Thema eine Weile vergaß. Auch das erste Teleskop befindet sich dort und ich schaute die auf dem Boden markierte Stelle an, an der sich der nullte Längengrad befindet und dachte an all die Längengrade östlich und westlich von diesem, die ich so viele Male überschritten hatte.

Wieder in London, wartete Post auf mich. Als erstes riss ich den Umschlag aus San Francisco auf und sah, dass der Scheck da war. Doch die Freude hielt nur kurz an, denn in dem Brief stand, die Wohnung würde möglicherweise schon bald wieder leer stehen! Dann ein Brief von der netten Freundin, die mir Geld geliehen hatte, damit ich in die Vereinigten Staaten zurückkehren konnte, während ich stattdessen nach Persien gefahren war. Sie antwortete auf einen Brief von mir, den sie als »kleinen Klassiker« bezeichnete und fragte anschließend, weshalb ich kein Buch schriebe! Dann ein weiterer Brief von der New Yorker Freundin, die mir mitteilte, der Verleger würde einen Vorschuss bezahlen und ich könne sofort nach New York kommen, wenn ich mich bereit erklären würde, zu schreiben. Ich weiß nicht mehr, was ich mir in meinem trostlosen Zimmer im verregneten London gesagt habe. Vermutlich wäre es nicht angebracht, es zu drucken. Nachgeben fiel mir nicht leicht, ich würde mit der Re-

gelmäßigkeit brechen müssen, in meinem Leben keine Re-
gelmäßigkeiten zuzulassen und mich intensiv mit meiner
Vergangenheit beschäftigen müssen. In jener Nacht hatte ich
erneut Alpträume. Und das mit dem Buch durchzog sie alle.
Gegen Morgen träumte ich von Conrads *Youth*, wo ein Junge mitten auf dem Ozean einen brennenden Frachter in einem lecken Ruderboot verläßt. Wie er einen Augenblick zö-
gerte, dann das Ruder packte und sagte: »Mein erstes Kom-
mando!« Im Traum hallte der Satz nach, »Mein erstes Buch!«
Dann sah ich mich am Schreibtisch sitzen. Der Stift war ein
altmodischer Kiel mit einer langen Feder daran und ich
schrieb.

Am nächsten Morgen teilte ich meiner New Yorker Freundin mit, dass ich versuchen wolle, dieses Buch zu schreiben.

Hooky

Aber ich sah dem alles andere als freudig entgegen. Ich fragte mich, ob die Zeit meiner Reisen vorbei sei und geriet in
Panik, wie ein verwöhntes Kind, das fürchtet, seine Süßigkeiten gingen zur Neige. Ich spazierte runter zum Fluss, um
die Schiffe anzuschauen. Ich entdeckte einen kleinen isländischen Frachter. Ja, ich würde billig mitfahren können. Sofort
eilte ich zurück in mein Zimmer, schrieb einen weiteren
Brief nach New York und bat die Freundin, mir nach Reykjavik zu antworten. Als ich an Bord ging, kam ich mir vor wie
ein Kind, das die Schule schwänzt.

Als erstes machten wir an den Westmännerinseln Station, vulkanische Klippen über die hunderte von Seevögeln
glitten. Dann Reykjavik, die isländische Hauptstadt, mit nur
vierunddreißigtausend Einwohnern. 1930 feierten sie ihre eintausendste Parlamentssitzung. Und England hält sich
für alt!

Auf einem kleinen Kai wurden sehr große Seehunde ge-
häutet. Die Frauen trugen die einheimische Tracht, immer –
Mieder, Faltenrock, bunter Schal, Schürze und um den Kopf
ein Stück schwarzer Samt mit einer langen Troddel daran.
Die Haare werden geflochten und zu Schaukeln hochge-
steckt. Die Tracht war zweifellos so alt wie das Parlament.

Auf dem See mit der kleinen Insel mitten in Reykjavik
gab es viele Enten, Eiderenten und andere. Man sagt, die Eiderenten zupfen sich die schönsten Brustfedern aus, um damit ihre Nester anzupolstern. Ich neidete ihnen ihre schönen warmen Federn und herrlichen starken Flügel. Wenn
sie in den Süden wollen, ist es leicht für sie. Sie müssen keine Bücher schreiben, um dorthin zu kommen, wohin sie
wollen.

Die wichtigste Fortbewegungsart in Island ist das Pony-
reiten, denn die Straßen sind schlecht. Die Ponies haben dicke
Mähnen und einen unerschrockenen Blick. Sie müssen festgemacht werden, wenn man sie stehen lässt.

In Reykjavik fand ich keinen Brief vor, also begab ich mich
auf einen weiteren Frachter, der in elf kleinen Häfen im Norden und Osten Islands Halt machen sollte. Natürlich rechnete ich damit, dass in meiner Schiffspassage auch Kost inbe-
griffen war, zu meiner Verärgerung war dies aber nicht der
Fall und in letzter Sekunde besorgte ich noch eine Tasche
mit Lebensmitteln, die einige Tage reichen würden, wenn
wir nicht lange genug in einem Hafen Halt machten, um essen zu können oder die Restaurants Sonntags geschlossen
waren. Als wir die Ostküste verließen und Kurs nach Norwegen nahmen, wurde den wenigen Passagieren an Bord doch
etwas zu essen serviert.

Island ist ein armes kleines Land, es gibt fast keine Bäume
und die seltsamsten kleinen Wildblumen. Eine davon sah aus
wie getrocknete Baumwolle an einem Stock, obwohl ich sie
an einer sehr sumpfartigen Stelle pflückte. Selbst die kleinen

isländischen Schafe machten den Eindruck, als würde ihnen das Leben einiges abverlangen.

In einem Hafen nahmen wir Fässer mit Walöl auf, große Platten aufgeschnittenes Walfleisch lagen überall herum. In einem anderen Hafen war gerade Heringssaison und wir nahmen Heringsmus auf, das aus Fischen gemacht wurde, die vier oder fünf Mal größer waren als unsere. Das Mus war für Japan bestimmt.

Weit oben im Norden lernte ich einen englischen Jungen kennen, der gerade aus dem Krankenhaus gekommen war. Er war krank von einem englischen Fangschiff dort abgesetzt worden. Diese Fangschiffe fahren vom englischen Hull bis ins Weiße Meer im arktischen Russland. Sie haben eigens eingebaute Speicher für die Lebern der Dorsche.

Als wir im norwegischen Bergen eintrafen, fuhr ich mit dem Zug nach Stockholm weiter; weil ich das Gefühl hatte, vor der mir bevorstehenden Tortur noch möglichst viel mitnehmen zu müssen. Über die Ostsee mit ihren hundert bewaldeten Inseln, die so ganz anders sind, als die palmenbewachsenen Koralleninseln des Südpazifik, fuhr ich nach Abo in Finnland.

Helsingfors ist die Hauptstadt der Republik Finnland, das ehemals zu Russland gehörte. Dorthin fuhr ich mit dem Zug in der Hoffnung, meine Begleiterin aus dem Abteil unterwegs nach Meran wiederzutreffen. Es ist eine der hübschesten Städte der Welt. Die Bucht ist von Inseln gesprenkelt und direkt am Hafen liegt ein überaus idyllischer Markt – frühmorgens standen dort Stände mit Lebensmitteln, die bis zwei Uhr mittags verschwunden waren. Die Stände waren voller Beeren und frischem Gemüse. Mit Zwiebeln und Landwirtschaft kennen sie sich aus. Den Gemüseständen gegenüber lagen kleine Boote, von denen aus Fisch verkauft wurde.

Ich suchte und suchte nach einem finnischen Bad und fragte mich, ob diese Bäder am Ende überall auf der Welt zu finden waren, nur nicht in Finnland. Endlich entdeckte ich eines und was für eins! Dort gab es sogar ein Schwimmbecken. Zuerst ging ich in einen sehr heißen Raum und lag dann auf einer Liege und schwitzte natürlich. Ein so herrliches Bad hatte ich nicht mehr, seitdem ich am Amazon rund um die Uhr geschwitzt hatte. Ein Mitarbeiter schlug mich sachte mit Zweigen, die nach Lorbeer rochen, sich aber als Birkenzweige entpuppten. Wie gut es sich anfühlte, zu entspannen. Ich spürte, wie ich Alpträume und Sorgen regelrecht ausschwitzte. Dann wurde ich in einen kühleren Raum gebracht, kam mir vor wie ein Stück Schnur – kein Zwirn, einfach nur ein Faden, ganz schlaff. Aber ich spürte, wie der Schmutz aus Europa, Asien und Afrika von mir abfiel.

Im Telefonbuch fand ich den Namen der Mutter meiner Freundin aus dem Zug nach Meran. Man stelle sich meine Freude vor, als ich dort anrief und die Tochter abnahm. Ich hatte Glück. In wenigen Tagen wollte sie nach Philadelphia abreisen. Ich folgte ihrer Einladung und eilte zum Essen zu ihr nach Hause. Aber als ich feststellte, dass die Adresse zu einem wunderschönen Anwesen auf der Park Gatan, der finnischen Park Avenue gehörte, war ich entsetzt. Dank meines leichten Gepäcks war ich kaum ansehnlich gekleidet. Mein Hut war eine Männermütze, die ich in Persien gekauft hatte (mit einem Stück persischem Lammfell drumherum) und im Sommer war sie zu warm, um sie beim Essen zu tragen. Ich riss also das Futter heraus, damit sie nicht mehr so warm war. Als die Mutter sie mir im Haus abnahm, redete ich schnell weiter. Ich wollte ihr keine Gelegenheit geben, sie zu inspizieren. Als ich aber sah, mit welcher Freude mich die Tochter, ihre Mutter und ihre Schwester empfingen, vergaß ich mein wildes Erscheinungsbild, meine von der persischen Sonne schwarz gebrannte Haut, die groben Wanderschuhe und den Pullover (ich hatte mein Kostüm gewaschen, weil es nach isländischem Fisch roch und dann festgestellt, dass es danach zwar schön sauber, aber verdammt eingegangen war).

Es gab ein echtes finnisches Dinner. Ein Gang schien aus Zwerghummer zu bestehen, aber sie sagten: »Nein, das sind keine Babies, die sind manchmal bis zu zwanzig Jahre alt.« Lebendig waren sie dunkel, aber gekocht rot wie Hummer. Wir hatten einen eigenartigen, aber wunderbaren finnischen Salat mit einer blaucremigen Sauce. Wir spülten das finnische Essen (viele gute, seltsam aussehende Gänge) mit dreißig Jahre altem Wodka herunter. Alle Religionen der Welt predigen, man möge »demütig sein«. Vielleicht weil es ein Charakterzug ist, den man bei reichen Menschen selten findet. Aber was für ein liebenswerter Charakterzug! Meine finnischen Freundinnen waren demütig.

Am nächsten Tag bereiteten die beiden Schwestern und ich ein Picknick für den Zoo vor, der, obwohl es dort nur Tiere aus den nordischen Ländern gibt, zu den schönsten der Welt gehört. Er befindet sich auf einer der vielen kleinen Inseln in der Bucht und die Seehunde und Eisbären befanden sich in Gehegen, die bis hinunter ans Wasser reichten, so dass sie etwas vom Meer hatten. Die niedlichsten Tiere von allen waren zwanzig oder dreißig Nerze – lang, dünn und dabei so hübsch und verspielt. Wir warfen ihnen Brotbrocken in den Käfig und sie stürzten sich darauf wie kleine Kinder beim Spielen. Auf der Insel gab es außerdem ein finnisches Museum, das aus Holzhäusern bestand, wie man sie in den dünner besiedelten Gebieten unweit der Arktis baut und bewohnt.

Finnland ist ein großartiges kleines Land und schnell begreift man, weshalb es seine Schulden bezahlen konnte. Hier macht man sich nichts aus Pomp, sondern ist demütig und stolz auf seine Pflichten.

Es tat mir leid, Helsingfors verlassen zu müssen. Ich hatte das Gefühl, meinem Verhängnis entgegenzugehen, als ich auf das Schiff nach Hamburg stieg und dann mit dem Zug von Hamburg nach Paris fuhr. Die Weltausstellung in Paris sah ich mir noch an (was einer der Gründe für die günstigen Preise war, zu denen ich weiterreiste). Dann fuhr ich weiter nach London.

Da war ein Brief, aber ich musste einige Unterlagen unterschreiben und zurückschicken, bevor ich eine Fahrkarte und den Vorschuss bekam (wahrscheinlich hatte man Angst, ich würde sonstwohin verschwinden). Beinahe hätte ich einen Rückzieher gemacht; aber in einem weiteren Brief wurde mir mitgeteilt, dass meine Wohnung leer stand. Ich war also praktisch mittellos und so unterschrieb ich die Papiere und schickte sie zurück. Dann fuhr ich nach Southampton, wartete auf die Antwort und besorgte mir ein Bett im Haus eines Hafenarbeiters und seiner Frau und seinen elf Kindern. Die Frau war eine liebe Seele, die mich wegen meiner Ruhelosigkeit beschämte, dabei war sie so fröhlich trotz allem, was sie band.

Zwei Wochen vergingen, bis ich ein Telegramm von meiner Freundin erhielt, in dem sie mir mitteilte, dass mit dem Buch alles klar ginge und Geld unterwegs sei. Ich fuhr mit kleinen Schiffen zu den Kanalinseln und wanderte, so viel ich konnte, denn bis ich das Geld und meine Fahrkarte für die Queen Mary bekam, hätte ich sonst wieder im Schlaf deliriert. Ich hatte schon einmal versucht die Queen Mary zu sehen, aber man hatte einen Dollar fünfundzwanzig nur für die Besichtigung des Schiffs verlangt. Als ich meine eigene Passage hatte, besorgte ich so viele Besucherkarten wie möglich für meine abgewrackten Southamptoner Hafenbekanntschaften. Und was für einen Spaß sie hatten. Einige der Stewards trugen die Nasen recht hoch, aber ich hatte eine Passage gebucht und die anderen waren Engländer, wenn auch arm, und so mussten sie unsere Passierscheine akzeptieren und uns auf dem riesigen Schiff umhergehen lassen.

Die Frau des Hafenarbeiters backte zum Abschied einen herrlichen Kuchen für mich, obwohl sie kaum Zeit oder Geld für ihre eigenen Verpflichtungen hatte.

Auf der Queen Mary nahm ich ein oder zwei Pfund zu. Nach dem Thanksgiving-Dinner an Bord, bei dem ich oben auf der Speisekarte begann und bis unten kaum etwas ausließ, ging ich an Deck und kam mir vor wie die Fische, die ich manchmal sah, die sich selbst kugelrund aufblasen können, so dass nur noch Kopf und Schwanz unverändert scheinen. Es machte mir wirklich Sorge, denn ich hatte ein neues Kostüm (was in meinem späteren Leben selten vorkam) und ich wollte es nicht zum Platzen bringen, bevor wir in New York ankamen.

P.S.: Ich würde kein Segelschiff gegen die Queen Mary tauschen!

L'envoi

Als ich zur Schule ging, hatte ich für »Literatur« natürlich nicht viel übrig – und mache mir auch jetzt keine Illusionen, was dieses Buch betrifft. Aber da es nun fertig ist, werde ich hier noch ein paar abschließende Worte anfügen.

In New York besorgte ich mir ein kleines Zimmer in Greenwich Village. Ich sammelte Briefe von Freunden, die töricht genug waren (Gott sei Dank), sie aufzuheben, und habe dies hier so gut es ging zusammengeschrieben. Ich habe ja gleich von Anfang an gewarnt, dass es kaum eine Ordnung geben würde und ich habe mich vielleicht auch manches Mal geirrt, was Zeiten und Orte angeht. Fast ein Jahr lang hat es gedauert, diese Fehler auszubügeln. Es war das einzige Jahr in meinem Leben, in dem ich wirklich viel »Ruhe« und »Regelmäßigkeit« hatte.

Aber auch in diesem Jahr hatte ich Spaß. Zum Beispiel beim Hobo Club mit Jack Dempsey; ich habe Freunde dort gefunden. Ich spazierte den Riverside Drive entlang, nur um an der Wohnung vorbeizukommen, wo Med sich einst als Hauswart versucht hatte. Er lebt noch immer auf den Salomonen – und hat ein Mädchen mit polynesischen Wurzeln geheiratet, das ich selbst dort kennengelernt hatte. Sie ist sehr hübsch und die beiden haben zwei Kinder. Wir schreiben uns und ich schicke den beiden Zeitschriften. Nein, ich bin nicht eifersüchtig! Wenn man getrennt ist, will ein Abenteurer den anderen nicht halten. Außerdem bin ich noch immer mit dem Wind vermählt.

Weihnachten habe ich zu Hause bei der Freundin verbracht, die so viel Zutrauen zu mir hatte. Der Baum war so schön und das Haus so, dass ich meine kleinen javanesischen Götter mit den Geschenken dort ließ. »Acht kleine Wanderer haben endlich ihr Walhalla gefunden«, schrieb ich auf die Karte. Über zwanzig Jahre hatte ich sie mit mir herumgetragen.

In wenigen Tagen fahre ich mit einer ganzen Gruppe nach Labrador, zu der auch Gary gehört. Freunde wie er bleiben über die Jahre.

Bis das Buch herauskommt, werde ich mit anderen Freunden eine Kreuzfahrt nach Alaska machen. Das bedeutet beinahe so etwas wie eine Rückkehr zu den Anfängen, sie wird meine Reiseerzählungen abrunden.

Aber ich habe eine Verabredung wegen meines Hauses getroffen. Ab sofort werde ich fünfzig Dollar pro Monat bekommen, bis der Kaufpreis abbezahlt ist, egal, mehr gibt es nicht. Also denke ich, dass ich die Geschwister »istan«, Afghan und Turk, die mich nach wie vor nicht loslassen, irgendwann noch besuchen werde, bevor mein allerletztes Kapitel mit »finis« überschrieben wird.

Zwischen Kulturschock und Faszination:
IN MAROKKO ist der beeindruckende Bericht einer der
bekanntesten und erfolgreichsten Schriftstellerinnen
des 20. Jahrhunderts!

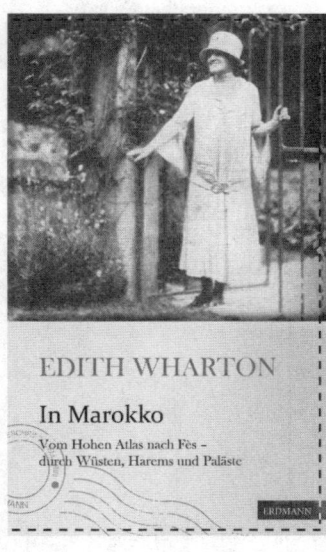

Edith Wharton

In Marokko

Vom Hohen Atlas nach Fès –
durch Wüsten, Harems und
Paläste

Aus dem Amerikanischen und
mit einem Vorwort von
Ebba D. Drolshagen

216 Seiten / 13 x 21,5 cm / 20,00 €
ISBN 978-3-7374-0021-3

Emily Lowe

Palermo, oh Palermo!

Eine gewagte Reise durch Sizilien

Aus dem Englischen und mit einem
Vorwort von Klaudia Ruschkowski

256 Seiten / 13 x 21,5 cm / 20,00 €
ISBN 978-3-7374-0022-0

Die Reihe Die kühne Reisende
wird herausgegeben von Susanne Gretter

Trotz intensiver Bemühungen ist es uns nicht gelungen,
die Rechteinhaber in allen Bezügen zu ermitteln.
Bitte wenden Sie sich an den Verlag, sollten Ansprüche bestehen.

FSC
www.fsc.org
MIX
Papier aus ver-
antwortungsvollen
Quellen
FSC® C083411

Bibliografische Information der Deutschen Nationalbibliothek
Die Deutsche Nationalbibliothek verzeichnet diese Publikation in der Deutschen
Nationalbibliografie; detaillierte bibliografische Daten sind im Internet über
http://dnb.d-nb.de abrufbar.

© by Edition Erdmann in der Verlagshaus Römerweg GmbH, Wiesbaden 2016
Der Text wurde behutsam gekürzt und übersetzt nach der Ausgabe: Maud Parrish:
Nine Pounds of Luggage. J.B. Lippincott Company: Philadelphia, New York, London,
Toronto. First published 1939.
Covergestaltung: Karina Bertagnolli, Wiesbaden
Bildnachweis: vintage travel poster, Bombay, 1930s
© akg-images / Pictures From History
Satz und Bearbeitung: SATZstudio Josef Pieper, Bedburg-Hau
Der Titel wurde in der Dante MT Pro gesetzt.
Gesamtherstellung: CPI books GmbH, Leck – Germany

ISBN: 978-3-7374-0031-2

www.verlagshaus-roemerweg.de